“十四五”新工科应用型教材建设项目成果
21世纪技能创新型人才培养系列教材
汽车系列

微课版

U0794923

汽车涂装修复实训教程

（第二版）

主　编◎吴兴敏　金艳秋　徐学峰

中国人民大学出版社
· 北京 ·

图书在版编目（CIP）数据

汽车涂装修复实训教程／吴兴敏，金艳秋，徐学峰主编. --2版. --北京：中国人民大学出版社，2022.1
21世纪技能创新型人才培养系列教材. 汽车系列
ISBN 978-7-300-30180-8

Ⅰ.①汽… Ⅱ.①吴… ②金… ③徐… Ⅲ.①汽车－涂漆－教材 ②汽车－车体－维修－教材 Ⅳ.①U472.44 ②U472.41

中国版本图书馆CIP数据核字（2022）第000590号

“十四五”新工科应用型教材建设项目成果
21世纪技能创新型人才培养系列教材·汽车系列
汽车涂装修复实训教程（第二版）
主　编　吴兴敏　金艳秋　徐学峰
Qiche Tuzhuang Xiufu Shixun JiaoCheng

出版发行	中国人民大学出版社		
社　　址	北京中关村大街31号	**邮政编码**	100080
电　　话	010－62511242（总编室）		010－62511770（质管部）
	010－82501766（邮购部）		010－62514148（门市部）
	010－62515195（发行公司）		010－62515275（盗版举报）
网　　址	http://www.crup.com.cn		
经　　销	新华书店		
印　　刷	北京瑞禾彩色印刷有限公司	**版　　次**	2011年4月第1版
规　　格	185 mm×260 mm　16开本		2022年1月第2版
印　　张	14	**印　　次**	2022年1月第1次印刷
字　　数	273 000	**定　　价**	53.00元

版权所有　侵权必究　　印装差错　负责调换

第二版前言

一、课程与教材情况

1. 课程情况

（1）“汽车涂装修复”是高等职业教育汽车车身维修技术专业的一门专业核心课程，也是汽车运用与维修技术专业的一门专业限选课。

（2）按国家颁布的专业教学标准制定了课程标准。

（3）2020 年，在超星学习通平台完成网络课程建设。

2. 教材情况

（1）本书是主编在经历了多年的课程改革、课程教学、汽车涂装工职业资格证书培训及汽车车身维修实践的基础上，精心编写的。

（2）本书自 2011 年 4 月出版以来，由于采用了新颖的编写模式，理论知识的深度、知识与技能的融合方式适应职业教育突出技能培养的要求，且配备了较为全面的教学素材而受到广大使用者的一致好评。

二、修订后教材的特色与创新

（1）教材编写团队具有权威性。本教材编写团队由中、高职职业学校教师、汽车维修企业汽车涂装修复专家组成，实现教、学、用的无缝对接，体现了“生产与教学紧密结合”和“校企”双元合作建设的特点。

（2）采用项目引领、任务驱动的编写模式。本教材按照汽车漆面修复流程划分项目，每个项目按具体的工作内容分为若干个任务，每个任务下设“任务引入”“学习目标”“技能学习”“技能考核”等模块。

（3）注重职业素养养成。在每个任务中，均有关于该任务的劳动安全、卫生及环保方面的详细要求，使学生在学习过程中逐步养成良好的职业素养。

（4）教材编写内容参考国家职业技能（汽车涂装工）等级标准，以适应“1＋X”证书制度的要求。

（5）实操视频资源以二维码的形式植入教材。

本书由辽宁省交通高等专科学校吴兴敏、金艳秋，凤城市职业教育中心徐学峰任主编。参与本书编写工作的人员有沈阳伟华之星汽车维修有限公司佟志伟，辽宁省交通高等专科学校黄艳玲、修玲玲、郭明华、翟静、宋孟辉等。

由于编者水平有限，书中难免会有不当之处，恳请使用者提出宝贵意见和建议。

编　者

目 录

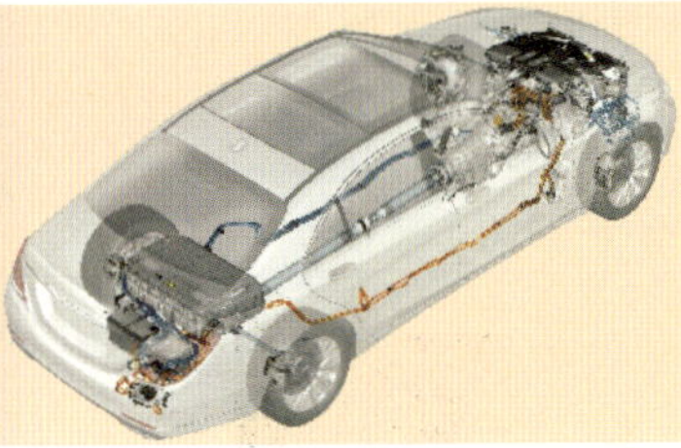

项目一

职业健康与安全

任务　安全防护用品使用与急救

任务引入

汽车涂装工为特殊工种。汽车涂装作业过程中存在很多关于安全、卫生及环保的特殊事项，涂装作业人员必须熟记这些事项并且具备丰富的劳动安全、卫生及环保知识与技能，才能最大限度地避免工作事故的发生，并且即便在发生事故时，也能进行有效的处理。因此，对劳动安全、卫生及环保知识与技能的学习是汽车修补涂装从业人员学习的第一课。

本任务主要学习防毒面罩的使用、特殊情况下人员急救方法及常用灭火器的使用方法。

学习目标

1. 能够正确使用防毒面罩。
2. 能够进行遇特殊情况的人员急救。
3. 能够正确使用常用灭火器。
4. 培养良好的职业安全、卫生、环保及团队协作的职业素养。
5. 能够检查、记录和评价工作结果。

技能学习

一、使用防毒面罩

防毒面具的使用

1. 检查

防毒面罩在每次使用之前必须检查，如面罩损坏或零件缺损，面罩必须弃置处理，检查程序如下：

（1）如图 1－1 所示，检查面罩有无裂痕、撕破或污物。确保面罩尤其是面罩与脸部贴合密封部分，不能弯曲变形。

（2）如图 1－2 所示，将呼吸阀提起，检查呼吸阀有无变形、裂痕或脏污。

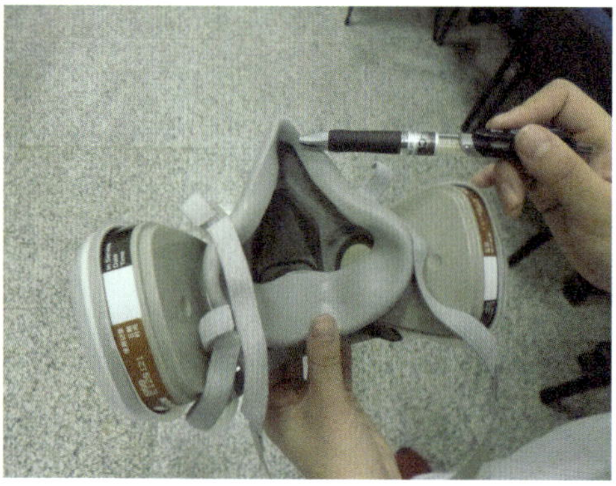

图 1－1　检查面罩

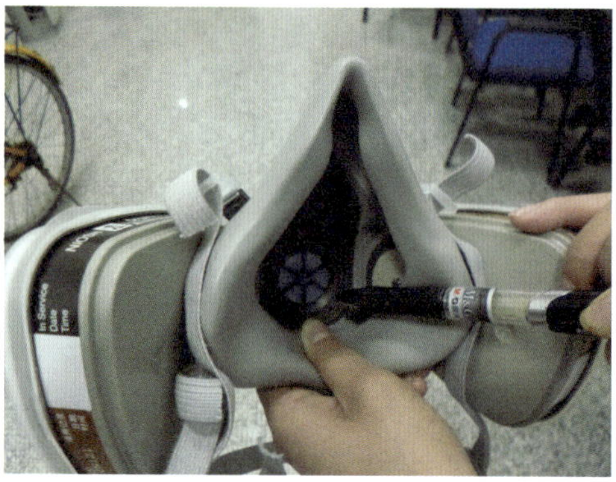

图 1－2　检查呼吸阀

（3）检查头/颈带是否完整并有弹性。

（4）检查所有的塑料部件是否有裂痕，检查过滤盒安装座是否完好。

2. 更换过滤棉

（1）先将塑料盖打开，如图 1－3 所示。

（2）如图 1－4 所示，将过滤棉放入塑料盖中，使印有字体的一面向外。

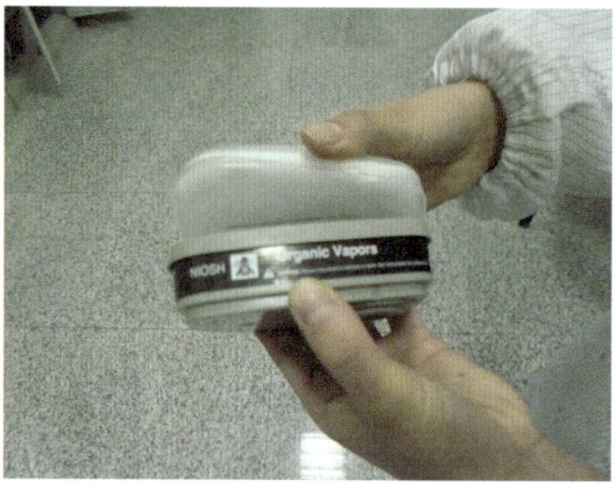

图 1－3　打开塑料盖

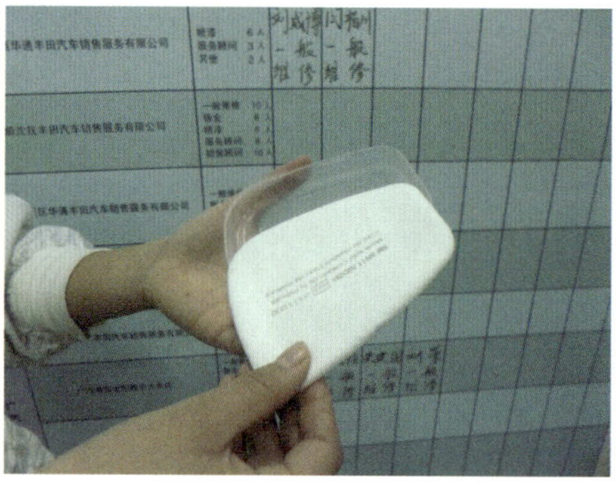

图 1－4　安装过滤棉

（3）将塑料盖扣向过滤盒并卡紧。

（4）先将过滤盒标记部分对准面罩本体的标记部分，然后扣上。

（5）以顺时针方向扭转过滤盒至锁紧位置（约 1/4 圈），如图 1－5 所示。

3. 佩戴

（1）将面罩盖住口鼻，然后将头带拉至头顶，如图 1－6 所示。

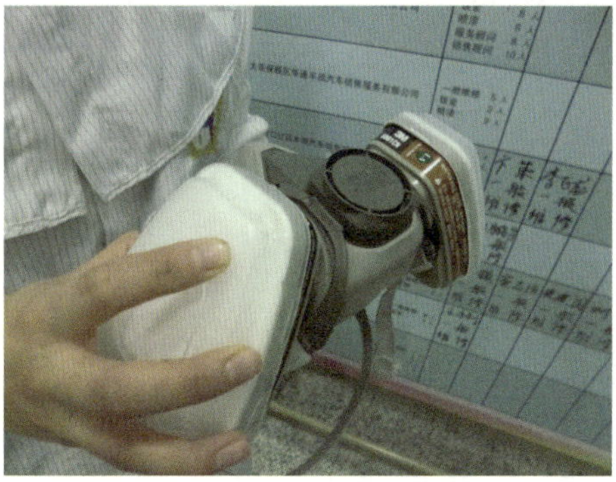

图 1-5 安装过滤盒

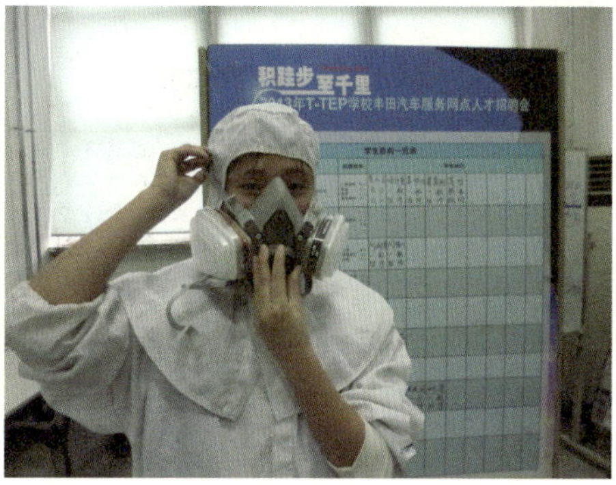

图 1-6 套头带

（2）双手将下面的颈带拉向颈后，然后扣住，如图 1-7 所示。

（3）将面罩上下调整，以不阻挡视野并保持良好密闭性为合适的位置，如图 1-8 所示。

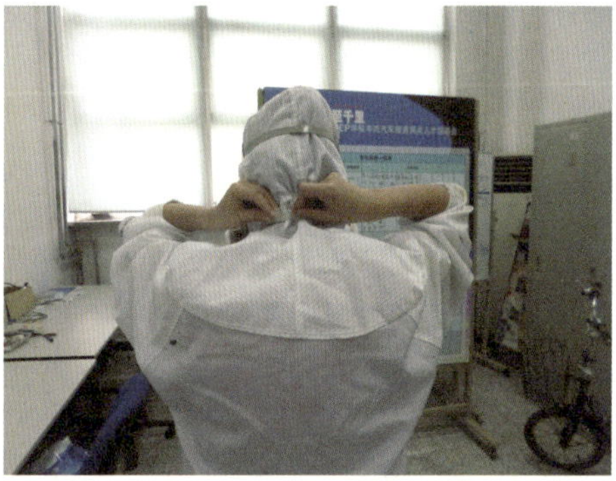

图 1-7 扣紧颈带

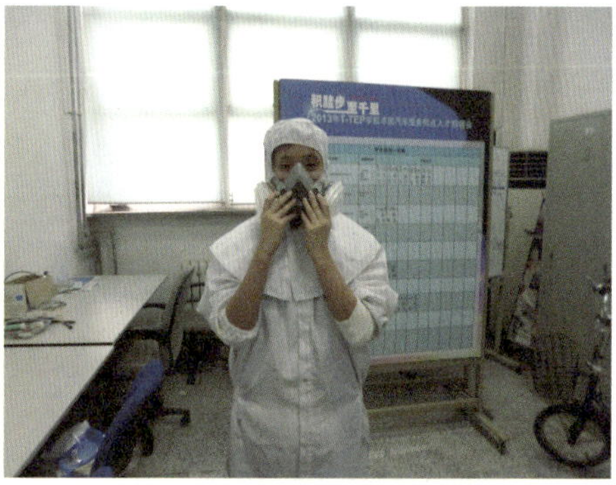

图 1-8 调整面罩位置

（4）先调整前面头带，然后调整颈带，不要拉得过紧（如果过紧，可向外推塑料卡将头带放松）。

4. 测试密封性

（1）正压测试。如图 1-9 所示，将手掌盖住呼气阀并慢慢呼气，如面罩向外轻轻鼓胀，而没有感觉气体从面部及面罩之间泄漏，则表示佩戴密封性良好；如感觉有气体泄漏，重新调整面罩位置或调整头/颈带的松紧度，重复进行正压测试，直至密封性良好。

（2）负压测试。如图 1-10 所示，用手捂住过滤棉的中心孔（吸气孔），轻轻吸气，如果面罩有轻微塌陷，并向脸部靠拢，而没有感觉气体从面部和面罩间漏进，则表示佩戴密封性良好；如感觉有气体漏进，重新调整面罩位置或调整头/颈带的松紧度，重复进行负压测试，直至确认密封性良好。

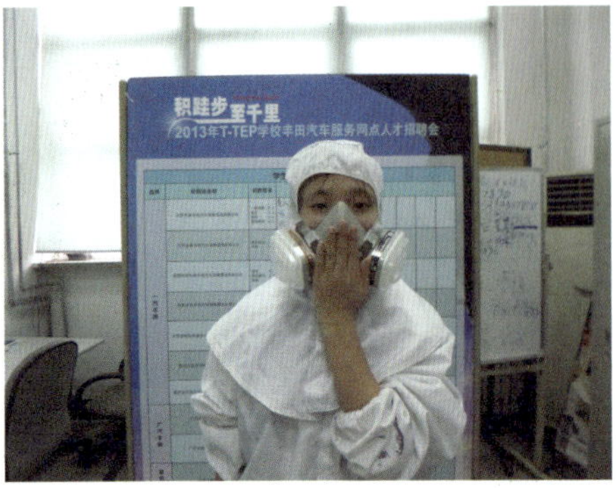

图 1-9　正压测试

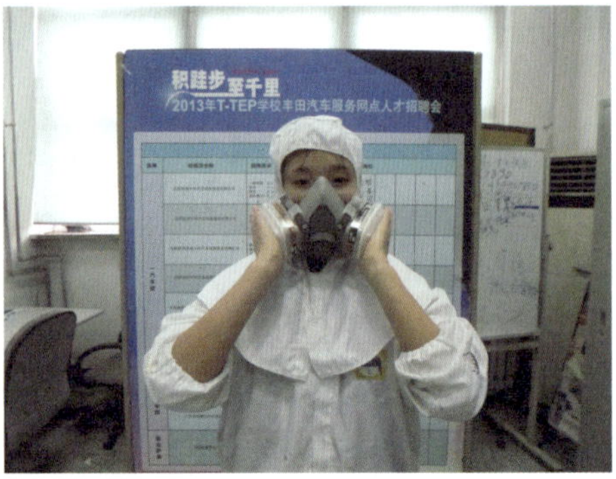

图 1-10　负压测试

如果佩戴的面罩不能达到良好的密封性要求，请勿进入污染区域。

5. 维护

（1）清洁。在每次使用后，应卸下过滤盒和（或）过滤棉，用医用酒精棉球清洁面罩，如图 1-11 所示。

如果面罩脏污较重，可将其浸在温热的清洗液中（水温不要超过 50℃），用擦布或软刷清洗（如图 1-12 所示），然后用干净、温热的水冲洗，并风干。

图 1-11　清洁面罩

图 1-12　清洗面罩

（2）存放。清洁的防毒面罩必须在污染区以外，密封保存，如图 1-13 所示。

二、救护特殊情况下的伤患者

1. 人工呼吸

尽快将伤患者移至有新鲜空气处，保持适合呼吸的姿势休息。如伤患者没有呼吸，应实施人工呼吸，并呼叫求助。正确实施人工呼吸抢救的操作流程如下：

（1）先拍打伤患者肩部，以确定伤患者是否有意识反应，如图 1-14 所示。

（2）若伤患者没有意识反应，则应高声求救，如图 1-15 所示。

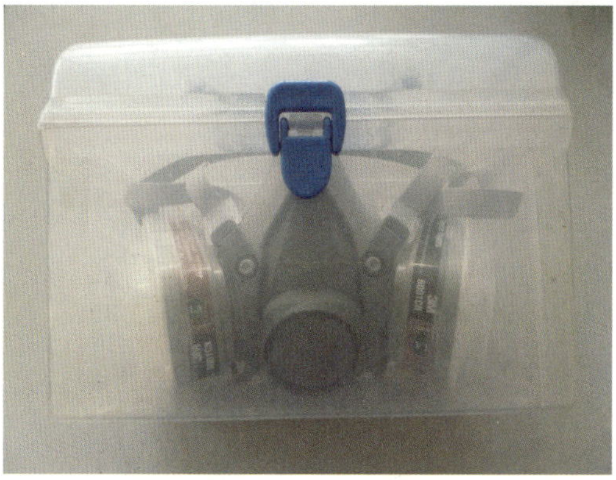

图 1-13　防毒面罩的存放

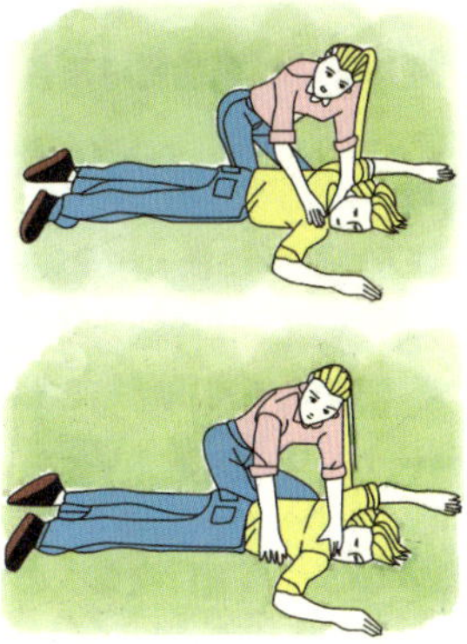

图 1-14　确定伤患者是否有意识反应

（3）若伤患者有意识反应，则先翻动伤患者，使其处于平躺姿势，如图 1-16 所示。

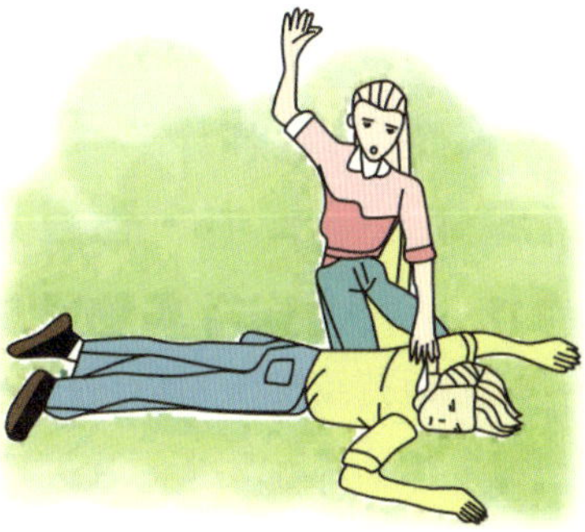

图 1-15　求救

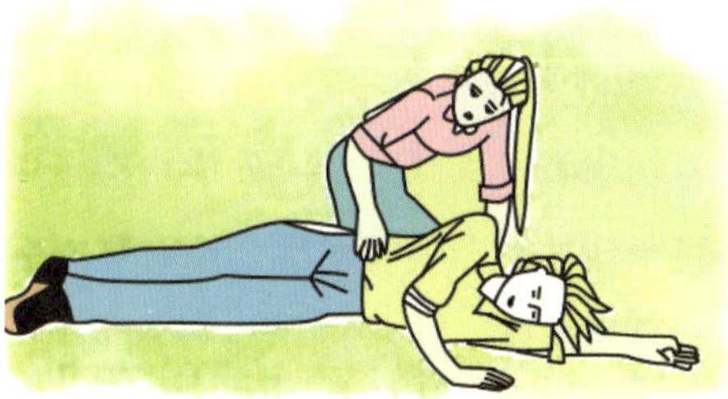

图 1-16　将伤患者翻身

（4）解开伤患者衣领，清除口鼻内异物，最好将其颈部垫高，使头部后仰，张开口，如图 1-17 所示。

（5）检查是否还有呼吸，如图 1-18 所示。

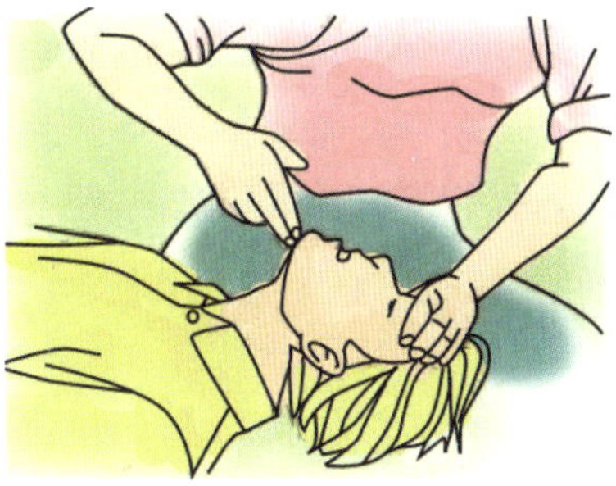

图 1-17　畅通呼吸道

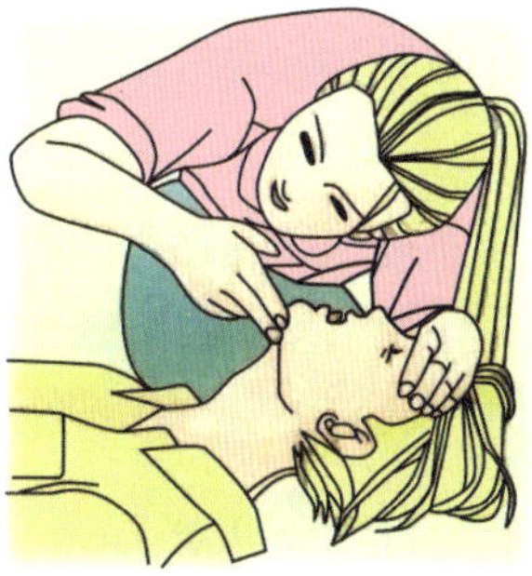

图 1-18　检查呼吸

（6）救护人深吸气，用嘴对准并紧贴伤患者口部，一手捏紧伤患者的鼻孔，用力吹气，如图 1-19 所示。

（7）吹气停止后，救护人松开捏鼻子的手，抬起头，再次深吸气，重复上述吹气动作。每分钟吹气次数和平时呼吸频率相似，进行5～10次吹气后，救护人应停下来，检查一下伤患者是否有脉搏（或比原脉搏加快的迹象），如图1－20所示。

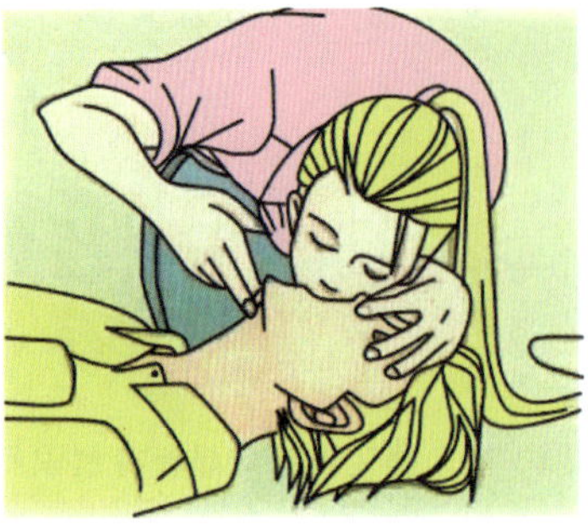

图1－19　吹气

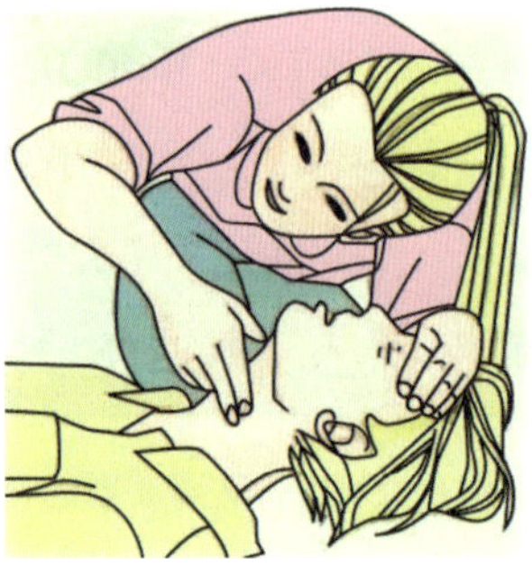

图1－20　检查脉搏

（8）救护人继续进行人工呼吸，直到伤患者能够进行自主呼吸为止。注意要有耐心，坚持不放弃。

2. 处理眼睛溅入有害物的伤患者

（1）将伤患者引到眼睛清洗处或水槽边，使其伏在水槽上。

（2）将眼睛冲洗器喷嘴对准伤患者进入有害物的眼睛，轻轻地持续按压喷射按钮，使清洗液连续冲洗眼睛。注意应从鼻子向太阳穴方向冲洗，以避免有害物质进入另一只眼睛。其间要求伤患者保持眼睛微睁，必要时救护者可用两个手指小心地将伤患者的眼睑分开。

（3）连续冲洗直到伤患者感觉眼睛内没有异物感为止。

（4）根据事故情况咨询医生。

3. 处理皮肤接触有害物的伤患者

立即清除有害物并以大量清水及肥皂水清洗伤患者的皮肤。

4. 处理误服有害物的伤患者

注意不要催吐或诱使伤患者呕吐，维护其体温，保持安静并尽快送医救治。

三、用灭火器灭火

以常用的MT型灭火器为例。

（1）右手握住压把，将灭火器提到火灾现场。

（2）在距燃烧物2m左右，放下灭火器，拆除铅封，如图1－21所示。

（3）拔出保险销，如图1－22所示。

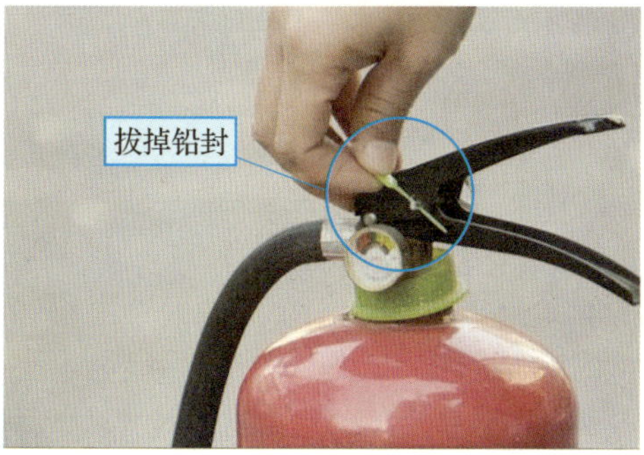

图 1-21 拆除铅封

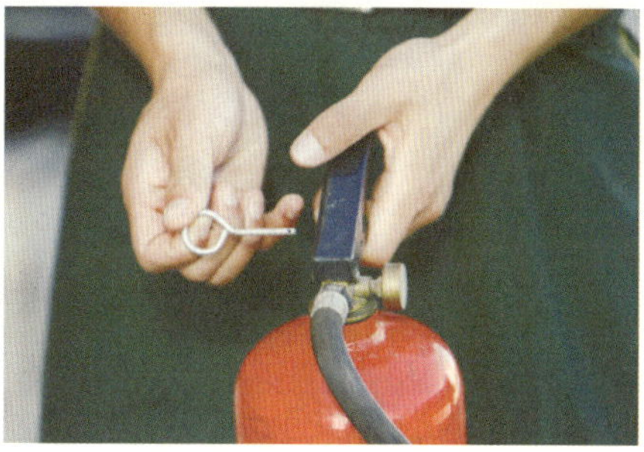
图 1-22 拔出保险销

（4）操作人员站在距火源 2m 处，左手握住喇叭筒，右手用力压下压把。

（5）对着火焰根部喷射，如图 1-23 所示，并不断推进，直到把火焰全部扑灭。需注意：室外使用灭火器灭火时，操作人员应站在上风向位置（即顺风喷射）。

四、准备紧急洗眼器

在涂装施工现场，应准备好紧急洗眼器，并保持随时可用状态，如图 1-24 所示。通常新购置的紧急洗眼器应按下述程序准备。

图 1-23 对准火焰根部喷射

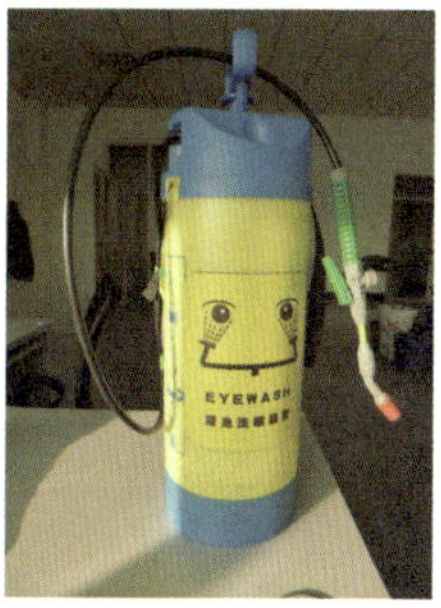

图 1-24 紧急洗眼器

（1）将软管一端连接到洗眼器体的接头处，并拧紧锁紧帽，如图 1-25 所示。

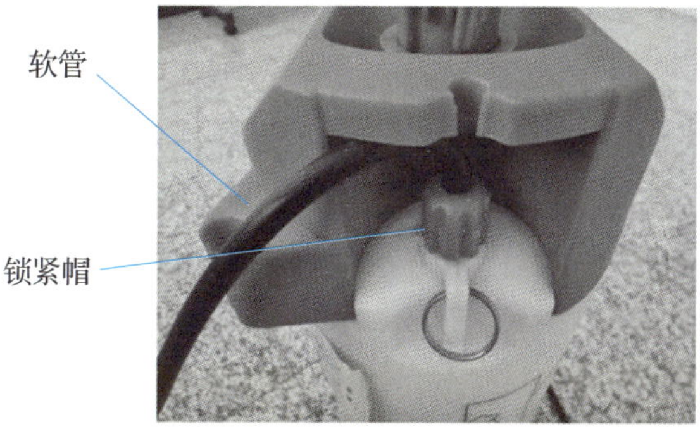

图 1-25 软管与洗眼器的连接

（2）将软管另一端插到喷头体尾端，拧紧锁紧帽，如图 1-26 所示。

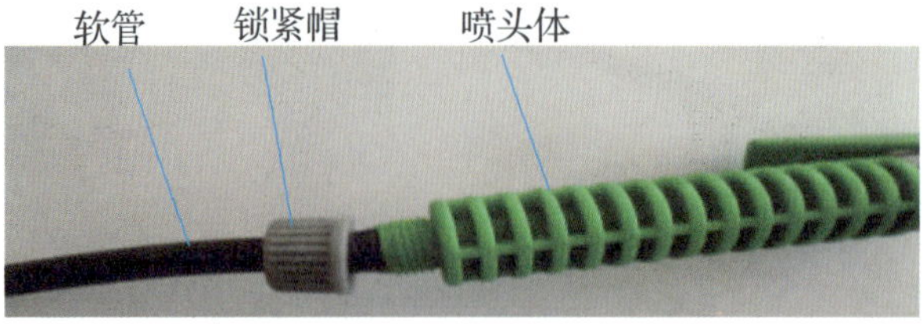

图 1-26　软管与喷头体的连接

（3）将连接管插入喷头体前端，拧紧锁紧帽，如图 1-27 所示。

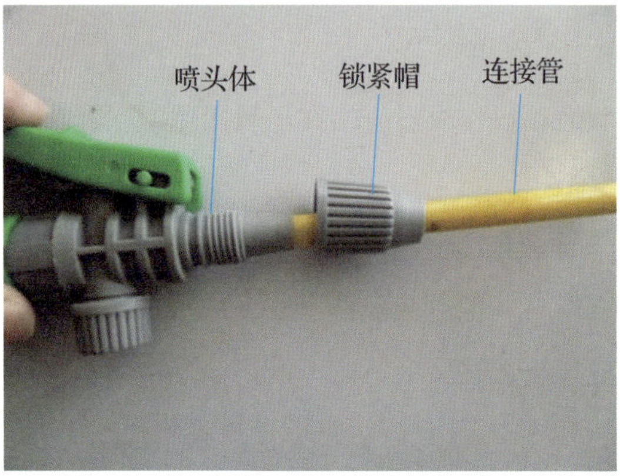

图 1-27　连接管与喷头体连接

（4）将连接管另一端插入喷头尾端，拧紧锁紧帽，如图 1-28 所示。

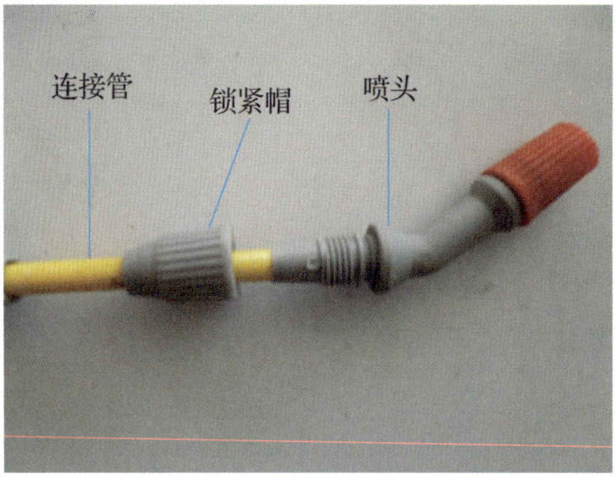

图 1-28　连接管与喷头的连接

（5）拧下加压泵，如图 1-29 所示。

（6）从加液口加入专用洗眼液，注意加液量不要超过瓶体表面的刻度标记的上限（如图 1-30 所示），再拧紧加压泵。

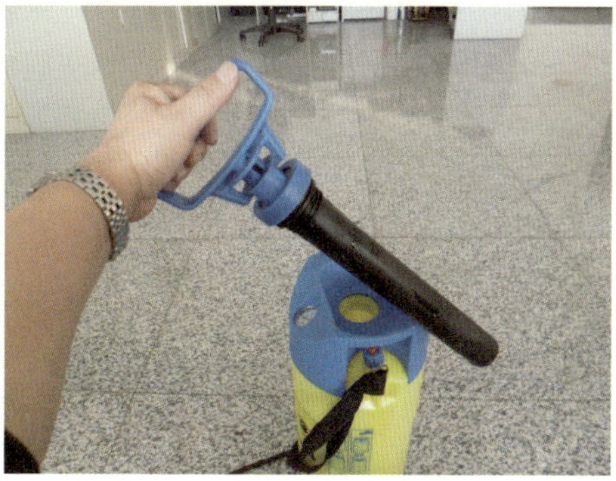

图 1－29　拧下加压泵

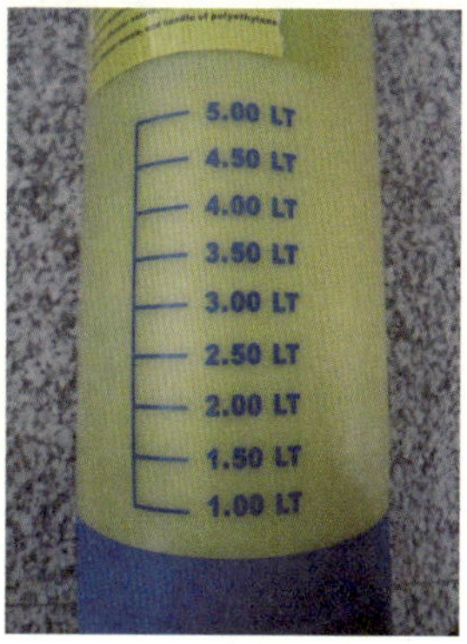

图 1－30　液面标记线

（7）反复拉压加压泵拉手加压（如图 1－31 所示），同时观察瓶上的压力表（如图 1－32 所示），直到感觉下压费力，但压力又不超过规定值（指针没有摆到红色刻度区）为止。至此，紧急洗眼器即达到了可随时使用的状态。

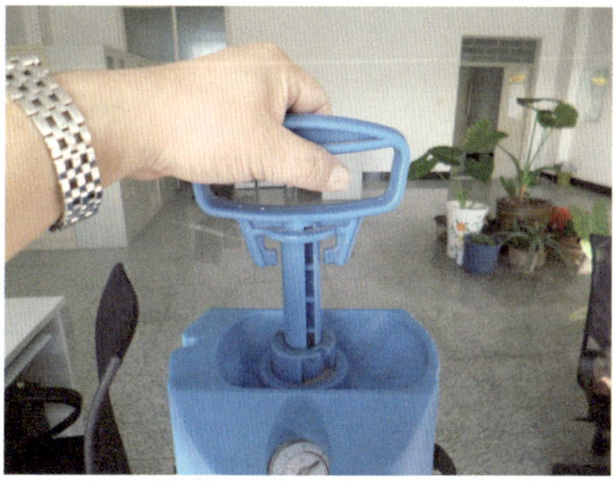

图 1－31　加压

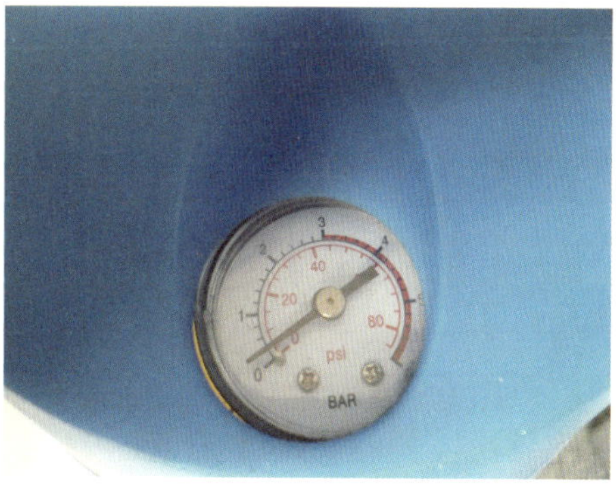

图 1－32　压力表

技能考核

一、准备工作

在技能学习工位准备好喷漆工作服、防毒面罩、人体模型、紧急洗眼器、灭火器、各类涂料及相关技术说明书。

二、考核流程

1. 学员工作

（1）在各自工位分组学习。

（2）在充分学习本任务相关知识的基础上，识读涂料及其技术说明书中的各类安全警告标识、穿戴喷漆工作服、佩戴防毒面罩、练习人工呼吸、用紧急洗眼器清洗眼睛，并根据具体情况进行灭火演练，同时完成相应的工单。

（3）5S 工作，即整理（Seiri）、整顿（Seiton）、清扫（Seiso）、清洁（Seiketsu）、素养（Shitsuke）。

（4）自我评价。

2. 指导教师工作

学员在进行上述操作时，指导教师进行下列工作：

（1）向学员讲解安全注意事项，并要求学员在工单中做记录。

（2）观察、指导学员进行相关操作，及时制止可能发生危险的操作。

（3）实操结束后审阅学员完成的工单（见表 1－1），并结合其操作情况做出评价。

表 1－1　职业健康与安全

班级学号		姓名	
1. 在查看涂料产品说明书时，你看到了哪些安全警告标识？ ______________________________ ______________________________ ______________________________。			
2. 在使用灭火器时，你遇到了哪些问题？是如何解决的？ ______________________________ ______________________________。			
3. 你做了哪些急救训练？你是否确信达到了可以进行初级急救的能力？ ______________________________ ______________________________。			
4. 在进行防毒面罩的佩戴训练时，你遇到了哪些问题（或出现了哪些错误的操作）？你是如何解决这些问题的？ ______________________________ ______________________________ ______________________________。			
5. 你所了解到的涂装工作劳动保护用品有哪些？ ______________________________ ______________________________ ______________________________。			
6. 你认为个人技能掌握程度：非常熟练□　比较熟练□　一般熟练□　不熟练□			
教师评语： 成绩____（10 分制）　　教师签字__________　　______年____月____日			

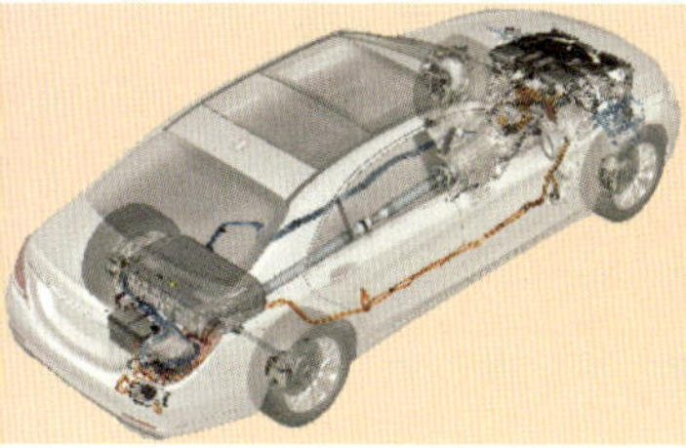

项目二

底处理

任务 2-1 漆膜损伤评估

任务引入

图 2-1 中是一台漆膜受损的车辆，其车身中部、后轮罩及后保险杠处均有漆膜损伤。对这类漆膜损伤进行修复时，第一步便是进行漆膜损伤程度的评估。

图 2-1 漆膜受损的车辆

准确地评估漆膜损伤程度，是确定维修成本、保证涂装质量的关键因素之一。对漆膜损伤进行了正确的评估后，才能确定修补范围，从而确定各道工序处理的范围、过渡区域、需遮盖保护的部位、需拆卸的零件等，为后续工作的正确实施及保证修补质量奠定基础。

漆膜损伤程度的评估

鉴别车身表面的涂层类别，在修补涂装工艺中是非常重要的。如果没有正确鉴别漆膜，在施涂面漆时会出现严重的问题。例如，准备修补涂装的车身板件之前涂装的是硝基漆，那么在中涂底漆后面的涂层中含有的稀释剂就会透入硝基漆涂层，这会引起后涂装的涂层产生皱纹（收缩）。为了防止发生此类问题，在处理底材时必须正确鉴别涂层的类型，以便选用与其配套的涂装材料。

为了便于进行漆膜损伤评估及后续作业，首先应进行全车清洗。虽然修补涂装操作可能是车身的某一块板件或板件的某一部分，但仍需要彻底清洗车上的污垢和其他异物，尤其是门边框、行李舱、前舱罩缝隙和轮罩处的污垢，如果不清除干净，新涂装的漆膜上就可能会沾上很多污点。

本任务主要学习清洗整车的方法，评估板面损伤程度、鉴定车身整形效果的方法及涂层结构与类型的鉴别方法等。

学习目标

1. 能够利用高压水清洗机进行全车清洗。
2. 能够用目测法和触摸法评估面板损伤的程度。
3. 能够正确进行车身整形效果的检查鉴定。
4. 能够用观察法等鉴别涂层的类型。
5. 培养良好的安全卫生习惯、环保意识和团队协作的职业素养。
6. 能够检查、评价、记录工作结果。

技能学习

一、清洗整车

全车清洗的一般方法是：先使用干净水冲洗，再用中性肥皂水或车辆清洗剂清洗，然后用水彻底冲净，再用压缩空气气枪吹干。

如果车体比较干净而漆膜损伤区域又比较小，可以用擦拭纸在较大范围内进行清洁处理，满足涂装要求即可。

1. 劳动安全与卫生

操作前，必须牢记以下劳动安全事项：

（1）穿好工作服。

（2）在使用高压水清洗机时，必须佩戴护目镜（或面罩）、橡胶手套、水鞋及防水围裙。

（3）禁止将压缩空气气枪对着别人。

（4）禁止将高压水清洗机喷枪对着别人。

（5）剩余的洗涤剂、门窗玻璃清洁剂等，不能随意倒掉。

2. 场地及工具准备

（1）可停放大型车辆、排污水方便的混凝土地坪或相当于混凝土的地坪。

（2）高压水源，最好使用冷热水高压泵。

（3）足够长度的水管，水管的手柄上装有控制水流的开关。

（4）适度的照明。

（5）一定数量的水桶、海绵块或泡沫塑料、洗涤剂、门窗玻璃清洁剂、抹布、大毛巾、鹿皮等。

（6）压缩空气气枪、气管等。

3. 清洗步骤

（1）连接好高压水清洗机的电源和进水管。

⚠ **注意：** 洗车作业用水要求清洁无污染，严禁使用未经过滤或受污染的水源，以免影响清洗效果，或对汽车外表产生损伤。在通常情况下，自来水或符合标准的循环水就基本符合要求。

（2）连接好泡沫机的压缩空气管，按规定比例从加液口加入泡沫液和水，如图 2－2 所示，水和泡沫液加入量通过观察泡沫机侧面的透明刻度管来确定。

（3）调整泡沫机的气压至规定值（泡沫机说明书建议值），如图 2－3 所示。

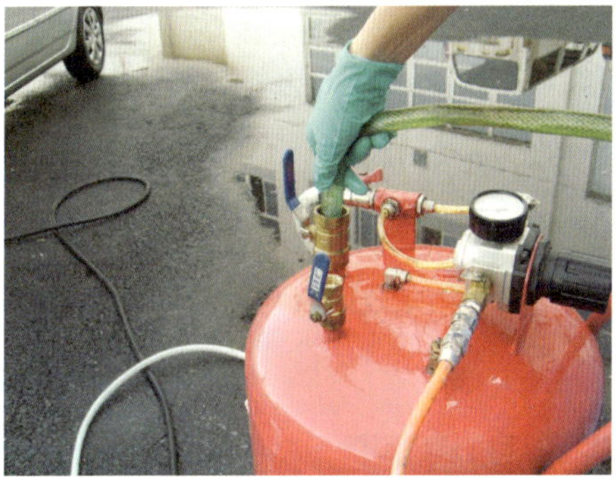

图 2－2　加泡沫液和水

图 2－3　调整泡沫机气压

（4）取出地毯清洗、晾干，清理烟灰盒、坐垫等物品。

（5）关好车门窗（这一操作很重要）。

（6）在开始清洗汽车之前将汽车表面淋湿，这样可以大大减少划伤汽车表面的可能性。将高压水清洗机调整为宽的喷射水流进行清洗即可。

（7）调整高压水清洗机为柱状水流，对缝隙和拐角等容易积存污垢的地方进行冲洗，特别是车轮上方的车身圆弧里。

（8）喷涂泡沫。喷涂的泡沫要均匀、适量，喷洒泡沫的顺序应按从上至下进行。

(9) 用兔毛手套（或用软海绵块）擦车，如图 2－4 所示。擦车的顺序是：车顶、风窗玻璃、前舱罩、保险杠、灯具、车的一个侧面（包括玻璃）、车身后部（包括玻璃、尾灯）、车身的另一侧（包括玻璃）以及车轮。

⚠ **注意：**对于轮胎和门槛下缘等车体下部部位，一定要用专用的海绵或刷子单独清理（如图 2－5 所示），防止工具混用对车漆和玻璃造成意外损伤。必要时可配合喷水壶进行辅助喷水。

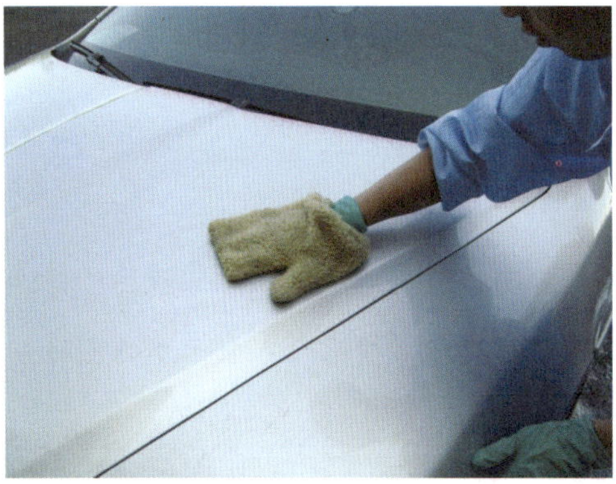

图 2－4　用兔毛手套擦车

图 2－5　用刷子清洁车轮

(10) 二次冲洗。可将水压调低，扇面调大，冲掉泡沫即可。

(11) 刮水。用刮水板将车身上的水膜刮干净，如图 2－6 所示。

(12) 精细擦拭。用大毛巾及鹿皮将整个车身擦拭干净。

⚠ **注意：**鹿皮在使用前一定要浸泡透、拧干后再使用，这样它的吸水性会更好。

(13) 吹干。锁孔、门缝、车窗密封条、后视镜、加油口盖等部位用压缩空气气枪辅助吹干，尤其是钥匙孔里的水分要吹干，如图 2－7 所示。

图 2－6　刮水

图 2－7　用压缩空气气枪吹净缝孔内的积液

二、评估板面损伤程度

车身由于碰撞造成的损伤外观较明显，关于该种损伤的分类和评价在车身钣金维修中会有详细的介绍，对于修补涂装来说不做过多要求。汽车修补涂装操作人员要掌握的是车身覆盖件的漆膜损伤、板件轻微变形（不需要钣金修复或者只要简单的敲打就可恢复的变形）以及车身板件的锈蚀等损伤的评估方法。

评估板面损伤程度的方法有目测法、触摸法和直尺评估法等。

1. 目测法评估

根据光照射板件的反射情况，评估损伤的程度及受影响面积的大小，如图 2－8 所示。操作人员稍微改变眼睛相对于板件的位置，即可看到微小的变形和损伤。

目测法评估的内容主要有：漆膜有无划伤、开裂等损伤，板件是否有锈蚀、凹坑和凸起变形等。

漆膜破损形成锈蚀的部位，一般都会有红色或黄色的锈迹，观察起来很简单，如图 2－9 所示。需要注意的是有些锈蚀是从板材的底部开始的，尤其是经过钣金维修的部位，从外表看不到锈迹，只是在漆膜表面有不规则的凸起。操作人员把凸起部分敲破就能看到板材的锈蚀情况。

图 2－8　目测法评估板面损伤

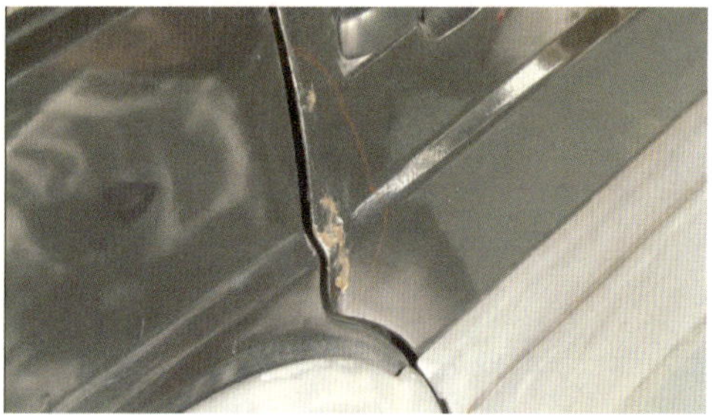

图 2－9　车身锈蚀

车身覆盖件的凹坑和凸起变形主要是根据光线照射板件后的反射情况进行判别。观察时目光不要与板件垂直，而是有一定的角度，角度的大小根据光线来调整，以能看清板件表面情况为准。如果板件表面有变形，由于变形部位与良好部位反射光线不同，眼睛就会很容易观察到变形的部位。操作人员找到损伤部位后，要及时做好标记，便于维修。

2. 触摸法评估

操作人员戴上手套（最好为棉质），从各个方向触摸受损的区域，如图 2－10 所示。触摸的时候要将注意力集中在手掌上，以此来评定不平度及漆膜损伤情况。为了能准确地找到受影响区域的不平整部分，手的移动范围要大，要包括没有被损伤的区域。

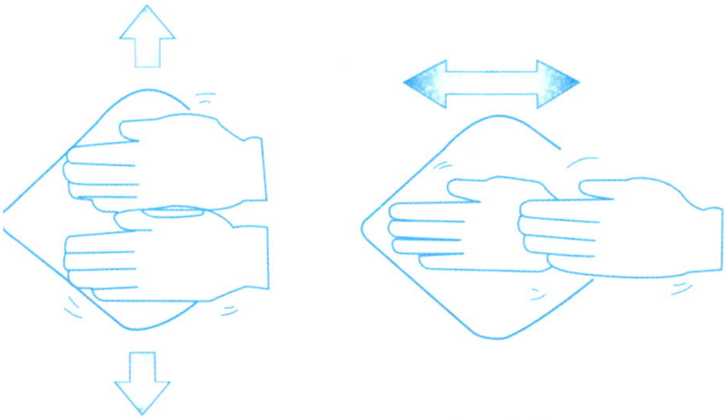

图 2-10　触摸法评估损伤板面程度

3. 直尺评估法

将一把直尺放在车身与损伤区域对称的没有损伤的区域上，检查车身和直尺间的间隙；然后将直尺放在被损伤的车身板件上，评估被损伤的和未损伤的车身板之间的间隙差，来判断损伤的情况，如图 2-11 示。

在用直尺评估时，如果损坏件有凸出部分，将影响评估操作，此时可用冲子或鸭嘴锤，将凸起的区域敲平或稍稍低于正常表面，如图 2-12 所示。

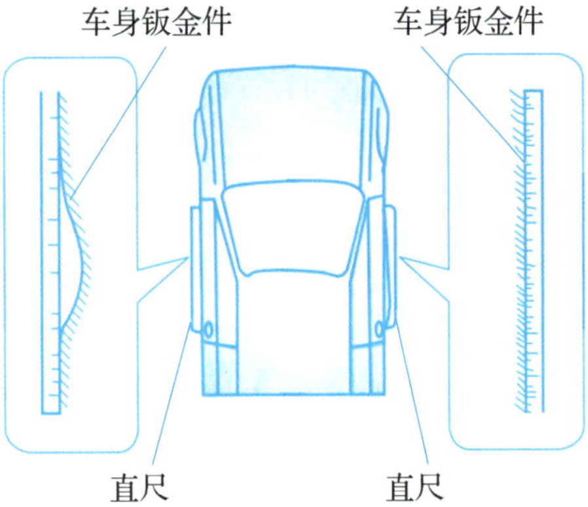

图 2-11　用直尺法评估板面损伤程度

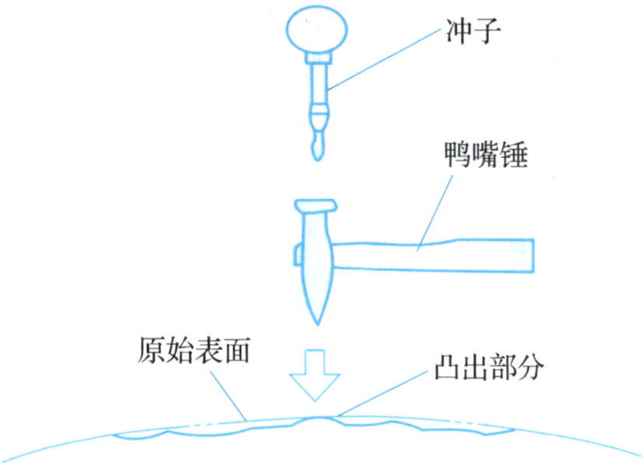

图 2-12　敲平损伤件的凸出部分

注意： 实际评估时，通常是综合运用各种方法，以获得准确的评估结果。评估过程中，操作人员一定要随时做好记录，以便为后续的维修方案制定提供依据。

三、鉴定车身整形效果

如果车身损伤严重，则首先需要进行钣金处理。当钣金工作结束后转入涂装工序时，涂装工需要对钣金修复的效果进行检查鉴定，以确定是否满足涂装条件。

车身钢板变形损伤修复最终要求是恢复原板件的形状，修复部位可以比原表面低，但凹陷深度最大不能超过 3mm（不同的涂料生产商有不同的建议）。

车身钢板变形损伤修复质量检查方法通常采用人工检视或借助简单工具（量具）进行，具体方法与面板损伤程度评估类似，实际检查时可综合运用多种方法。

（1）目视检查。根据光照射板件的反射情况，以评估变形损伤修复的程度。

（2）触摸检查。戴上手套（最好为棉质），从各个方向触摸修复的区域（包括没有损伤）的区域，凭手掌的感觉来评定不平度，以判断变形修复的质量。

（3）样板检测。通过使用样板对车身面板的修复部位和对称的未损伤部位进行对比检测，以判断变形损伤修复质量。

（4）零部件对比检测。面板修复过程中，应将相关零部件安装上去，检查相关部位的配合情况，以便判断、检测修复的程度。必要时可用新件安装，进行对比判断。

（5）测量尺寸。用钢板尺配合塞尺检查凹陷处的深度。

（6）车身锉检测。观察车身锉在钢板上锉过的痕迹，找出损伤部位修复后所存在的高点与低点等缺陷。检查弧形面时，建议使用可调节的柔性锉，使用前，通过螺栓将车身锉的弧度调整到比钢板平面略大，这样在压到弧形面时两端留有一定的间隙，操作起来更方便。

操作人员应从没有损伤的部位开始检测，然后经过已经修复的部位，到达没有损伤的另一侧。在锉的过程中，应一只手握住手柄向前推，另一只手握住锉的头部，以便控制压力的大小和方向，每次锉的行程都应尽量拉长。在返回的行程中，用手柄将车身锉从金属板上拉回。当锉一个平坦的部位时，将锉与推进方向呈 30°角水平地推，也可将锉平放，沿着 30°斜角的方向推。在隆起的金属板上，应将锉平放，沿着凸起处最平坦的方向平放，以 30°或更小的角度向一边推。用车身锉可以找出损伤部位的高点与低点，高点的部位会留下锉痕，低点的部位没有锉痕（如图 2－13 所示），便可直观地识别出凹陷部位。

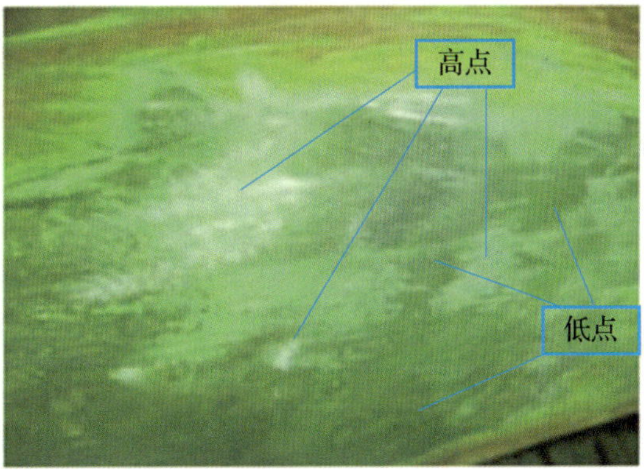

图 2－13 用车身锉检测钣金修复质量

四、鉴别不同结构涂层

1. 观察法

单工序面漆中没有金属颗粒，只有颜料（如红、白、黑、偏黄白等），所以漆膜外观看上去没有金属闪烁感，同时，面漆之上没有清漆层，立体感不强，即各方向观察颜色基本一致。

不同结构
涂层的鉴别

双工序和三工序面漆多为金属漆或珍珠漆，底色漆里含有金属及金属氧化物颗粒，比如铜、铝、氧化铜、云母粉等，阳光反射后，色彩斑斓。透明的清漆层对光线有折射作用，使漆面富有立体感。如果角度合适还会发生光线干涉现象，使漆膜呈现七彩的效果。

2. 打磨法

（1）准备砂纸、喷水壶、抹布等工具。

（2）操作步骤：

1）在车身涂层上选一块不显眼的位置，比如车门、加油口盖、行李舱盖等处的内侧，用 P2000 抛光砂纸轻轻打磨。打磨时一定要加水湿磨，因为干磨下来的清漆会呈现灰白颜色，不容易分辨。加水湿磨后，磨掉的清漆就不会显示颜色了。

2）观察打磨后砂纸上附着的粉末颜色，如果是带颜色（与车身漆色相同）的粉末，说明面漆是单工序的。如果打磨后砂纸上没有颜色，说明面漆是双工序的，打磨下来的是清漆层，如图 2－14 所示。

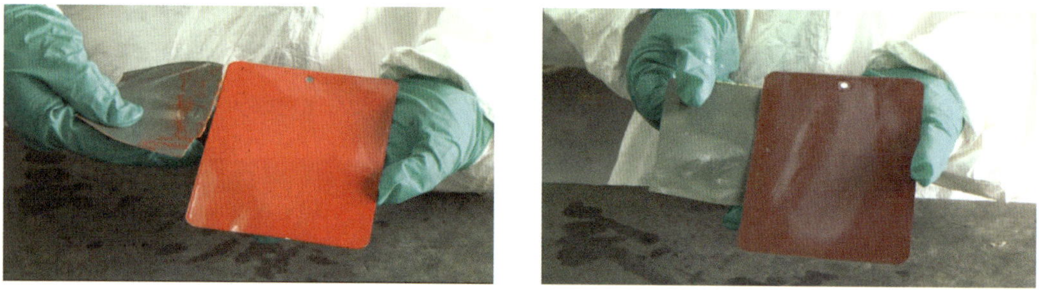

（a）打磨后砂纸上有颜色　　（b）打磨后砂纸上没有颜色

图 2－14　打磨法判断不同结构的涂层

五、鉴别不同类型涂层

1. 溶剂擦拭法

不同类型
涂层的鉴别

溶剂擦拭法是用普通的硝基稀释剂在原涂层上进行涂抹擦拭，通过观察有无溶解现象来判别原涂层是否为溶剂挥发干燥型涂料。

检查时使用白色的粘尘布（或擦拭纸）浸适量的硝基稀释剂在破损涂层周围或在车身隐蔽处轻轻擦拭，如果原涂层溶解，并在布（纸）上留下颜色痕迹，说明原涂层属于溶剂挥发干燥型涂料，如图 2－15 所示。如果原涂层不溶解，说明原涂层属于烘干型或双组分型涂料。若原涂层为自然挥发干燥型涂料，则在修补喷涂时要注意新涂层中的溶剂成分会溶解原涂层，造成咬底等漆膜缺陷。

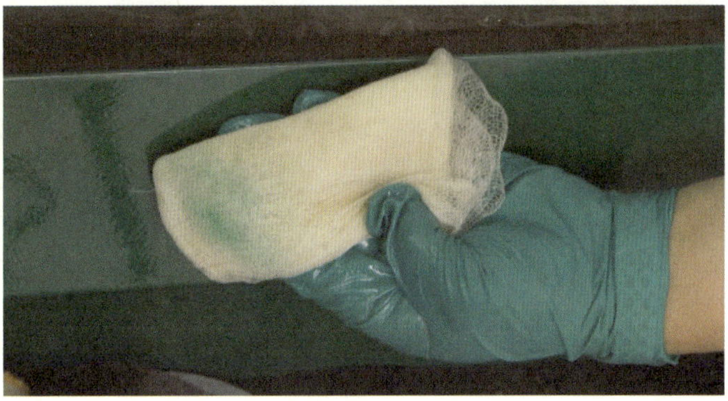

图 2－15　用溶剂擦拭法确定车身原有涂层类型

2. 加热判定法

加热判定法用来判别原涂层是热固型还是热塑型涂料。如果原涂层为热塑型涂料，则在修补喷涂时应选用同类型的涂料，或将旧涂层完全打磨掉后再进行涂装。可用红外线烤灯对漆膜进行加热（如图 2－16 所示），需注意控制加热温度，过热易损伤漆膜，如果漆面有软化现象则可证明为热塑型涂料。

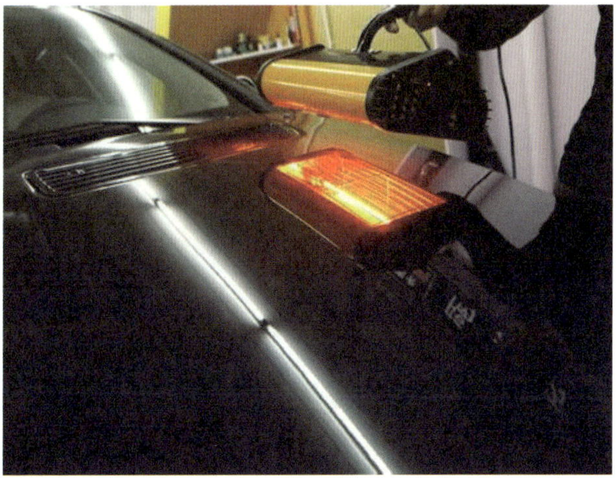

图 2－16　用加热判定法确定漆膜类型

3. 硬度测定法

各种面漆干燥后漆膜的硬度不同，双组分面漆和烘干型面漆硬度较高，而自干面漆硬度较低，所以可通过使用硬度计测量漆膜硬度来判定面漆的类型。

4. 厚度测试法

各种面漆由于性质不同，涂层厚度是不一样的，所以可通过用厚度计（也称膜厚仪，如图 2－17 所示）测定漆膜厚度来判定面漆的大致类型。但是这种方法测定结果不是十分准确，因为修补过的涂层厚度基本都会超过 150μm，要比原厂漆膜厚。

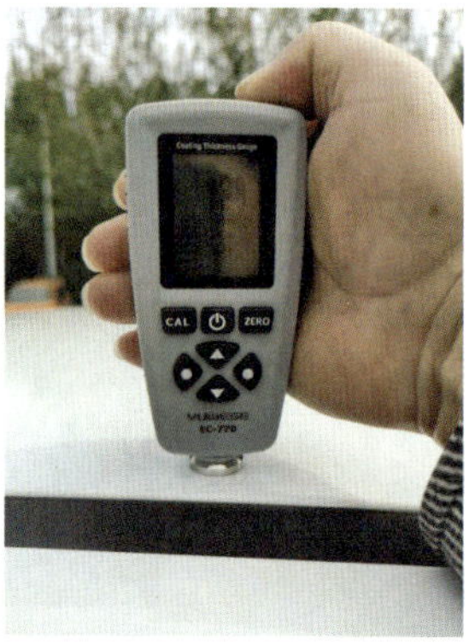

图 2－17　膜厚仪

5. 电脑检测法

利用电脑调色系统可直接获得原车面漆的有关资料，这是目前涂装行业中较先进的检测方法。此方法方便快捷，只需利用原车车身加油口盖，很快就能准确无误地判别面漆的类型。

判断漆面的类型是为了便于进行维修时选用合适的材料，表 2－1 列出了各种类型的原有涂层和能够涂敷在这些涂层上的面漆的配套性。

表 2－1　原有涂层与修补面漆的配套性

新喷面漆	原有涂层					
	醇酸磁漆	聚丙烯漆	聚丙烯磁漆	聚氨酯磁漆	聚丙烯聚氨酯漆	聚丙烯聚氨酯磁漆
醇酸磁漆	○	●	○	○	●	○
聚丙烯漆	○	●	●	○	○	○
聚丙烯磁漆	○	●	●	○	○	○
聚氨酯磁漆	●	●	●	○	○	○
聚丙烯聚氨酯漆	●	●	●	○	○	○
聚丙烯聚氨酯磁漆	○	○	○	○	○	○

注：○—能够重新涂装；●—重新喷涂前，必须使用特定的封闭涂料。

六、判定板件是否经过漆膜修补

1. 打磨法

汽车板件是否做过漆膜修补的判定

（1）从整块 P80 砂纸上裁下一小块。

（2）在漆膜受损区域内选一小块漆面，配合打磨垫对漆膜进行打磨，直到露出金属，如图 2－18 所示。

（3）通过涂层的结构可以看出这辆汽车过去是否经过修补涂装。图 2－18（a）所示的面漆单一均衡，为未曾补涂过；而图 2－18（b）所示的面漆明显分层，或因曾经喷涂过与原车不一样面漆，漆膜呈现不同颜色的两层面漆，由此可以判断为过去曾补涂过。

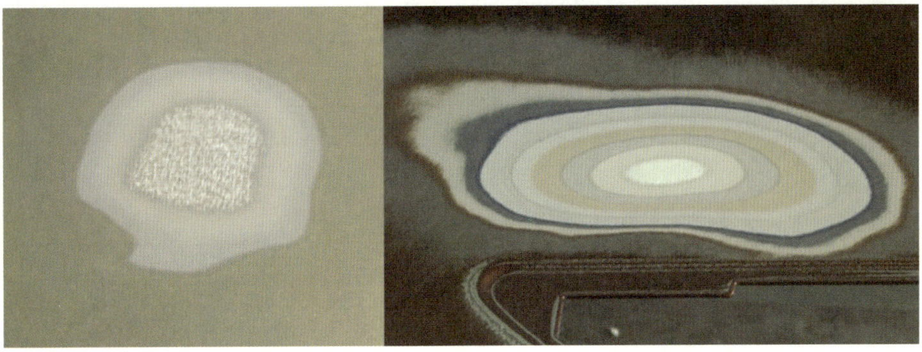

（a）未经过修补的涂层　　（b）经过修补的涂层

图 2－18　用打磨法判定板件是否经过漆膜修补

2. 测量涂层厚度法

用膜厚仪测量车身涂层厚度，如果涂层厚度明显大于新车涂层的标准厚度，说明这辆汽车曾经进行过漆膜修补。

技能考核

一、准备工作

在技能学习工位准备好各类劳动保护用品，洗车机、泡沫机及洗车配套工具，直尺、塞尺、膜厚仪等漆膜损伤检测工具，砂纸、硝基稀释剂、红外线烤灯等。

二、考核流程

1. 学员工作

（1）在各自工位分组学习。

（2）在充分学习本任务相关知识的基础上，进行全车清洗、板面损伤评估、涂层结构与类型鉴别等实操训练，同时完成相应的工单。

（3）5S 工作。

（4）自我评价。

2. 指导教师工作

学员在进行上述操作过程中，指导教师进行下列工作：

（1）向学员讲解安全注意事项，并要求学员在工单中做记录。

（2）观察、指导学员进行相关操作，及时制止可能发生危险的操作。

（3）实操结束后审阅学员完成的工单（见表 2－2），并结合其操作情况做出评价。

表 2－2　评估漆膜损伤

班级学号		姓名	

1. 清洗汽车

将清洗汽车的简要操作步骤记录下来：

____

____

____。

清洗结束后，进行全车检查，并按下表要求记录：

序号	存在的问题	可能的原因	处理方案

2. 涂层结构鉴别

将涂层结构的鉴别过程及结果记录在下面：

____

____

____。

3. 涂层类型鉴别

将涂层的类型鉴别过程及结果记录在下面：

____

____

____。

4. 修补涂层的鉴别

将对漆膜是否经过修补的鉴别过程及结果记录在下面：

____

____

____。

5. 漆膜损伤评估

将车身漆膜损伤的情况标记于下图并进行必要的说明：

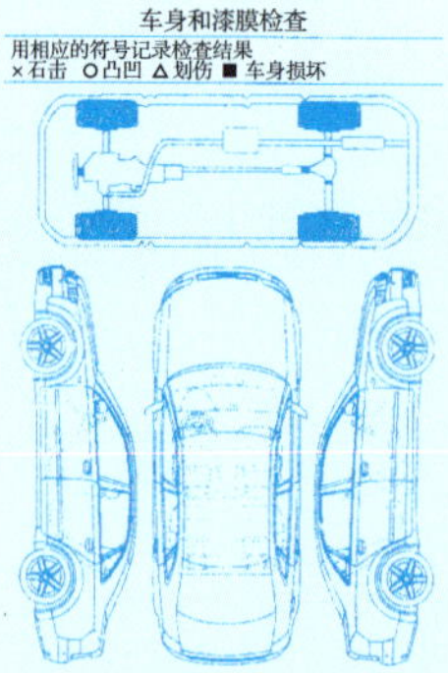

6. 你认为个人技能掌握程度：非常熟练□　比较熟练□　一般熟练□　不熟练□

教师评语：

成绩____（10 分制）　　教师签字__________　　______年____月____日

任务 2－2　表面预处理

任务引入

汽车清洗好后，要仔细检查车身漆面，寻找漆膜破损迹象，如气泡、龟裂、脱落、锈蚀以及在烤补、气焊等修理过程中引起的损伤。

对于上述漆膜损伤，必须将旧漆膜清除掉，清除程度可根据旧漆膜的损伤程度和重新涂装后的质量要求，进行全部和部分清除。如图 2－19 所示的漆膜损伤，必须经表面预处理（清除损伤的旧漆膜和做羽状边等），以达到可以进行后续工作（如施涂原子灰、喷底漆等）的状态。

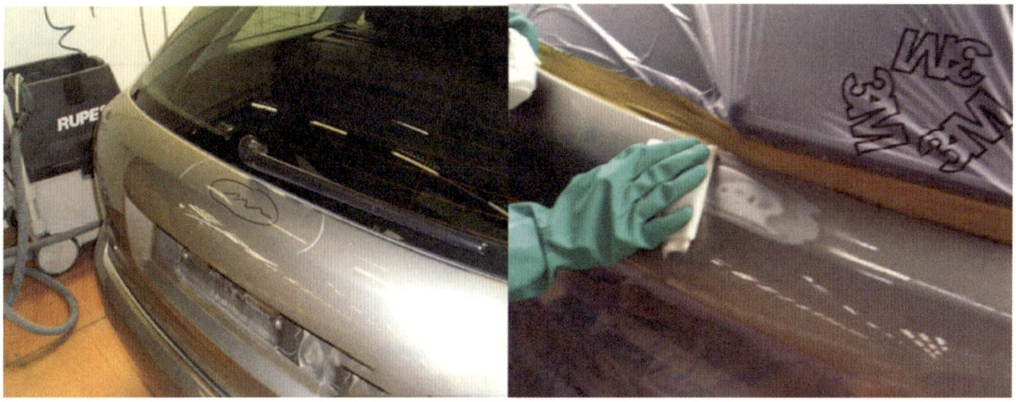

图 2－19　漆膜损伤与处理后的状态

本任务主要学习手工及用干磨机进行表面预处理的方法。

学习目标

1. 能够准备任务相关的工具、仪器、设备和工作场所。
2. 能够用砂纸（或与打磨垫配合）清除旧漆膜。
3. 能够正确使用打磨机打磨旧漆膜。
4. 能够采用手工方法或使用电、气动工具清除钢板表面的锈蚀。

5. 培养良好的安全卫生习惯、环保意识和团队协作的职业素养。

6. 能够检查、评价、记录工作结果。

技能学习

一、劳动保护与安全注意事项

1. 劳动保护

打磨旧漆膜时可能存在的危害及需配备的劳动保护如图 2－20 所示。

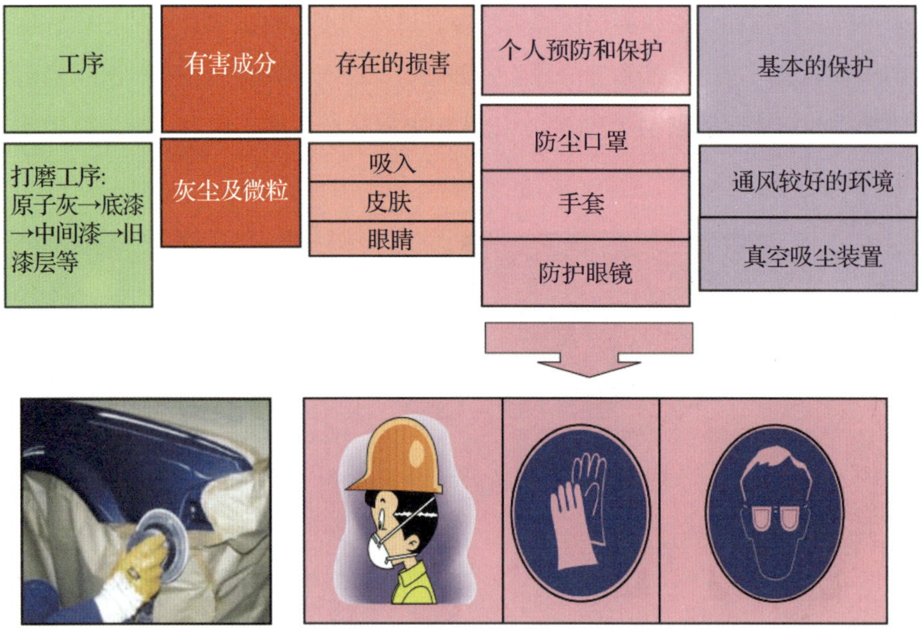

图 2－20　打磨旧漆膜时可能存在的危害及需配备的劳动保护

2. 安全注意事项

操作前，必须牢记以下劳动安全事项：

（1）采用加热法除旧漆时，应时刻关注电加热器的温度，过高时关闭电源，尽量不用火焰加热。

（2）用加热法除旧漆时，要控制好板件的加热温度，以免因温度过高而使板件变形。

（3）用铲刀除旧漆时，应注意使用安全，以免被划伤。

（4）不要用刀尖用力铲漆膜，以免对板件表面造成深度划伤。

（5）用打磨机打磨时应该佩戴防护眼镜和防护面罩。

（6）检查打磨机叶轮（针对角磨机而言）的品种及规格是否与当前操作所要求的性能相一致。破损的叶轮，哪怕只有很小一点缺陷，也不能继续使用。

（7）检查电源是否在该产品所规定的范围内。

（8）将电源插头插入电源插座之前应仔细检查打磨机的电源开关是否关闭。

（9）更换打磨机叶轮时（针对角磨机而言），务必认真按照说明书的要求操作。

（10）不可用电动打磨机打磨铝材、塑料等。

（11）不可用电动打磨机交叉打磨曲面弧度较大、凸出很高的表面或非常凹的表面。

（12）不可用电动打磨机打磨边角、皱褶缝、焊缝、粘接处或刮涂过塑料密封胶的区域。

二、手工清除旧漆膜

清除旧漆膜时，通常会打磨到裸露钢板，此时如果有水沾到钢板上，会很快产生锈蚀，所以在打磨除旧漆时，建议使用干打磨。

1. 裁剪砂纸

选择合适的磨料，采用氧化铝磨料的疏式砂纸比较适合干打磨，粒度为 P80。根据打磨的需要，将砂纸裁成适合的大小。汽车修理厂普遍采用以下几种方式（见图 2－21）：

手工清除旧漆膜

（1）小面积打磨。将砂纸长边对折 2 次，短边对折 1 次，裁成 1/8 大小的小块，每块约 11.5cm×7cm，如图 2－21（a）所示。以这种尺寸的砂纸配合小打磨垫，适合小面积打磨及漆面局部流痕处的磨平，或者直接用手握砂纸对拐角等处进行打磨。

（2）一般常规打磨。将砂纸竖、横各对折 1 次裁成 1/4 大小的小块，每块约 11.5cm×14cm，如图 2－21（b）所示。这种尺寸大小适中，适合手握操作，方便灵活，是打磨时最常用的砂纸裁剪方式。打磨时将砂纸包在打磨垫上，其中大约 1/2 的面积为打磨面。

（3）大面积打磨。将砂纸沿长边对折 1 次，裁成 1/2 大小的小块，每块约 14cm×23cm，如图 2－21（c）所示。这需要根据打磨板的规格而裁剪，如果自制的打磨板较长也可以沿短边对折。一般是把砂纸固定在标准打磨板上进行打磨，这对于较大平面上的缺陷有较好的平整作用。

2. 打磨

将裁好的砂纸用手握住（如图 2－22 所示），在需要清除旧漆处进行打磨。如果要使用打磨垫配合打磨，应将裁好的砂纸平贴于打磨垫下面，两边多出的部分向上折，贴靠到打磨垫边缘以便用手握住。将打磨垫平放于待打磨表面，前后及左右移动打磨垫进行打磨，如图 2－23 所示。打磨时，打磨垫须保持平移，用力要适当。

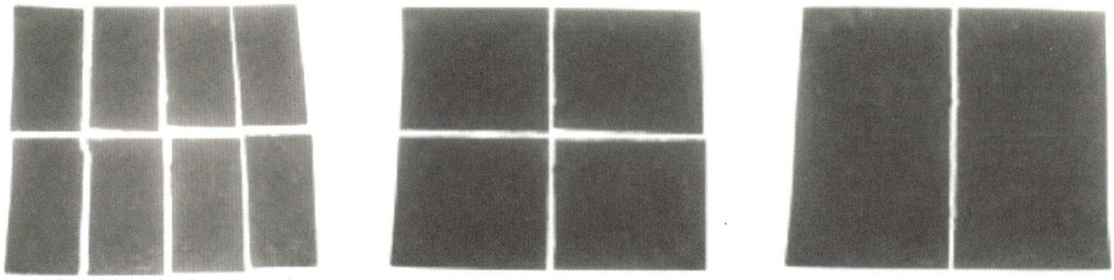

（a）小面积打磨时砂纸的剪裁　（b）常规（中等面积）打磨时砂纸的剪裁　（c）大面积打磨时砂纸的剪裁

图 2－21　砂纸裁剪方法

（a）4+1握法　（b）2+3握法

图 2－22　砂纸的握法

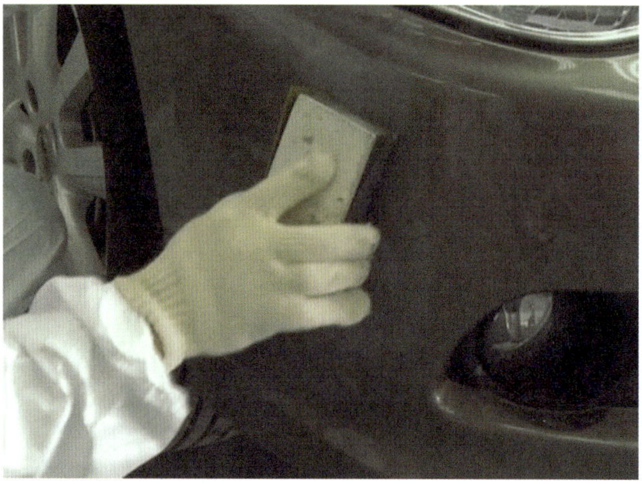

图 2－23　用打磨垫配合打磨

手工打磨的姿势应该以舒服、顺手为原则。对于较大表面，最好是采用拇指和小指夹住打磨垫，中间三指配合手掌的握法。打磨时应尽量轻地握住砂纸，施加于表面的压力仅仅限于手掌的力量。有时还须经常改变打磨姿势，以适应不同部位的表面结构。

打磨时可采用以下手法：

（1）手指打磨法。在对汽车某个特殊的部位进行打磨时，有时需要将手掌稍微抬起来一点，将力量加到手指上，进行手指打磨；有时甚至还要将手掌再抬高一点，将力量加到指尖上，用指尖进行打磨。

（2）画圈打磨。用手指按住砂纸，在一个小范围内快速作圆周运动进行打磨。这种画圈打磨方式不得用于直径大于 25cm 的缺陷。

（3）交叉打磨法。在打磨较大面积的表面时，最好采用走直线的方法。在过渡区对相邻表面打磨时，应采用交叉打磨法（也称为米字形打磨）（如图 2－24 所示），就是打磨时经常地改变打磨方向，这样操作获得的基材表面较平整。改变打磨方向可以起到和切削相似的作用，打磨的速度也快。如果以 90°的角改变方向就无法采用交叉打磨法，只有在角度为 30°或 45°时改变方向才有可能采用交叉打磨法，这主要是受汽车表面结构所限。

打磨时来回的行程应长而直，为了获得最好的打磨效果，应该始终与车身轮廓相同的方向进行打磨（如图 2－25 所示），也可采用 45°角方向交叉打磨。如果进行的是大面积的打磨，则应该分块，一块一块地进行打磨。每一块面积最好不大于 0.1m^2。不得将身体的重量加压在砂纸上，只能轻轻地压着砂纸进行打磨。打磨完用手摸、眼看检查打磨是否符合要求。

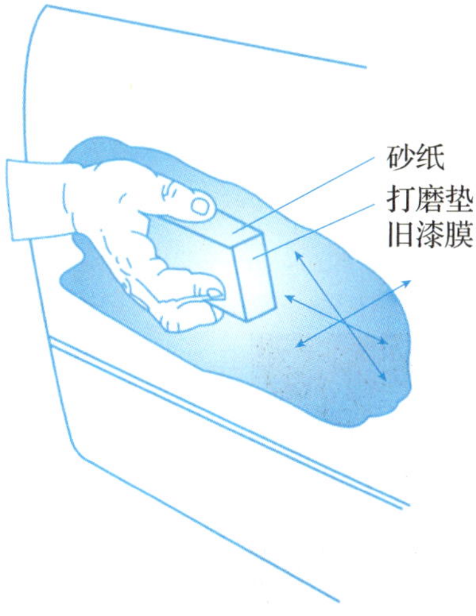

图 2－24　交叉打磨法

图 2－25　打磨运动方向

初步打磨后，需换用 P150 号砂纸再全部打磨一遍。

对于旧漆膜有剥离或裂纹处，用铲刀（见图 2－26）刀尖部插入剥离层间或缝隙处可以一块块铲掉旧漆膜。

图 2－26　铲刀

对于黏结较实的旧漆或凹槽、拐角等特殊部位，可配合使用其他手工工具（见图 2－27）清除。

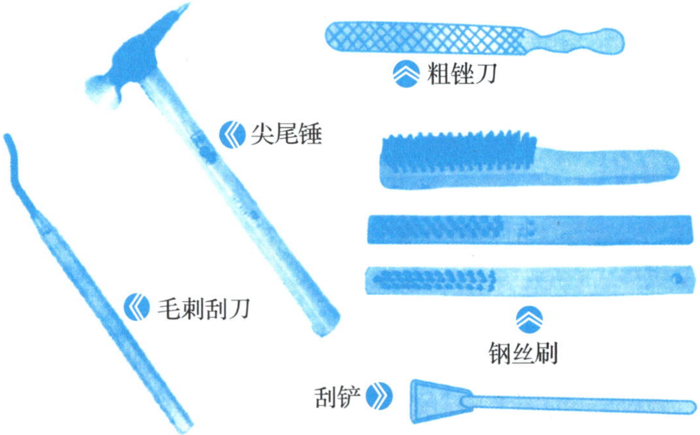

图 2－27　除旧漆常用工具

除旧漆过程中，也可配合加热法。加热法就是利用火焰（或烤灯、热风枪）的高温使旧漆膜软化或炭化（烧焦），再用铲刀等工具将旧漆膜清除的一种方法，如图 2－28 所示。

图 2－28　用热风枪配合铲刀除旧漆

注意：

（1）加热法除旧漆的缺点是如果加热温度过高，板件会产生热变形，所以使用中一定注意控制加热温度，必要时可采用多层多次清除。

（2）如果打磨的表面经过钣金处理仍凸凹不平，则旧的涂层需完全清除掉，以便刮涂原子灰；如果打磨表面没有经过钣金处理，表面就很平整，只是旧漆膜损坏，则应打磨到原底漆层。若由于失误将底漆打磨过度，则应重新喷涂底漆。

（3）无论打磨面积大小，均要用粗砂纸打磨50%～75%，再用细砂纸进行精加工。粗砂纸打磨的目的是尽快打磨掉旧漆膜、原子灰、锈斑、大块的底漆等。

（4）用铲刀或加热法清除旧漆膜后，仍需用P80～P150的砂纸再打磨。

3. 做羽状边

所谓做羽状边（也称为砂薄漆膜边缘）是指在已清除旧漆膜区域的周围，将完整漆膜的边缘打磨成逐渐变薄的平滑过渡状态，如图2-29所示。当待修补漆膜的破坏程度还没有深入到金属基材时，这里的薄边要求更为精细、平滑，为无痕迹修补创造条件。

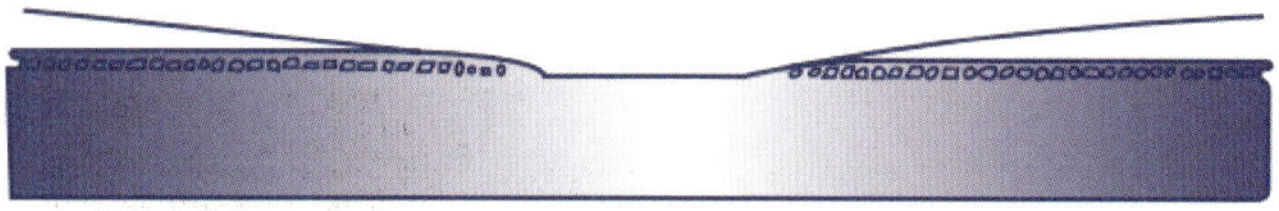

图2-29 边缘的砂薄过渡

（1）选择合适的砂纸（通常为P240）。

（2）采用由内向外磨或由外向内磨均可以。对于小面积用画圆圈的方法打磨，对于大面积则用走直线的方法打磨。做羽状边时，一定要认真细致，保证坡口的角度基本一致。

羽状边坡口的大小取决于漆膜的厚度（层数），通常每一层漆的坡口宽约为5mm，总坡口宽大于3cm即可，如图2-30所示。

4. 砂光

砂光是对损伤部位周围区域（过渡区）的表面进行处理，使表面无光、粗糙，这样新喷涂的漆膜才能牢固地黏附在旧漆膜表面上。如果下道工序为刮原子灰或喷涂头道底漆，则不需进行砂光操作，等到中涂底漆喷涂前再进行此项作业。

（1）选择合适的砂纸，一般为P320或P400。

（2）将砂纸按需要裁开。

（3）按干打磨的工艺走直线的方式进行打磨，如图2-31所示。

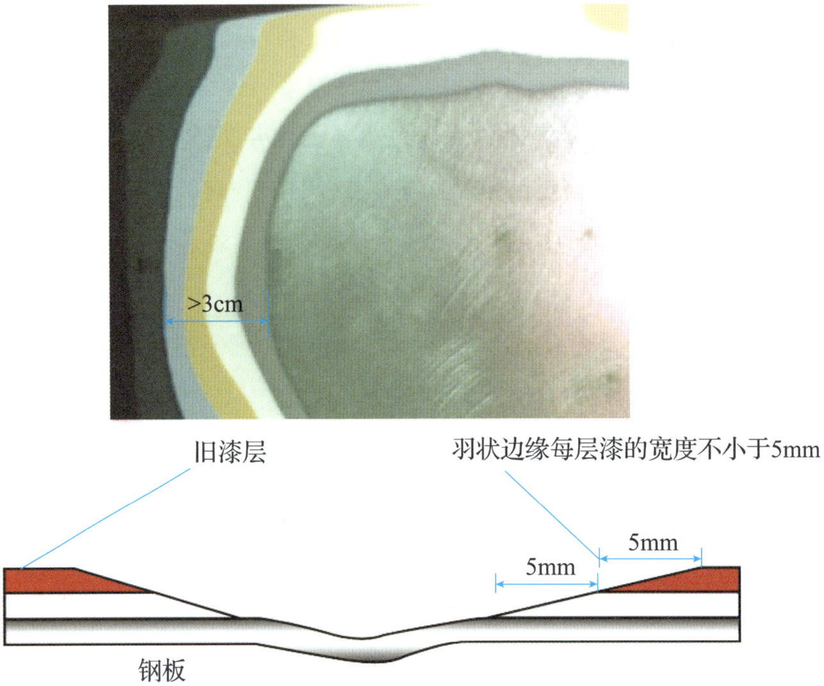

图 2－30　羽状边的宽度

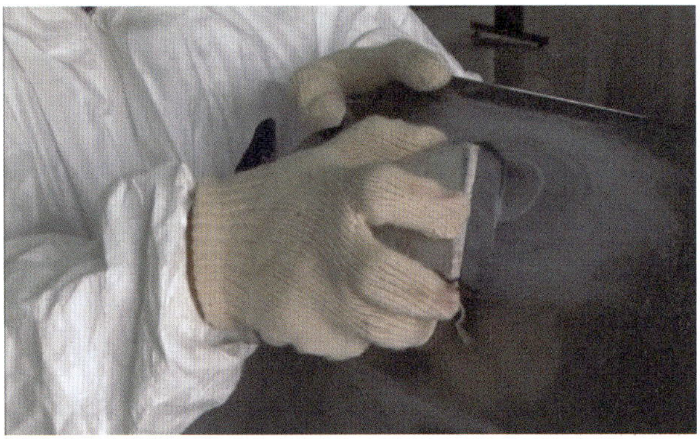

图 2－31　砂光

（4）经常检查砂纸的表面状态，如果砂纸上粘的漆灰尘较多，应用手刷、钢丝刷或压缩空气气枪将它清理干净。

除旧漆区域最后一道打磨所用的砂纸型号视下道工序而定。如果下道工序为刮原子灰，则用 P150 砂纸做完羽状边即可；如果下道工序为喷涂底漆，则应用 P180 砂纸打磨原底漆（包括羽状边）；如果下道工序为喷涂中涂底漆，则用 P320 砂纸打磨（包括羽状边及过渡区域）；如果下道工序为喷涂面漆，则用 P400 或 P600 砂纸打磨（包括羽状边及过渡区域)。

⚠ **注意**：砂纸型号的递进不应超过100号。

5. 整车清理

采用黏性抹布、吸尘器或压缩空气气枪对整车进行清理。

三、用干磨机清除旧漆膜

用干磨机清除旧漆膜

1. 干磨系统准备

(1) 打磨车间准备。如图2-32所示为典型的打磨车间控制面板，打开主电源开关(主令开关)、照明开关、风门开关，就可以进行打磨操作了。如果要在打磨车间内进行喷涂操作(通常为小面积的底漆喷涂)，则还需打开喷漆开关。

⚠ **注意**：实际工作中很多人会因为工作时间短，而不打开打磨车间的排风系统直接进行打磨操作。这样做不但会影响工作质量，还会污染整个车间，是绝对要禁止的。

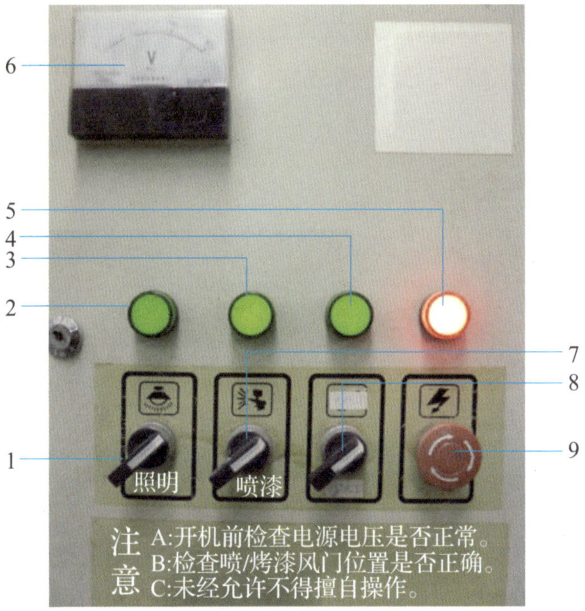

图2-32 打磨车间控制面板

1—照明开关；2—照明指示灯；3—喷漆指示灯；4—风门指示灯；5—电源指示灯；6—电压指示表；7—喷漆开关；8—风门开关；9—主电源开关(主令开关)

(2) 干磨机的准备。使用前，先将三合一套管分别与吸尘机和打磨机连接，如图2-33所示。检查吸尘机选择旋钮是否转到"AUTO"挡，电源、气源是否接通，启动打磨机开关试运行一下。

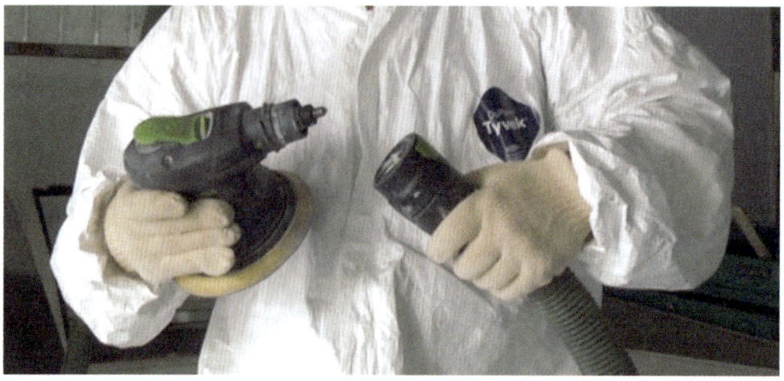

图 2-33 连接三合一套管

（3）安装砂纸。选择合适的砂纸（对于清除旧漆膜，开始应选用 P80 的砂纸，然后根据下道工序要求，逐级递进至下道工序要求的砂纸型号），将砂纸孔对准磨垫孔，砂纸应完全覆盖磨垫孔，如图 2-34 所示。

（4）调节压力。打磨机工作的标准压力是在工作状态下 6bar（1bar=0.1Mpa），工作状态下压力低于 6bar 会影响打磨机工作的力量，工作状态下压力超过 6.5bar 会导致打磨机加速磨损。

向上提起压力调节旋钮，顺时针旋转为提高压力，逆时针旋转为降低压力。如图 2-35 所示，使打磨机处于工作状态下，旋转调节旋钮，将压力调节到“6”的刻度，按下旋钮锁定。

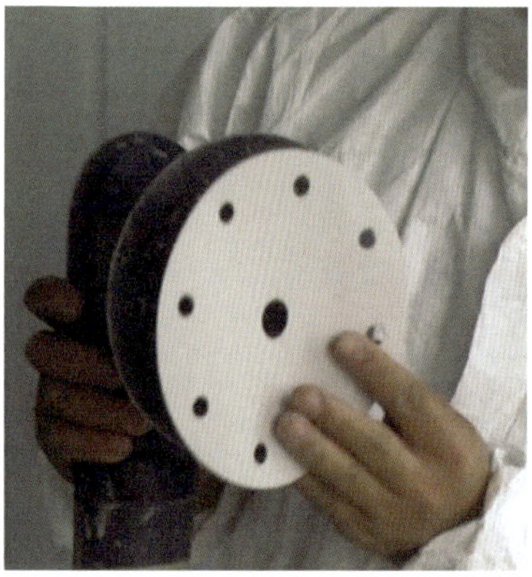

图 2-34 安装砂纸

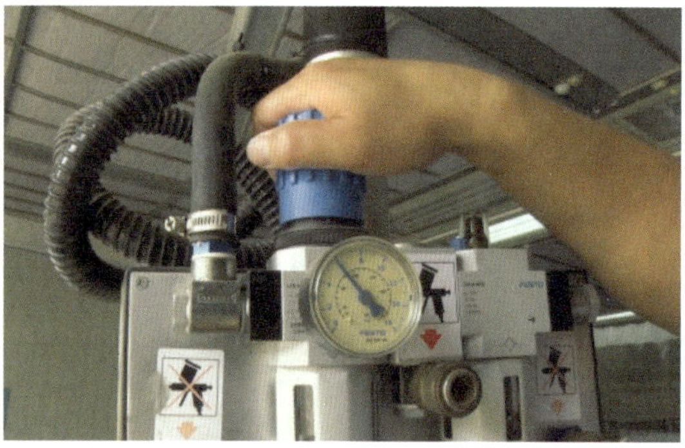

图 2-35 调节气压

注意：通过压力表调节压力只能在既定的压力范围内调节，不可能将压力调高到既定压力以上。在没有向上提起调节旋钮的情况下旋动调节旋钮，是旋不动旋钮的，如果强行旋转可能会损坏调节旋钮。

2. 打磨

(1) 操作流程。

1) 穿戴好安全劳保用品。

2) 戴好手套，然后轻轻地摸一遍待打磨表面，这有助于操作人员判断如何进行打磨。

3) 握紧打磨机，将打磨机以 5°～10°角贴于待打磨表面，打开开关。

4) 若打磨机向右移动，应使砂纸左上方的 1/4 部位贴紧打磨表面，如图 2-36 所示。

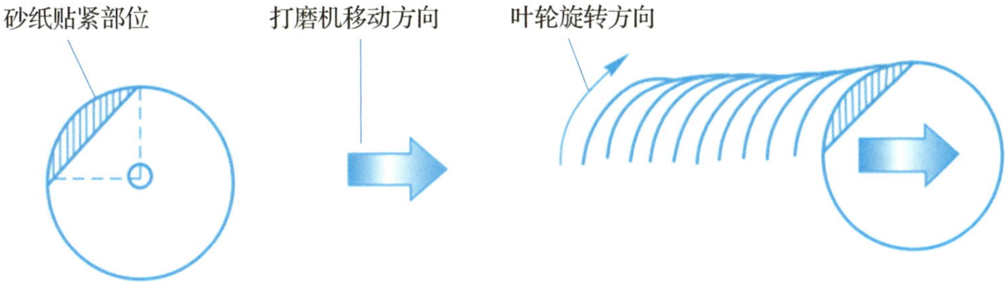

图 2-36 打磨机右向移动的操作

5) 当打磨机从右向左移动时，将砂纸右上方的 1/4 部位贴紧打磨表面，如图 2-37 所示。

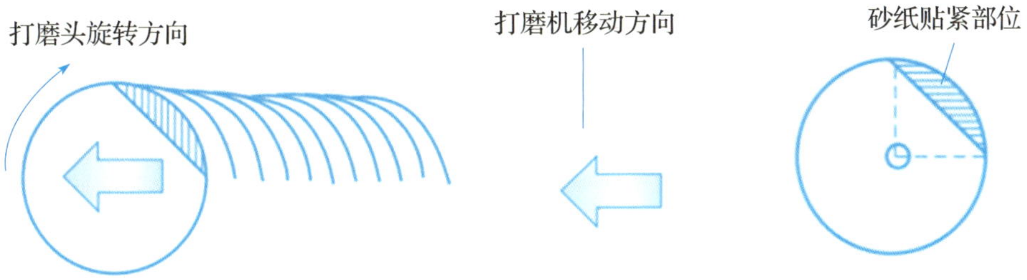

图 2-37 打磨机左向移动的操作

6) 打磨较为平整的表面时，打磨机的移动方式如图 2-38 所示。

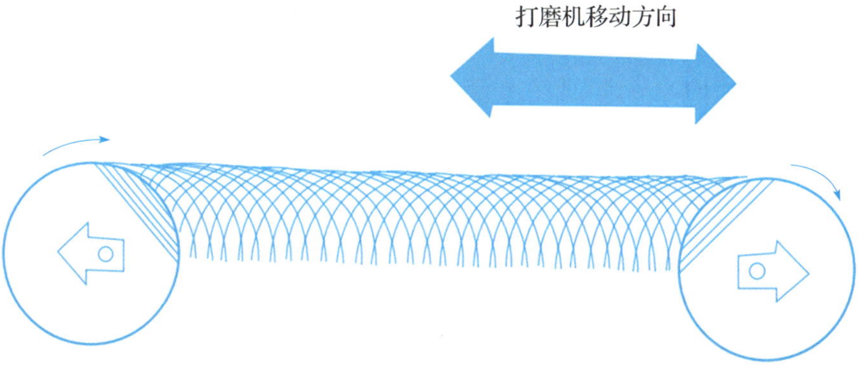

图 2-38 打磨较为平整表面时的移动方式

7）对于较小的凹穴处，应采用如图 2－39 所示的方法，但此方法仅限于使用角磨机。

（2）打磨操作时的注意事项。

1）操作打磨机时，一定要在接触到板件表面后，才能开动打磨机。如果打磨机在接触到板件表面之前开动，由于空转转速过高，会在初始接触的区域产生很深的划痕并且使打磨机控制困难。

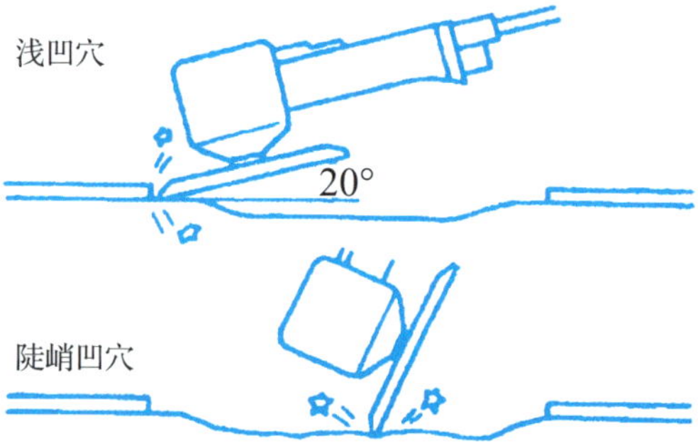

图 2－39　打磨小凹穴的操作

2）为了防止板件过热变形，不要让打磨机在一个位置打磨时间过长。

3）不允许采用粗砂纸以 90°角交叉打磨凸出很高的表面，这样做会造成很深的打磨伤痕。

4）不要让粗砂纸接触打磨区域附近完好的漆膜表面，最好用胶带把完好的涂层部位保护起来。

5）由于干磨机托盘边缘没有砂纸，所以对于较深凹穴处不能用干磨机打磨，可换用角磨机或手工打磨。

6）经常检查砂纸表面是否清洁，必须时进行清理以保证打磨效率。如果磨料被塑料密封胶黏附，则应该及时用毛刷、钢丝刷或压缩空气气枪进行清理。如果出现类似情况，则表明密封胶固化不完全。打磨操作应该在密封胶充分固化后才能进行。

7）对于边角、棱线等处，打磨机无法进行打磨，这时需用手工配合砂纸进行打磨，最好选用带软衬垫的砂纸打磨。

3. 做羽状边

使用干磨机做羽状边的正确操作如图 2－40 所示，首先将整个打磨机压在车身板上，提起一边，仅向板上标的“A”的区域施压，然后沿边界线移动打磨机。边界线和打磨机之间的距离必须保持恒定。

4. 砂光

（1）选用 P320～P400 砂纸安装在托盘上，将托盘前方对着表面，而后方稍稍离开表面一点。保持这个方位，上下移动打磨机进行打磨。每一道磨痕覆盖面积为 50%～60%（如图 2－41 所示），这将有利于打磨平整。

（2）用手（戴着手套）在打磨过的表面来回摸一下，检查打磨效果。重复上述打磨过程，直到完成打磨工作的 3/4 左右。

（3）更换细砂纸。

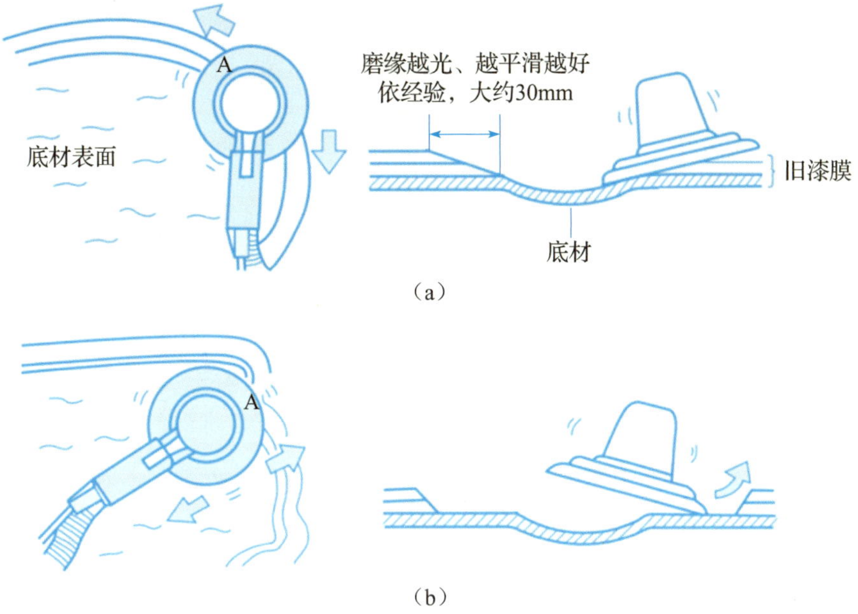

图 2－40　做羽状边的方法

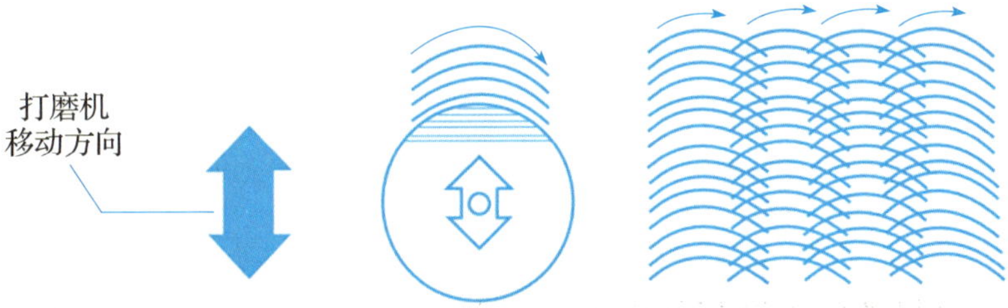

图 2－41　砂光操作时打磨机的移动方法

（4）重复打磨操作，先用打磨的方法，然后用砂光的方法，直到表面达到所要求的平整度。

注意：

（1）由于打磨机转速较快，一定要时时观察打磨进度，千万不要打磨过度。尤其玻璃钢及塑料件，因其与涂层颜色差别较小，更容易打磨过度甚至将板件打磨出孔洞。

（2）不要倾斜打磨，避免让打磨垫的边沿碰触立面。

（3）不要让重物挤压三合一套管，以免导致三合一套管损伤；在移动设备时，应将三合一套管缠绕好后再移动，以免三合一套管在移动的过程中磨穿或被尖锐物体划伤。

（4）不要让三合一套管两端沾水。如果三合一套管两端沾水会使里面的轴承锈死而引起旋钮旋转不灵活，最后导致三合一套管破裂。

（5）禁止用三合一套管来吸尘。

（6）禁止在没有装吸尘袋或吸尘袋破裂的情况下继续打磨操作。如果过滤器破损，应立即更换。

（7）如果吸尘效果变差，应检查吸尘机是否工作（有可能电源未连通）、控制选择开关是否置于“AUTO”挡，可打开吸尘机上盖检查集尘袋是否破裂或有其他地方出现破裂情况、吸尘通道是否有堵塞情况。

（8）如果打磨机工作无力或者不工作，应首先检查气压是否太低、导气管是否断裂、导气管上是否有密封垫圈、气路各个连接处是否有漏气情况。

（9）长时间没使用打磨机，在重新使用前应从导气管开口滴入几滴润滑油。

5. 清洁车身

用吸尘器吸净打磨灰尘，必要时可配合使用粘尘布进一步除尘。

钢板表面的除锈

四、清除钢板表面的锈蚀

钢板表面的锈蚀会严重影响涂料的附着性并成为进一步扩大腐蚀的根源，所以必须清除干净，如图 2-42 所示。

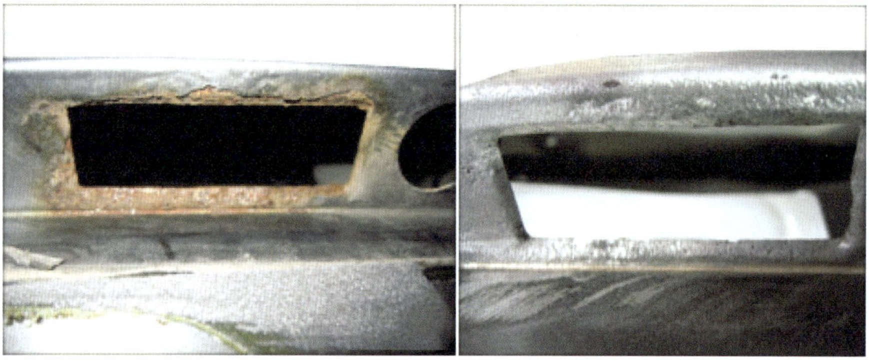

图 2-42　钢板表面的锈蚀及清除后的效果

1. 手工除锈

将 P100 砂纸按照原尺寸的 1/4 裁好，垫好打磨垫，不要加水，直接干打磨锈蚀部位。要把锈蚀完全处理掉，露出金属的本身颜色，并且打磨要向未锈蚀的部位扩展 10mm 左右的范围。手工除锈适合锈蚀不严重、锈蚀范围小的情况。

2. 机器法除锈

（1）清除轻度锈蚀。对于轻度锈蚀，可选用专用毛刷配合专用打磨机进行清除，如图 2-43 所示。毛刷上黏附有磨料，依靠离心旋转力和磨料的磨削力清除锈蚀，该方法特别适合边角、缝隙等很难触及的地方，如图 2-44 所示。

图 2-43　除锈专用毛刷

图 2-44　用专用毛刷清除狭缝中的锈蚀

使用时应注意以下几点：

1）由于转盘需要以较高转速运转，打磨下来的颗粒会飞溅到空气中，因此必须佩戴护目镜。

2）必须始终注意旋转方向（参见转盘上的说明），如果安装错误，毛刷就会破裂。

3）注意要达到足够的转速和扭矩，只有这样转盘才能高效工作。

4）使用时不要施加压力，这样可以显著延长转盘的使用寿命。

5）锈蚀严重时禁止使用。

（2）清除严重锈蚀。如果锈蚀严重，可使用角磨机配合钢丝轮进行打磨。

1）拆下角磨机上的砂轮片，换上钢丝轮并按规定的力矩紧固，如图 2-45 所示。

2）在保证角磨机上的开关处于关闭的状态下，将电插头插入插座内。

3）双手握住角磨机，将其置于身体前方；身体正对需要打磨部位，将角磨机靠近需要打磨的板件表面。

4）扣动开关，将角磨机以大约 15°的倾角移向待打磨表面，以手腕的力量轻压，使钢丝刷紧贴金属表面进行切削除锈。

5）用前后或左右移动的方式移动角磨机，直到将全部表面打磨至光亮无锈迹为止，如图 2-46 所示。

图 2-45　装上钢丝轮的角磨机及钢丝轮

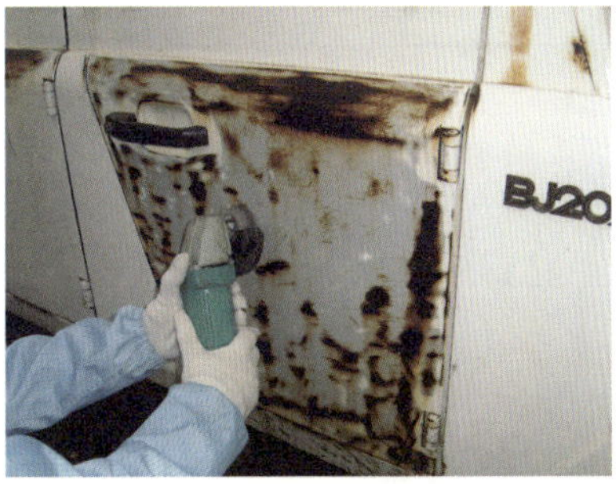

图 2-46　用带钢丝轮的角磨机除锈

6）关闭电源开关，等钢丝刷完全停止转动后，将电插头拔下，妥善放置角磨机。

五、预处理无损伤板件

不同的板材，涂装工艺（主要是使用的涂料品种）会有差别。因此，对板件进行涂装前，必须确认板件的材质，以便确定合理的涂装工艺。

汽车车身常用板材有电镀锌板（暗灰色）、森氏镀锌板（浅银色，带有小孔）、带电泳底漆的钢板（有黑色、棕色、灰色或绿色的涂层）、镀黄色铬板（透明的黄色，带有虹状效应）、铝合金板（浅银色，打磨时会变软）、钢板（深银色，耐磨）、各种塑料板及特殊材料板（玻璃纤维板、碳纤维板）等。

1. 预处理裸金属板件

车身修复时，经常会更换新的板件。如果所更换的金属板件为裸表面，通常需进行清洗和打磨处理。不同的涂料生产商所生产的涂料产品特点不同，其推荐的处理项目也会有所差别。使用“鹦鹉”系列产品对裸金属表面的处理项目，如图 2－47 所示。

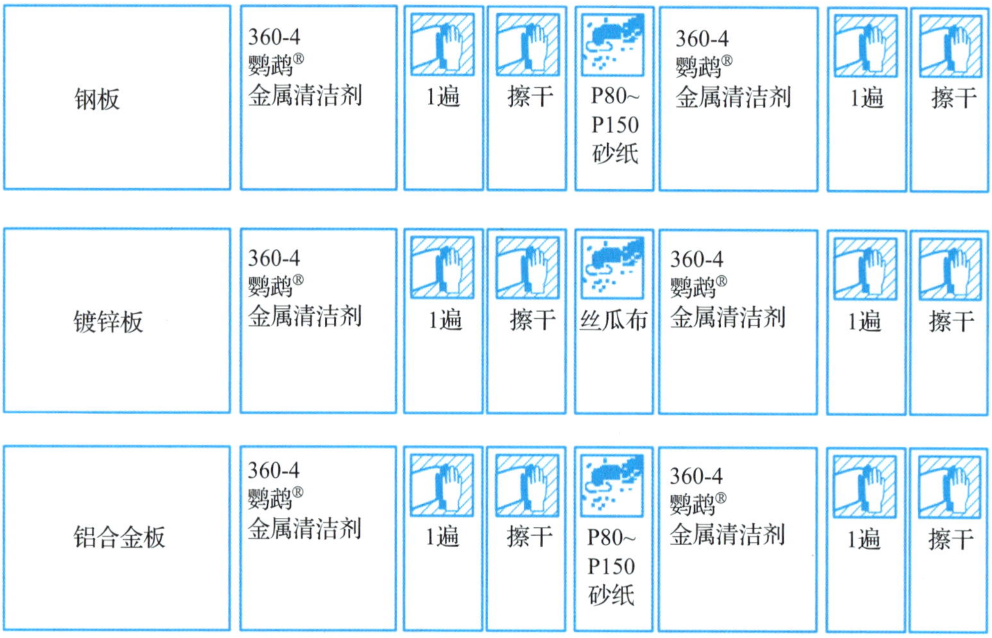

图 2－47　裸金属板件表面预处理

注意： 对于钢板和镀锌板，进行上述底处理后，应尽快喷涂底漆（侵蚀性底漆或环氧底漆），以保护表面不产生锈蚀。

2. 预处理裸塑料件

新更换的塑料件通常为裸表面（可能黏附有脱模剂），对该类板件进行预处理时，通常包括清洁、打磨和去湿等操作，如图 2－48 所示（使用“鹦鹉”系列产品）。

塑料	541-30 鹦鹉® 通用塑料 清洁剂	1遍	损坏部位： P80~P600 砂纸 整个部件： 丝瓜布	541-30 鹦鹉® 通用塑料 清洁剂	1遍	擦干	发泡聚氨酯 或聚酰胺（PA） 必须在60℃下 加热1h以除去 水分和脱模剂	60℃ 1h	1遍 湿布 擦拭

GRP/SMC （玻璃钢）	541-30 鹦鹉® 通用塑料 清洁剂	1遍	擦干	P180~P240 砂纸	541-30 鹦鹉® 通用塑料 清洁剂	1遍	擦干

图 2－48　裸塑料件的表面预处理

3. 预处理有原厂底漆的板件

有原厂底漆的新板件的表面预处理通常包括清洁、打磨，如图 2－49 所示（使用“鹦鹉”系列产品）。

有原厂底漆的新板件	541-5 鹦鹉® 除硅除蜡清洁剂	1遍	擦干	P240~ P320 砂纸	541-5 鹦鹉® 除硅除蜡清洁剂	1遍	擦干

图 2－49　有原厂底漆的新板件的表面预处理

4. 预处理无漆面损伤的板件

无损伤漆面包括良好的旧漆膜及不耐溶剂旧漆膜两种。不耐溶剂旧漆膜是指旧漆膜为溶剂挥发型漆膜或严重老化的旧漆膜。其表面预处理项目如图 2－50 所示。

旧漆膜	541-5 鹦鹉® 除硅除蜡 清洁剂	1遍	擦干	P240~ P320 砂纸	541-5 鹦鹉® 除硅除蜡 清洁剂	1遍	擦干
不耐溶剂旧漆膜	700-10 鹦鹉® 除尘剂	1遍	擦干	P240~ P320 砂纸	700-10 鹦鹉® 清洁剂	1遍	擦干

图 2－50　无漆面损伤的板件预处理

六、维护压缩空气系统

1. 日常维护

（1）放掉储气罐、油水分离器、气压调节器及过滤器中的水。

（2）检查曲轴箱的润滑油面，确认是否在规定的油尺标线区间。

（3）清洗或吹干净压缩机上的灰尘。

2. 周维护

（1）拉开安全阀上的拉环，使其打开，如图 2－51 所示。若不能正常工作，应立即检修或更换。

（2）清洗空气滤清器。用防爆型溶剂清洗毛毡、海绵等过滤材料，将其晾干后重新装好。

（3）按压检查 V 形皮带的张力，目视检查皮带是否有损伤。

（4）清洗或吹掉气缸、气缸头、内冷器、电动机及其他易积灰尘或脏物的部位。

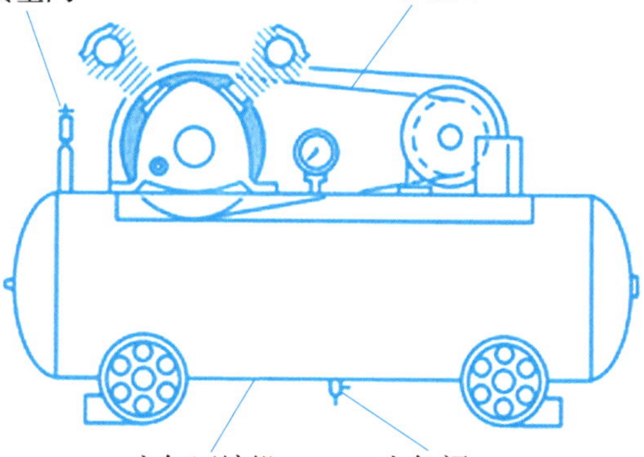

图 2－51　空气压缩机维护检查部位

3. 月维护

（1）添加或更换曲轴箱内的机油，一般压缩机应每 500h 或每 2 个月换一次机油，必要时可缩短更换时间。

（2）调节压力开关的开机、关机设定点，检查压力表是否正常。

（3）检查皮带的松紧情况，视需要进行调整。

（4）检查电动机转轴和压缩机飞轮是否松动，视需要进行调整。

（5）拧紧压缩机上所有的阀芯或气缸盖，确保每个气缸不会松动，以免损坏气缸或活塞。

（6）检查压缩机附件和供气管道系统有无空气泄漏和机油泄漏现象，视需要修复。

（7）关闭储气罐排气阀，检查供气时间是否正常。

（8）检查是否有异常的噪声，检查所有电器开关是否正常。

（9）对水冷式压缩机，还应检查冷却水管道是否畅通。

技能考核

一、准备工作

在技能学习工位准备好各类劳动保护用品，各粒度砂纸、打磨垫，干磨系统及其配套打磨材料、工具，专用除锈毛刷及配套专用打磨机，角磨机及其配套的钢丝轮等。

二、考核流程

1. 学员工作

（1）在各自工位分组学习。

（2）在充分学习本任务相关知识的基础上，进行手工打磨除旧漆膜、干磨机除旧漆膜、手工和机器法除锈的实操训练，同时完成相应的工单。

（3）5S 工作。

（4）自我评价。

2. 指导教师工作

学员在进行上述操作过程中，指导教师进行下列工作：

（1）向学员讲解安全注意事项，并要求学员在工单中做记录。

（2）观察、指导学员进行相关操作及在实操考核记录单（见表 2－3）中做必要的记录，及时制止可能发生危险的操作。

表 2－3　实操考核记录单

时间：100min　　班级学号：________　　考生姓名：________

课程：汽车涂装修复技术			实训项目：表面预处理		
序号	考核内容	配分	考核记录	扣分	得分
1	安全与卫生习惯	5			
2	准备工作	5			
3	操作流程	60	（1）手工除旧漆（包括做羽状边）　20 分		
			（2）用干磨机除旧漆（包括做羽状边）　20 分		
			（3）除锈（手工与机械配合）　10 分		
			（4）干磨系统日常维护　10 分		
4	效果评价	20			
5	学生实训记录单	5			
6	完成时限	5	每超时 5min，扣 1 分		
	得分合计				

注：只要发生一次有可能涉及人身安全及重大事故的行为，本考核记为不合格。

考核教师：________　______年______月______日

（3）实操结束后审阅学员完成的工单（见表 2－4），并结合其操作情况做出评价。

表 2-4　表面预处理

班级学号		姓名	
1. 简单总结手工除旧漆膜的操作要点： ________________________________ ________________________________ ________________________________ ________________________________。 2. 总结用干磨机除旧漆膜的操作要点： ________________________________ ________________________________ ________________________________ ________________________________ ________________________________。 3. 实训中出现的问题、原因分析及解决办法： ________________________________ ________________________________ ________________________________ ________________________________。 4. 自我评价（个人技能掌握程度）：非常熟练□　比较熟练□　一般熟练□　不熟练□			
教师评语： 成绩____（10 分制）　　教师签字__________　　______年____月____日			

项目三

底漆的涂装

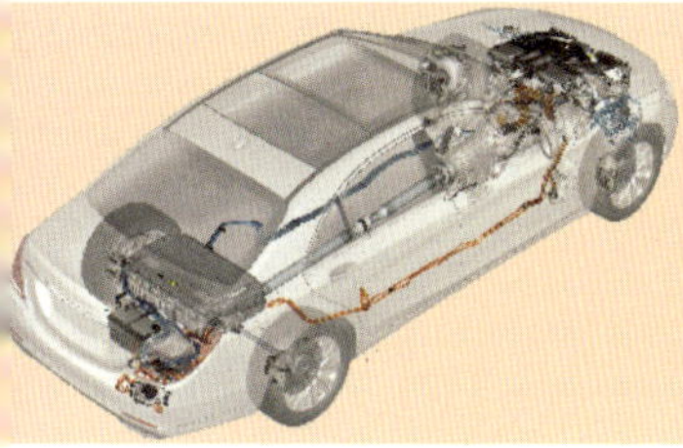

任务 3－1　底漆的准备

任务引入

图 3－1 所示的板面损伤（翼子板部位），因局部伤及了钢板，在对旧漆膜进行打磨处理后，应该对裸露钢板的表面涂装底漆。

喷涂底漆时，应先将底漆准备至可以适合喷涂的状态，为此需要选择合适的涂料，并对涂料进行包装的开启、上架摆放、搅拌及调制等一系列操作。

本任务主要学习底漆的选配方法、涂料罐的开封与搅拌方法和底漆的调制方法。

图 3－1　伤及钢板的板面损伤

学习目标

1. 能够根据具体涂装的条件正确选配涂料。

2. 能够根据涂料产品不同的包装方式，选择合适的工具与方法进行涂料产品的开封、安装搅拌头及搅拌。

3. 能够正确调制涂料。

4. 培养良好的安全卫生习惯、环保意识和团队协作的职业素养。

5. 能够检查、评价、记录工作结果。

技能学习

一、劳动安全与卫生

操作前，必须牢记以下劳动安全事项：

（1）必须穿好工作服。

（2）注意钢錾子及钢冲子的使用安全。

（3）经常检查平头锤的锤头是否松动。

（4）不同类型的开罐器，其操作方法会有一定的差异，使用前一定仔细阅读使用说明书。

（5）一定要佩戴防毒面具。

二、选配底漆

不同材料的板件，所适合的涂料是有差异的。即使是同一种材料的板件，也要考虑底漆、中涂层与面漆层的搭配。局部修补涂装时，由于旧漆膜的种类不同，其所能适合的修补涂料的类型也是有差异的。因此，进行涂装前，正确选配涂料是相当重要的，否则可能会在涂装过程中或完成后出现意想不到的缺陷。

1. 选配金属底材的底漆

金属底材常用的底漆可分为钢铁制品用底漆料和铝材用（包括铝合金）底漆两大类型。

钢铁制品在汽车制造过程中常用的底漆主要有防锈底漆和铁红底漆两种类型。铝材常用的底漆主要是锌黄底漆。

汽车修补涂料一般都能适用喷涂方式，以满足汽车维修企业的要求。所以，在进行汽车修补漆选配时，重点考虑底漆与板材的适应性及各类底漆之间的配套性。

不同涂料生产商生产的底漆均有多个种类，各类底漆与底材的适应性是不同的，选用时一定要仔细阅读涂料说明书。“鹦鹉”系列汽车修补底漆与金属类底材的适应性如图 3－2 所示。“鹦鹉”系列底漆和填充底漆的搭配如图 3－3 所示。

2. 选配非金属底材的底漆

汽车制造使用的非金属材料主要有玻璃钢和塑料两类材质，如各种轿车、客车的保险杠，中、高档客车的前后围，各种汽车的前面罩、挡泥板、仪表板、轮罩等。这些底材的底漆涂装，必须使用专用底漆或多功能底漆，才能保证涂层的质量达到优良，并提高外表装饰性。“鹦鹉”系列底漆与非金属底材的适应性如图 3－4 所示。

		钢板	镀锌钢板	铝镁板	有电泳底漆的原厂件	旧涂层
底漆	70-2 鹦鹉®双组分水性底漆	●	●	●	●	●
	283-150 VOC 鹦鹉®磷化填充底漆(VOC)	●	●	●	●	●
	285- 16 VOC 鹦鹉®高浓热固填充底漆	●	●	●	●	●
填充底漆	76-71 鹦鹉®单组分水性填充底漆	②	②	②	②	②
	283-150 VOC 鹦鹉®磷化填充底漆(VOC)	●	●	●	●	●
	285-16 VOC 鹦鹉®高浓热固填充底漆	●	●	●	●	●
	285-85 鹦鹉®中浓填充底漆	①	①	①	①	①
	285-500 鹦鹉®高浓填充底漆，灰色	①	①	①	①	①
	285-550 鹦鹉®高浓填充底漆，黑色	①	①	①	①	①
	285-650 鹦鹉®高浓填充底漆，白色	①	①	①	①	①
	285-700 鹦鹉®填充底漆	①	①	①	①	①
	801-72 VOC 鹦鹉®环氧填充底漆(VOC)	●	●	●	●	●

● 不需要预处理

① 只适用指定油漆系统，参考S3a

② 添加鹦鹉 522-111柔软添加剂(仅适用指定油漆系统，参考S3a)

注：表中的S3a表示“鹦鹉”系列汽车修补底漆的一种涂装系统，即从底漆到面漆的配套设计，还有一套系统称为S3(下同)。

图 3-2　“鹦鹉”系列汽车修补底漆与金属类底材的适应性

		76-2	283-150 VOC	285-16 VOC	801-72 VOC
填充底漆	76-71 鹦鹉®单组分填充底漆	●		●	●
	285-150 VOC 鹦鹉®磷化填充底漆				
	285-16 VOC 鹦鹉®高浓填充底漆		●		
	285-500 鹦鹉®高浓填充底漆，灰色		●	●	●
	285-550 鹦鹉®高浓填充底漆，黑色		●	●	●
	285-650 鹦鹉®高浓填充底漆，白色		●	●	●
	285-700 鹦鹉®填充底漆，灰色		●	●	●
	285-85 鹦鹉®中浓填充底漆，灰色		●	●	●
	801-72 VOC 鹦鹉®环氧填充底漆				

□ 不适用

● 适用的底漆/填充底漆/中涂漆搭配

图 3-3　“鹦鹉”系列底漆和填充底漆的搭配

		PU-RIM	PP-EPDM	ABS	GRP/SMC	PA	PPO	rigid PVC
原子灰	839-90 鹦鹉®塑料原子灰	●	●	●	●	●	●	●
	839-20/20K 鹦鹉®多功能原子灰				●			
	1006-23 鹦鹉®高能聚酯喷涂原子灰				●			
底漆	934-0 鹦鹉®单组分塑料底漆	①	①	①		①	①	①
填充底漆	285-16 VOC 鹦鹉®高浓热固填充底漆	②	②	②	●	②	②	②
	285-500 鹦鹉®高浓填充底漆，灰色	②	②	②	●	②	②	②
	285-550 鹦鹉®高浓填充底漆，黑色	②	②	②	●	②	②	②
	285-650 鹦鹉®高浓填充底漆，白色	②	②	②	●	②	②	②
	285-700 鹦鹉®环氧填充底漆，灰色	②	②	②	●	②	②	②
	934-70 VOC 鹦鹉®双组分塑料填充底漆	●	●	●	●	●	●	●
中涂漆	285-95 VOC 鹦鹉®高浓可调色中涂漆	②	②	②	●	②	②	●

□ 不适用

● 不需要预处理

① 只适用指定油漆统一参考S3a

② 添加鹦鹉®522-111柔软添加剂（仅适用指定油漆系统一参考S3a）

图 3 - 4 “鹦鹉”系列底漆与非金属底材的适应性

三、开封涂料罐与搅拌涂料

油漆制造商供应的涂料一般均装于铁制的罐内（也有部分涂料装于塑料瓶内），其规格有2L、1L、0.5L等。涂料选配完成后，应将选好的涂料准备好，以方便进行下一道工序。

涂料罐的开封与搅拌

1. 开封涂料罐与手工搅拌涂料

（1）如果涂料罐为一次性密封的包装，开罐时需用钢錾子与平头锤配合，如图 3 - 5 所示。沿着罐盖的边沿，依次将顶盖打开，使搅漆棒能够顺利进行搅拌工作。各种防锈漆、中涂底漆等都含有较多的颜料，在涂料贮存过程中颜料易产生沉淀而影响施工质量，故在使用前必须充分搅拌。搅拌时，用专用的搅拌棒或调漆比例尺等，深入到涂料罐的底部，用正/逆时针方向旋转的方式将涂料充分搅拌均匀。

一些涂装设备制造商根据开启的需要，特别制作了用于开罐的专门工具，图 3－6 所示为德国萨塔公司生产的 SATA Dosenboy 开罐器，它可以切除圆形或方形罐的密封盖，切口平整，高度可调，适于开启各种规格的封闭式涂料罐，使用时应详细阅读产品说明书。

（a）钢錾子

（b）平头锤

图 3－5　涂料罐开盖工具

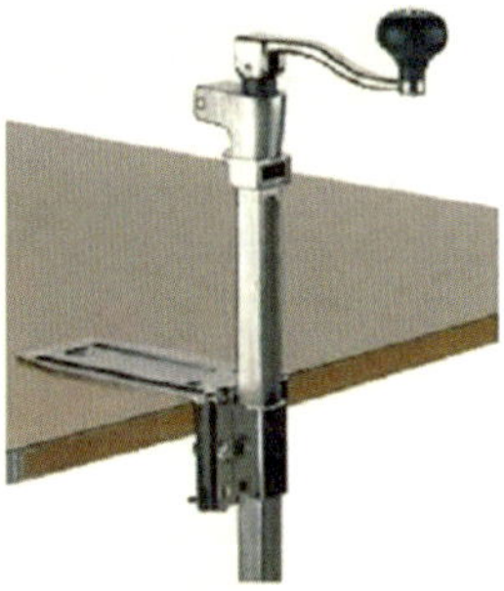

图 3－6　SATA Dosenboy 开罐器

（2）有些涂料桶顶部只设计有小的用于倒出涂料的小口，如图 3－7 所示。为防止倾倒涂料时射流不稳，出现一股一股的漆流而造成浪费（即在倾倒涂料时射流不稳而溢到地面上），有必要在涂料桶的顶部开一个通气孔。开孔时，先将包装桶的密封小盖打开，然后用平头锤（或木榔头）配合钢冲子（见图 3－8）在与密封小盖的对称边沿部位打一小孔，作为倾倒涂料时的回气孔。

图 3－7　顶部设有倒出小口的涂料桶

（a）钢冲子

（b）平头锤

图 3－8　涂料桶开通气孔工具

2. 用涂料搅拌机搅拌涂料

涂料搅拌机是专门为搅拌涂料（色母）而设计的机器，如图 3－9 所示。使用时，只需启动搅拌电机，即可完成机架上安装的所有涂料罐的搅拌，搅拌迅速、均匀、省力。

如果使用涂料搅拌机进行涂料的搅拌，应按下述程序准备涂料：

(1) 用专用工具或一字螺丝刀，沿着涂料罐盖周边（此种涂料罐均为整体式顶盖，也称多次密封式包装，如图 3－10 所示）撬起顶盖并拆下。

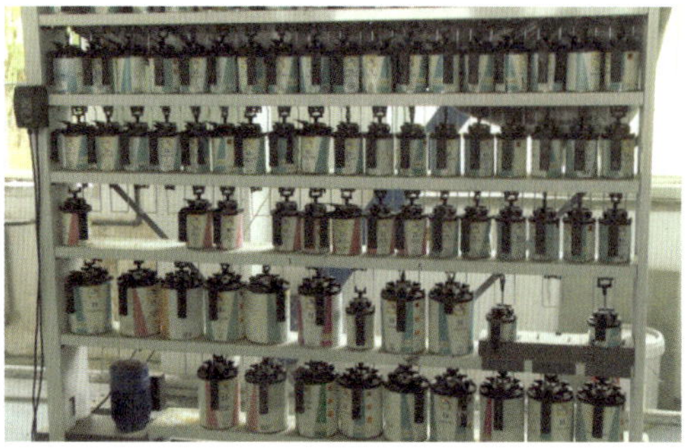

图 3－9　涂料搅拌机

图 3－10　用专用工具打开涂料罐盖

(2) 将合适规格的专用搅拌头（见图 3－11）压装于涂料罐顶部。涂料出口的方向应面向涂料说明签的侧面（见图 3－12），以防止涂料流滴于说明签上，影响阅读说明书。

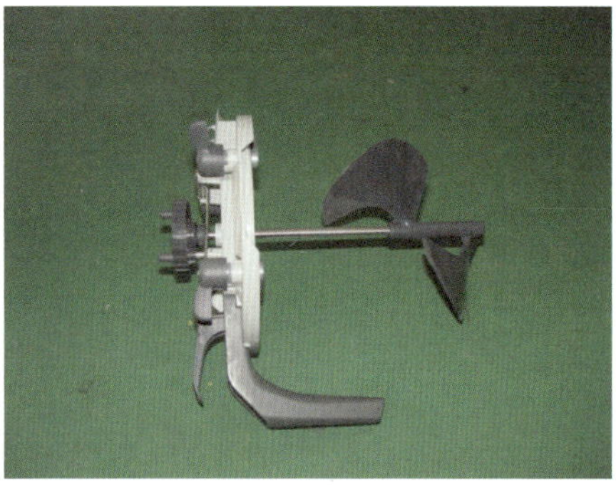

图 3－11　搅拌头

图 3－12　安装搅拌头后的涂料罐

(3) 将搅拌头上的锁紧扳手（见图 3－13）向中心方向拧到底，即可将搅拌头固定于涂料罐上。

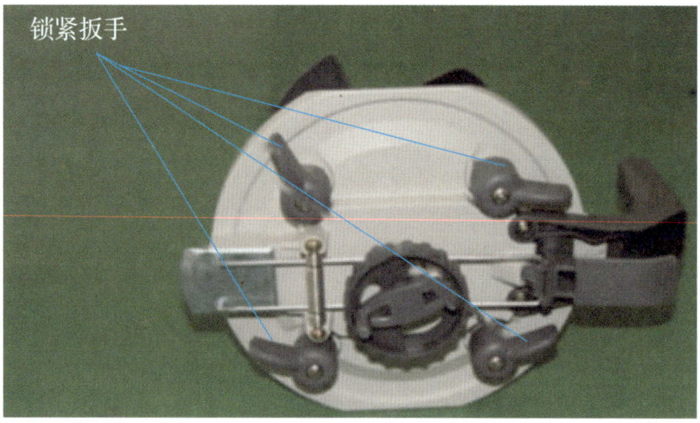

图 3－13　搅拌头上的锁紧扳手

将带有搅拌头的涂料罐安装于涂料搅拌机架上。搅拌机框架一般设计成4～6层，各层的高度是按照涂料罐的高度尺寸设计的。摆放涂料罐时，应根据所安装的涂料罐规格，选择合适的层，并确认机架上的搅拌蝶形头与涂料罐搅拌头上的卡口销之间位置正确，使蝶形头能够顺利带动搅拌头旋转。

注意：涂料罐在涂料搅拌机架上的摆放要有一定规律，素色漆的涂料罐与金属漆的涂料罐要分开摆放。如“鹦鹉”牌汽车修补涂料中，22系列为素色漆色母，在涂料搅拌机架上要摆放到一起；55系列为金属漆色母，它们要摆放在一起；90系列为水性漆色母，它们要摆放在一起。同一系列的色母罐要根据色母代号的顺序摆放，以便于取用。

（4）启动搅拌机，进行涂料的搅拌，同时观察是否有没被带动搅拌的涂料罐，如果有，应及时调整位置。

注意：

（1）在首次启用设备之前，应认真阅读安全操作规程，不要让未成年人接近设备。

（2）所有维护工作开展前必须先停机并关闭电源，严禁未拔掉插头或运转时进行维护。

（3）所用的涂料罐应与设备相配套，所有的涂料罐不应有变形。

（4）把涂料罐安装在设备上之前，应确保涂料罐上的搅拌头已拧紧。

（5）更换涂料应先手动彻底搅拌，再放置于搅拌机上搅拌。

（6）检查是否有障碍物影响设备的正常运转，以保证安全。

（7）不要用可燃性液体清洁设备。

（8）设备不能用来处理其设计范围之外的任何产品。

（9）每天上午工作前，应启动搅拌机工作15min，下午工作前再启动搅拌机工作10min。

四、调制底漆

为适应涂装要求，双组分涂料（2K型）应加入固化剂，然后根据涂料使用说明书的要求及环境温度的不同加入稀释剂进行稀释，以达到要求的施工黏度；单组分涂料（1K型）则直接加入稀释剂进行稀释。

涂料黏度的大小直接影响施工质量，黏度过高会使表面粗糙不均、产生针孔和气孔等缺陷；黏度过低则会造成流挂、失光，使漆膜不丰满。不同的涂层对涂料的黏度要求也有所不同，所以，车身涂装作业中应根据技术要求调整黏度，操作人员应养成使用黏度计进行测量的习惯。

1. 确定调漆比例

各成分的混合比例，一定要按涂料生产商技术说明书的要求确定。为了形象描述涂料的技术特点，各涂料生产商设计了一些技术说明图标。使用者必须看懂这些图标，才能快速准确地解读技术说明书。“鹦鹉”漆技术说明书图标如图 3－14 所示。

打磨

人工，水磨

人工，干磨

双动作打磨机/水磨（风动）

双动作打磨机/干磨（风动）

轨道式打磨机/水磨（风动）

往复振动式打磨机/干磨

抛光

混合

在机器上搅拌

颜色检查

附件

驳口过渡

有限的遮盖力

配方已被修改

更适合全车喷

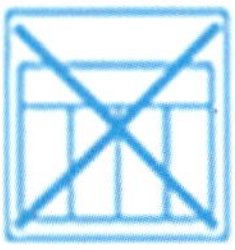
颜色不易调配

偏差色配方

内部颜色

着色的原厂中涂颜色用于发动机室/后行李厢

轮橡和轮罩的颜色

配方使用的色母即将淘汰

多色调混合色

配方中含铅

纹理色

哑光色

可调色清漆

单层高光纯色或多层色底色

底涂

清漆

三层涂装

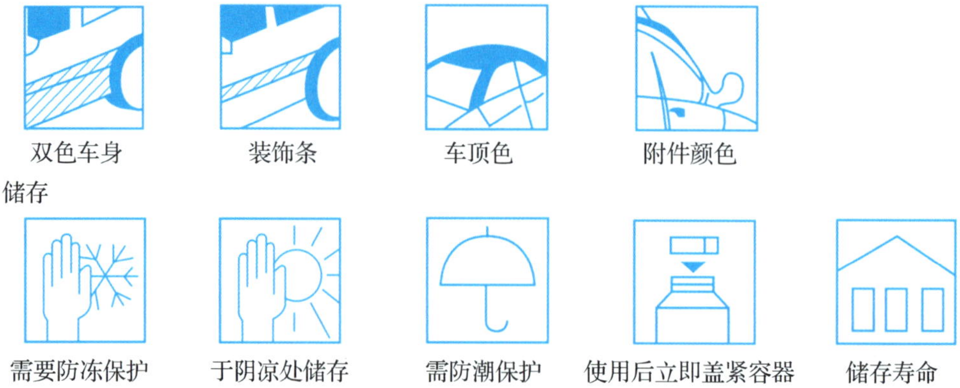

图 3-14　“鹦鹉”漆技术说明书图标

“鹦鹉”环氧填充底漆（801-72）的技术说明，见表 3-1。

表 3-1　“鹦鹉”环氧填充底漆（801-72）技术说明

技术图标	工艺参数	技术要求
	涂装工艺系统	SI
	可喷涂面积	425m²/L（膜厚 1μm）
	混合比例	4∶1∶1 100%体积比 801-72VOC
	固化剂	25%体积比 965-60
	稀释剂	25%体积比 352-91，352-216
	喷涂黏度 DIN4（20℃）	18～20s；活化时间（20℃）：8h
	重力式喷枪 喷涂气压	HVLP 喷枪：1.7～1.9mm 2.0～3.0bar/0.7bar（风帽气压）；兼容喷枪：1.6～1.8mm 2bar
	喷涂层	2；总膜厚：40～50μm
	干燥　20℃ 　　　60℃ 红外线（短波） 　　　（中波）	8h 30min 11min 10～15min
	打磨 轨道式打磨机	P800 P400
应用：填充底漆/湿碰湿填充底漆/黏附底漆。 特性：很好的防腐保护，高膜厚，对鹦鹉® 541-5 除硅清洁剂有很好的抗擦性。 ● 可作为 1006-23 的预处理黏附层，在镀锌的底材表面喷涂该底漆。 ● 常温干燥的最低温度：15℃。 ● 801-72 底漆被强制干燥后，最终效果才有可能达到最好。 ● 当被作为黏附底漆时，在 3h、20℃的情况下干燥后，801-72 表面可以施涂鹦鹉 839-刮涂原子灰或鹦鹉® 839-刷涂原子灰。		

从表 3－1 中可以查到，其调配比例为底漆（801-72）∶固化剂（965-60）∶稀释剂（352-91 或 352-216）＝4∶1∶1。

在确定调漆比例时，除查阅涂料的技术说明书外，还可在涂料罐的标签上查找。

2. 确定调漆量

调漆量的多少，主要依据涂料技术说明书规定的技术数据。如表 3－1 中的“可喷涂面积效率：$425m^2/L$（膜厚 $1\mu m$）”，即环氧底漆 801-72 喷涂 $1\mu m$ 膜厚时，每升底漆可喷涂 $425m^2$。表中规定，该种底漆需喷涂 2 层，总膜厚控制在 $40\sim50\mu m$。

根据所要喷涂区域的估计面积及规定的总膜厚，即可估算出底漆的用量。

3. 调制

（1）将比例尺放置于调漆杯内，用手扶正。

（2）选择标有 4∶1∶1 的一面，假设底漆的用量为 3，把底漆倒入容器至左边第一列刻度 3，再将固化剂倒入至第二列刻度 3，其比例刚好是 4∶1，如图 3－15（a）和图 3－15（b）所示。

（3）再加入稀释剂至第三列刻度虚线刻度 3，则各成分的加入比例就是 4∶1∶1，如图 3－15（c）所示。

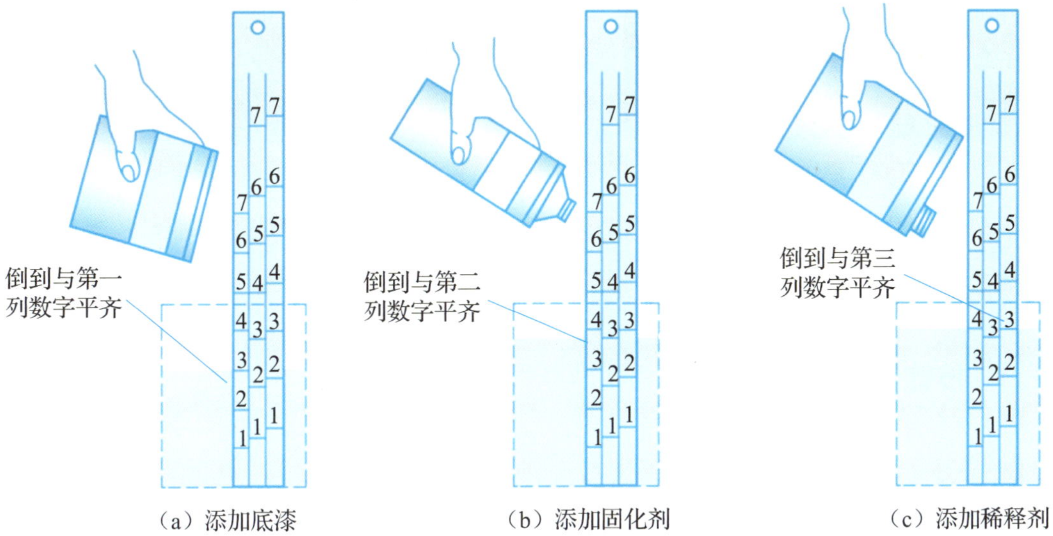

图 3－15　用比例尺调制涂料

（4）各成分加好后，充分搅拌均匀。

调配单组分涂料时，根据涂料的种类和施工方式，与配套的稀释剂进行混合调配。先将底漆充分搅拌均匀，然后按工艺制定的黏度标准加稀释剂，搅拌均匀即可。

有些专用的调漆杯为透明的塑料杯，外表上有用于指示调漆的刻度，相当于比例尺，如图 3－16 所示，加入各成分的量直接观察刻度即可。

（5）黏度测试与调整。为了检验所调制的涂料的黏度是否符合要求，需要进行黏度测试。尽管在汽车维修行业中很少进行黏度测试，但为保证涂装质量，建议进行测试。进行黏度测试时，因所用的黏度计不同，测试方法也不同。

1）使用台式黏度计测试黏度时，可先利用黏度计台面下的 4 个调整螺栓使黏度计在工作台上调放平稳。用左手的中指堵严黏度杯底部的流孔，然后将加入稀料并充分搅拌均匀的漆料倒满黏度杯，用玻璃棒将液面刮平之后，松开堵孔的中指，并同时开动秒表，待杯中的漆料流完（断流）时，立即关闭秒表，秒表上的数据即为该漆的黏度。一般需要测试三次，取其平均值，应做好记录。测试通常要求在室温（25±1)℃条件下进行。

2）使用手提式黏度计测试黏度时，可在施工现场将黏度计直接浸入调好的漆料中，灌满漆液后提起黏度计，黏度计脱离液面的同时立即开动秒表，观察黏度计底部的流孔，漆料快流完且出现断流时，快速关闭秒表，表上的数据即为测试的黏度。如图 3－17 所示。

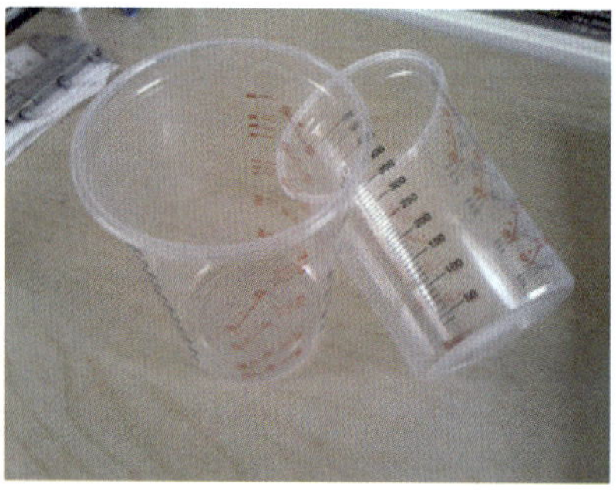

图 3－16　带刻度的调漆杯

图 3－17　用手提式黏度计测试黏度

测试结束后，根据测试的结果进行微调，即补加适量的底漆或稀释剂，并充分搅拌均匀。

技能考核

一、准备工作

在技能学习工位准备好模拟待涂装修复的汽车、各类底漆、涂料开罐工具、涂料搅拌机、涂料调制工具。

二、考核流程

1. 学员工作

（1）在各自工位分组学习。

(2) 在充分学习本任务相关知识的基础上，按老师指定车身板块进行底漆选配、涂料罐的开封及搅拌、底漆调制的实操训练，同时完成相应的工单。

(3) 5S工作。

(4) 自我评价。

2. 指导教师工作

学员在进行上述操作过程中，指导教师进行下列工作：

(1) 向学员讲解安全注意事项，并要求学员在工单中做记录。

(2) 观察、指导学员进行相关操作，及时制止可能发生危险的操作。

(3) 实操结束后审阅学员完成的工单（见表3-2），并结合其操作情况做出评价。

表3-2　底漆的准备

班级学号		姓名	
1. 底漆选配 (1) 指定待涂装修复的板块是__________，该板块的材料是__________。 (2) 按车间配套的涂料品牌，你选配的底漆是__________，选配的理由是____。 2. 涂料罐的开封与搅拌 (1) 手工开封涂料罐时，你选用的工具是__________。你认为手工开封涂料罐及搅拌涂料这一操作的难点是____________________。 (2) 将用搅拌机搅拌涂料的操作简要步骤记录在下面： ____。 3. 底漆的调制 (1) 你确定的调漆比例是____________________，你得出这一结论的理由是____________________。 (2) 你确定的调漆量是_____，你得出这一结论的理由是____________________。 (3) 将调制底漆的操作简要步骤记录在下面： ____。 (4) 调好的涂料黏度测试结果是_____，是□　否□符合要求。如果不符合要求，接下来应采取的措施是______________________________。 4. 实训中出现的问题、原因分析及你的解决办法说明： ____。 5. 自我评价（个人技能掌握程度）：非常熟练□　比较熟练□　一般熟练□　不熟练□			
教师评语： 成绩____（10分制）　　教师签字__________　　_____年____月____日			

任务 3－2　车身的准备

任务引入

当损伤的漆膜经过底处理后，车身由于打磨露出了钢板，需对钢板部位涂装底漆，如图 3－18 所示。汽车维修行业对底漆的施工常使用喷涂法，为了防止不需要喷涂底漆的部位被喷上底漆，必须对这些部位进行遮盖。同时，为了提高底漆与钢板之间的附着力，得到良好的底漆喷涂效果，需对待喷涂部位进行除尘与除油。

图 3－18　喷涂底漆

本任务主要学习涂装遮盖方法、板件的除尘与除油方法。

学习目标

1. 能够正确进行局部涂装、整板涂装及整车涂装的遮盖。
2. 能够正确进行板件表面的除尘与除油。
3. 培养良好的安全卫生习惯、环保意识和团队协作的职业素养。
4. 能够检查、评价、记录工作结果。

技能学习

一、劳动保护与安全注意事项

(1) 穿好工作服。

(2) 除尘与除油操作时应戴胶皮手套。

(3) 注意防火。

(4) 注意施工场地的卫生。

二、遮盖

车身的遮盖

1. 胶带粘贴法

应选用质量好的胶带，若胶带质量差，使用后会出现黏结剂残留或其他问题，造成不必要的麻烦。聚氨酯涂料需加热干燥，应使用耐热胶带纸。胶带的基本粘贴法如图 3－19 所示。

图 3－19　胶带的基本粘贴法

2. 反向遮盖法

在对板件的局部修补涂装、整板涂装的过渡区域及流线型边缘进行遮盖时，应该使用反向遮盖法，如图 3－20 所示。反向遮盖法一般在涂底漆和面漆时采用。采用反向遮盖法，可以在待喷涂区域的边缘形成楔形间隙。喷漆时由于楔形间隙的存在会形成边缘向外渐薄的漆膜，从而起到良好的过渡效果而不至于在边缘形成台阶。

⚠ **注意：**进行反向遮盖时，应使用软的胶带，不能使用遮盖膜。

3. 用遮盖膜遮盖

掌握胶带粘贴法和反向遮盖法后，可运用其中的一种方法或综合运用两种方法，对车身需要遮盖的部位进行正确的遮盖。对车身进行遮盖的原则是：不需要喷涂的部位一定要遮盖严实，需要喷涂的部位一定要露出来。

采用的遮盖材料不同，遮盖方法便有所不同。下面仅以用遮盖膜来遮盖前舱盖为例，介绍一般的遮盖方法。

（1）用车身遮盖膜覆盖车身，如图 3－21 所示。

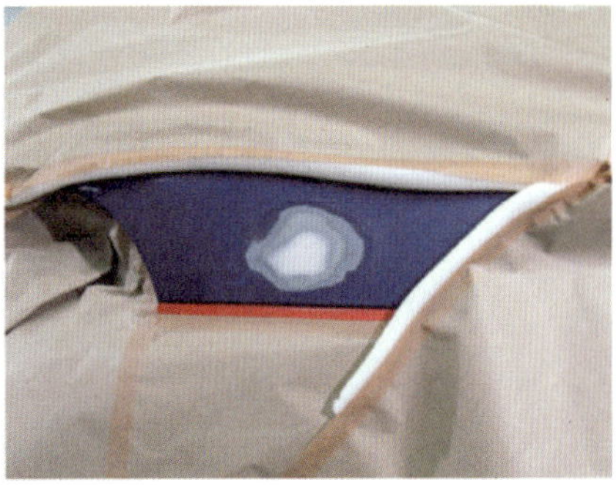

图 3－20　用胶带和遮盖纸进行反向遮盖

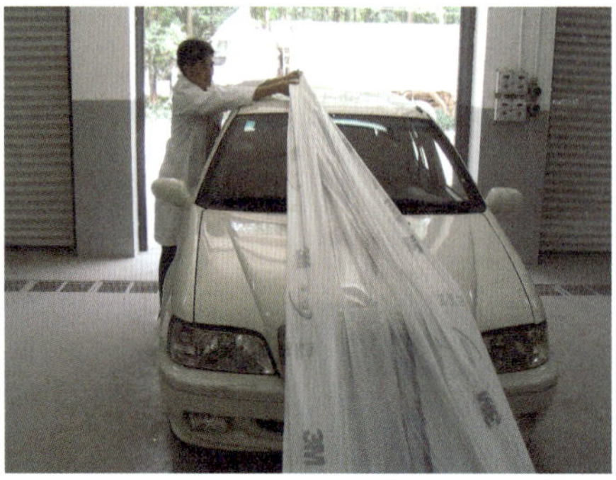

图 3－21　用车身遮盖膜覆盖车身

（2）将车身遮盖膜覆盖的前舱盖部分用专用刀具割开，靠近前风窗玻璃一边的膜不用割破，如图 3－22 所示。

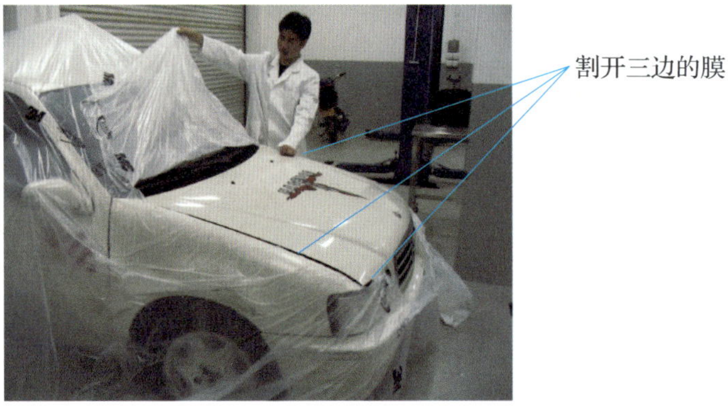

图 3－22　切割遮盖膜

（3）打开前舱盖，将遮盖膜从前舱盖与前风窗玻璃之间穿过，覆盖在发动机上，并用胶带将遮盖膜连接密封，如图 3－23 所示。

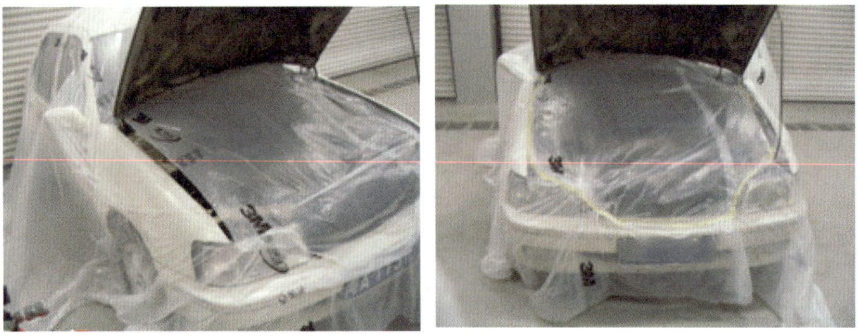

图 3－23　遮盖发动机

（4）为了防止飞散的涂料污染前舱盖背面（某些高档车前舱盖背面是隔热材料，颜色与车身颜色不一致），可以在前舱盖边缘使用缝隙遮蔽胶条来阻挡飞漆污染，如图 3－24 所示。

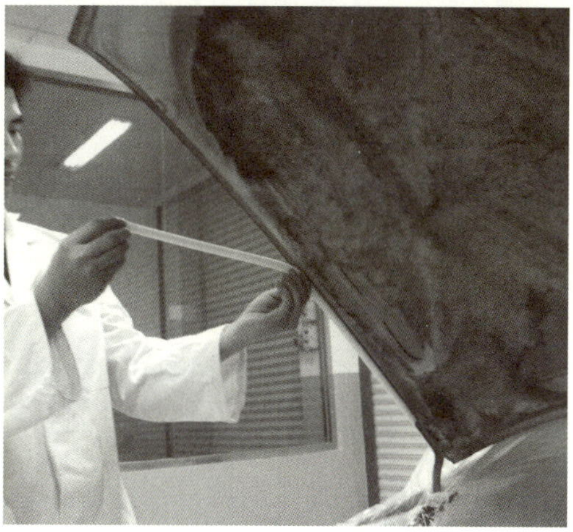

图 3－24　用缝隙遮蔽胶条粘贴前舱盖边缘

（5）将前舱盖盖上，遮蔽分色部位，以下用散热器面罩举例。

1）用细胶带遮蔽分色部位边缘，如散热器面罩周边，如图 3－25（a）所示。

2）用遮盖纸配合胶带遮蔽散热器面罩，如图 3－25（b）所示。

3）散热器面罩遮盖后的状况，如图 3－25（c）所示。

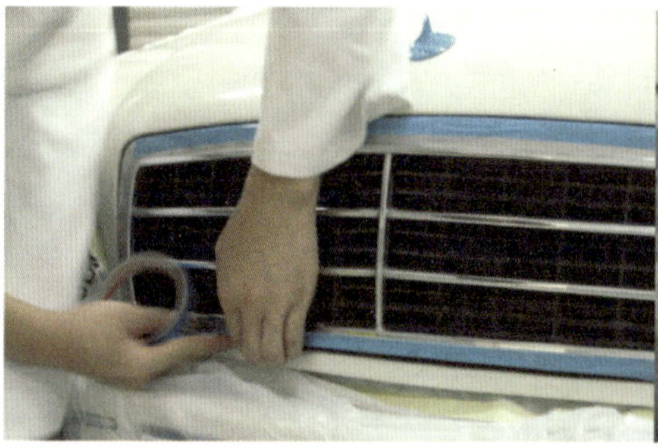

（a）用细胶带遮蔽散热器面罩周边

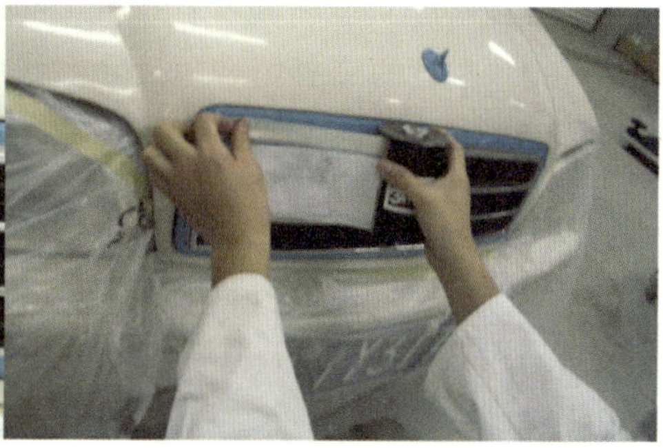

（b）用胶带及遮盖纸遮盖散热器面罩

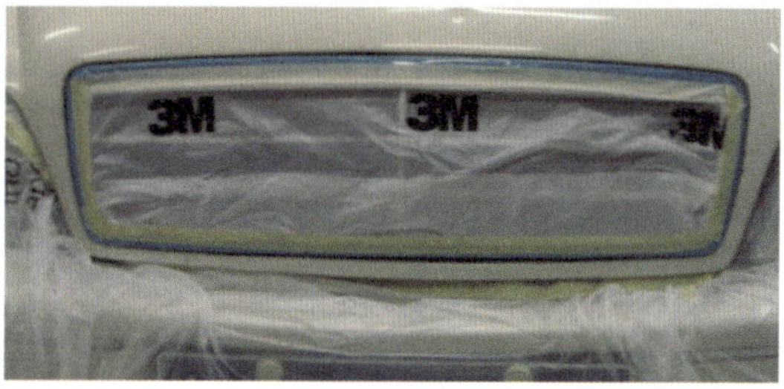

（c）散热器面罩遮盖完的状况

图 3－25　散热器面罩的遮盖

4. 用遮盖纸遮盖

（1）一般遮盖方法。用遮盖纸遮盖时需与胶带配合，要根据具体需遮盖部位的形状及周边结构特点，确定具体遮盖方法。下面以车门为例，说明一般的遮盖方法。

如图 3-26 所示，如果要将车门入口全部遮盖，先按入口宽度准备好遮盖纸，一般是取两张 50cm 宽的纸，搭接成 1m 米宽的纸，将其对准入口，先贴上部，在贴下部之前，将纸从中间折一下，让纸呈松弛状，这样车门才能关住。如果宽度不够，再加一张 30cm 宽的纸。如果边切得不整齐，可用胶带补齐。纸与纸相重合的部分，要用胶带粘住，不能留缝隙。

（2）喷涂两种颜色时的遮盖。当汽车被喷涂成两种不同的颜色时，应先喷涂一种颜色。涂料干燥后，用 19mm 的胶带把这种颜色的周边遮盖。有些车身喷漆工喜欢选用细胶带，因为细胶带薄，可以精确地把两种颜色的漆面分开，留下的条纹少。然后，把该颜色的漆层用合适尺寸形状的遮盖纸遮盖好。遮盖纸上的胶带粘到已粘好的周边胶带上，多余的边折叠，粘贴牢固。最后，根据需要，可以再用遮盖胶带沿遮盖纸的底部和边缘粘贴，清晰地标出另外一种颜色涂料的喷漆面。

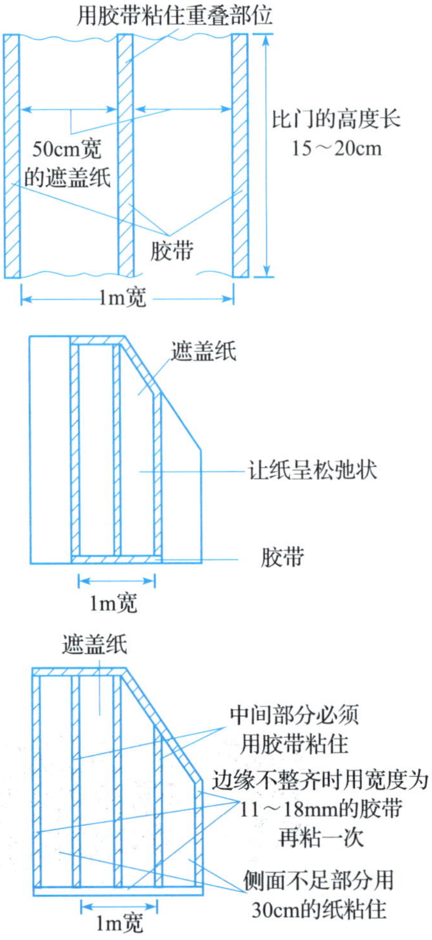

图 3-26　车门的遮盖

（3）特殊部位遮盖技巧。

1）装饰条和嵌条的遮盖。当用胶带粘贴装饰条、嵌条等表面时，用一只手的手指塞入胶带卷中间的孔中，把大拇指放在胶带的外面，控制胶带的方向。拉伸胶带时，胶带的粘贴面背向操作者，不要把胶带拉得过紧。把胶带的起始端粘到嵌条或车轮罩的边缘上，如图 3-27 所示。粘贴时，拉伸的胶带面与漆面的间距至少应有 0.7mm，这样方便粘贴并可以很好地控制胶带的方向。嵌条或需粘贴面的宽度决定所需胶带的条数。在所需喷漆的表面与嵌条间一定要留有一个小间隙，涂料特别是清漆会填补这个间隙。用足够的压力把胶带压牢，在曲面上粘贴胶带时，还必须拉伸胶带，以适应曲面的要求。如果胶带太宽，应用剪刀把胶带多余的宽度剪去。

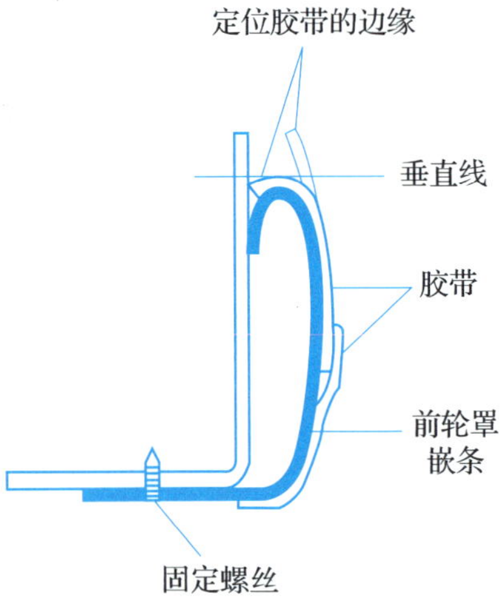

图 3-27　轮罩嵌条的遮盖

胶带（或遮盖纸）与板面间的预留间隙大小非常关键，间隙过大则会形成涂料堆积，间隙过小则易形成明显的喷涂台阶，如图 3－28 所示。

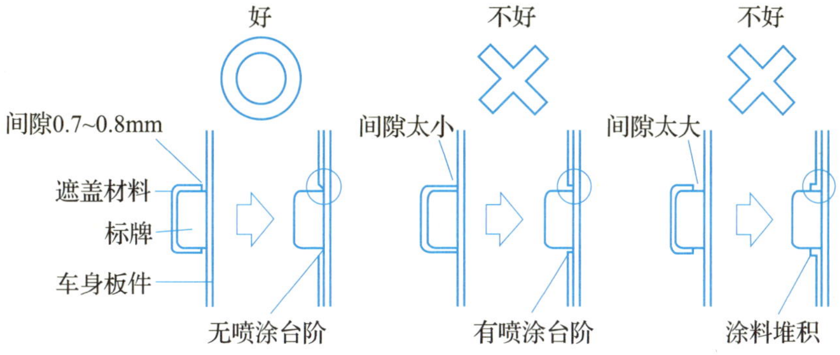

图 3－28　预留间隙大小的影响

2）曲面边缘遮盖。当必须沿一个曲面流线型边缘进行遮盖时，必须使用遮盖胶带。首先把 19mm 宽的胶带以正确的角度分别粘贴到流线型边缘上，每条胶带应有 10～13mm 长，胶带与胶带之间有足够的重叠量，整个胶带的粘贴边缘形成一个与流线型边缘相平行的曲线。然后，把胶带条反折，从最后一条胶带开始，并保证有一个正确的弧度，如图 3－29 所示。最后，用一条胶带把所有反折过来的胶带端部粘贴固定。

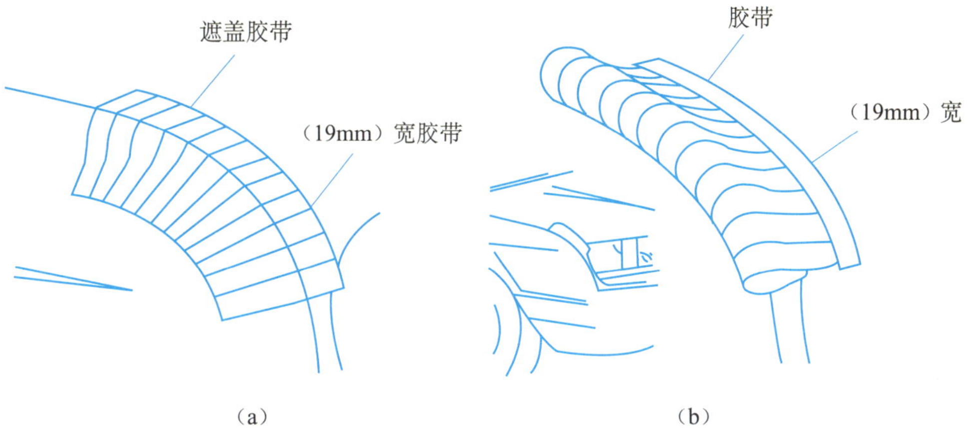

图 3－29　用胶带进行反向遮盖

3）易汇集漆液部位的遮盖。这些部位（如前翼子板与前保险杠接缝处）由于在喷漆时易集积漆液，溶剂易透过遮盖纸或遮盖胶带，造成旧漆膜受溶剂侵蚀。为此，应采用双层遮盖纸或双层遮盖胶带进行遮盖，如图 3－30 所示。

4）车门边缘与外板间遮盖。为了防止喷漆时的漆雾进入车内，在进行车门边缘与外板间遮盖时，可采用如下方法。

a. 在外板拐角部位粘贴胶带，胶带应伸入到外板边缘内侧并使胶面朝向待涂装表面，如图 3－31（a）所示。

b. 关上车门，如图 3－31（b）所示。

c. 将先贴好的胶带压靠到车门外板面，并用第二层胶带粘贴好，如图 3－31（c）所示。

d. 用胶带与遮盖纸配合将车门遮盖好，如图 3－31（d）所示。

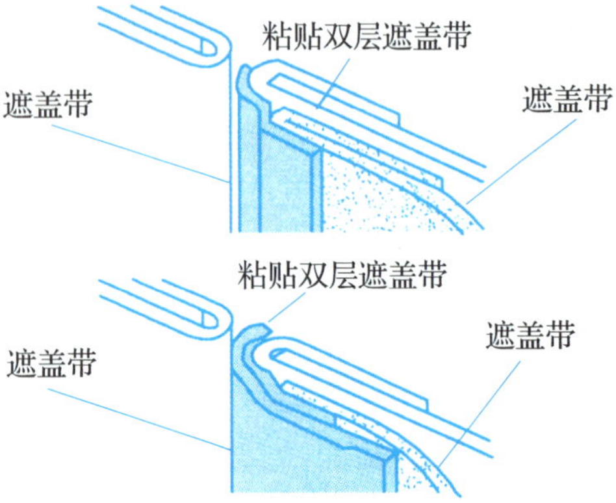

图 3－30　双层粘贴

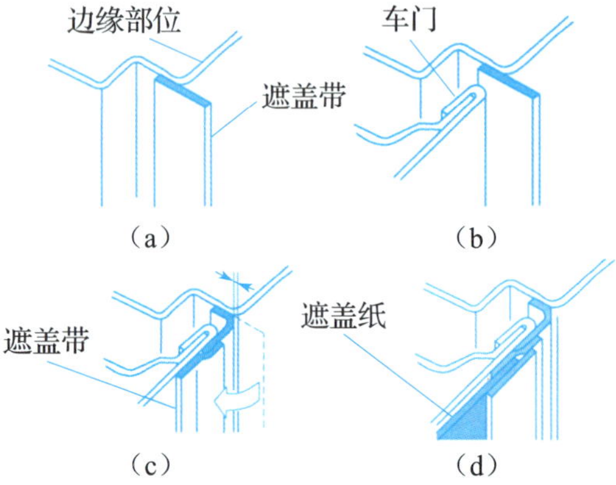

图 3－31　车门边缘与外板间遮盖

三、除尘与除油

1. 除尘

板件的除尘与除油

（1）戴好胶皮手套。

（2）用无纺布将整个待涂装表面擦拭一遍，如图 3－32 所示。

（3）手握粘尘布，按从上到下的顺序将待涂装表面擦拭干净，如图 3－33 所示。

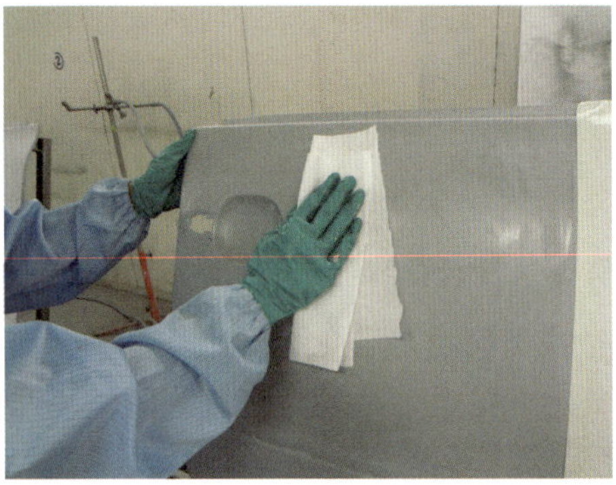

图 3－32　用无纺布除尘

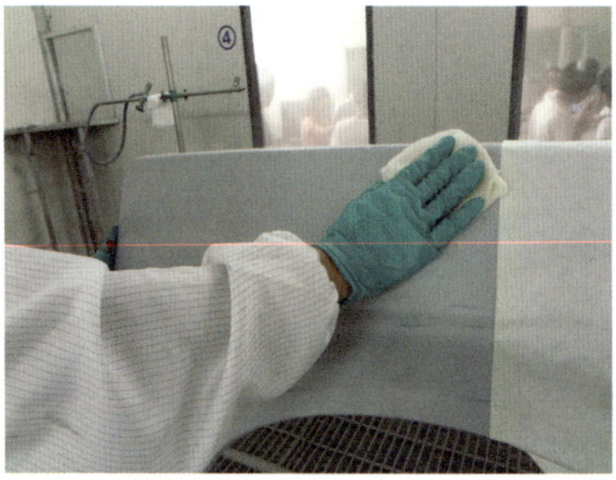

图 3－33　用粘尘布除尘

2. 除油

（1）擦拭法。

1）双手戴好胶皮手套。

2）双手各持一块干净的无纺布，其中一块浸有除油剂。

3）用带除油剂的无纺布擦拭待除油表面，一次不要多于一个来回。

4）紧接着用干爽的无纺布擦拭沾有除油剂的表面。

5）重复这样的动作，直到待清理表面全部清理完毕，如图 3－34 所示。注意及时浸除油剂和更换无纺布，并且注意不要触碰已经除过油的表面。

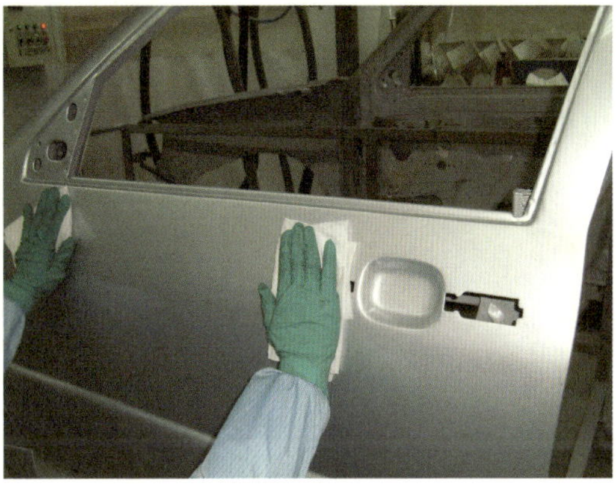

图 3－34　擦拭法除油

（2）喷擦结合法。

1）将除油剂装入喷壶内。

2）反复按压喷壶操纵手柄，直到感觉有足够的反弹力。

3）手持喷壶，对准需除油表面，保持 20cm 左右的距离，按压喷头开关，将除油剂均匀地喷到工件表面，如图 2－35 所示。

4）手持一块干净的无纺布，将喷淋的除油剂擦拭干净，如图 3－36 所示。

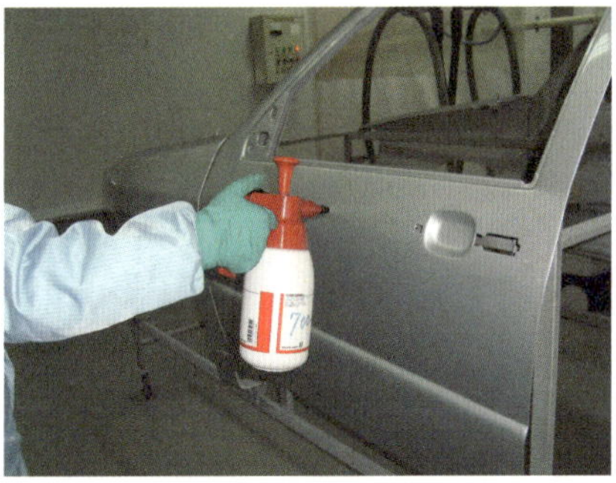

图 3－35　喷淋除油剂

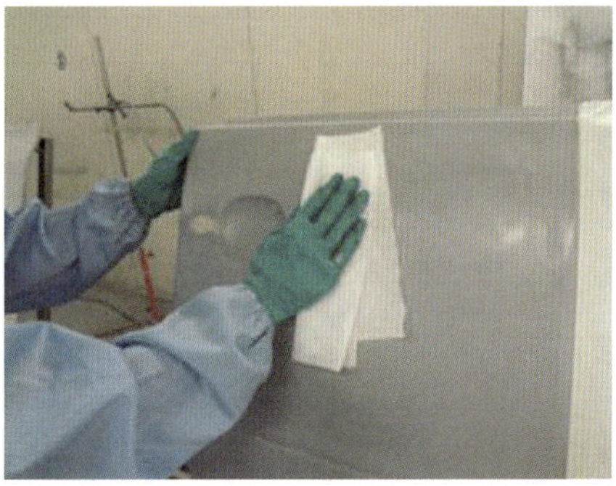

图 3－36　擦拭除油

技能考核

一、准备工作

在技能学习工位准备好车辆，各类涂装劳动保护用品，胶带、遮盖纸（或报纸）、遮盖膜等遮盖材料及工具，粘尘布、无纺布、除油剂等各类除尘除油材料及工具。

二、考核流程

1. 学员工作

（1）在各自工位分组学习。

（2）在充分学习本任务相关知识的基础上，进行遮盖、除尘和除油的实操训练，同时完成相应的工单。

（3）5S 工作。

（4）自我评价。

2. 指导教师工作

学员在进行上述操作过程中，指导教师进行下列工作：

（1）向学员讲解安全注意事项，并要求学员在工单中做记录。

（2）观察、指导学员进行相关操作，及时制止可能发生危险的操作。

（3）实操结束后审阅学员完成的工单（见表 3－3），并结合其操作情况做出评价。

表 3－3　车身准备

班级学号		姓名	

1. 遮盖

（1）教师指定的遮盖部位是________。你选择的遮盖材料有________________________。

（2）简单总结你所负责板件遮盖的操作要点：

____

____。

遮盖结束后，将指导教师指出的缺陷分析及处理方法记录在下面。

序号	缺陷名称	可能原因	处理方法

（3）你认为遮盖操作的最困难环节是____________，对此，总结个人经验：

____

____。

2. 除尘

（1）你选择的材料和工具有____。

（2）简单总结除尘操作要点：

____

____。

3. 除油

（1）你选择的材料和工具有____。

（2）简单总结除油操作要点：

____

____。

续表

4. 实训中出现的问题、原因分析及你的解决办法的说明： ____ ____ ____。 5. 自我评价（个人技能掌握程度）：非常熟练□　比较熟练□　一般熟练□　不熟练□
教师评语： 成绩____（10分制）　　　教师签字__________　　　______年____月____日

任务 3－3　底漆的喷涂

任务引入

如图 3－37 所示，当损伤的漆膜经底处理（露出金属板）、遮盖、除尘及除油后，即准备喷涂底漆。原厂底漆大多采用电泳涂装方法进行涂装，而在修理厂一般采用喷涂的方式进行涂装。在进行喷涂前，应对喷枪进行必要的调整，以满足涂料的喷涂要求。喷枪的调整项目包括喷涂压力、漆流量和喷束形状等。

喷涂手法练习

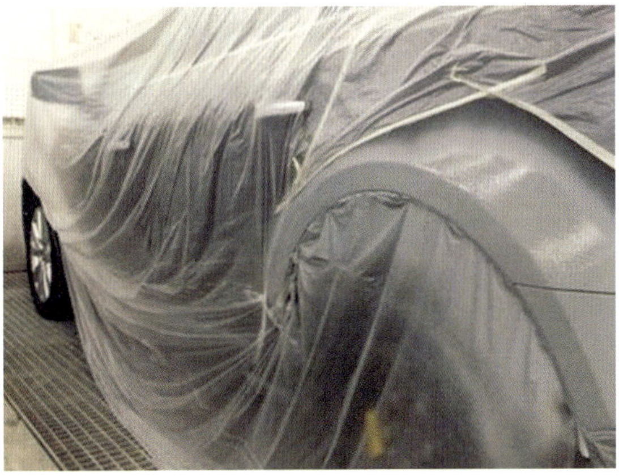

图 3－37　底漆的喷涂

底漆喷涂完成后，应采用合理的方法进行干燥，以形成良好的漆膜。

喷涂工作完成后，应及时对喷枪进行清洗与维护。

本任务主要学习底漆的喷涂、干燥方法。

学习目标

1. 能够规范地喷涂底漆。
2. 能够规范地干燥底漆。
3. 能够正确清洗与维护喷枪。
4. 培养良好的安全卫生习惯、环保意识和团队协作的职业素养。
5. 能够检查、评价、记录工作结果。

技能学习

一、准备喷烤漆房

典型的喷烤漆房控制箱面板，如图 3－38 所示。

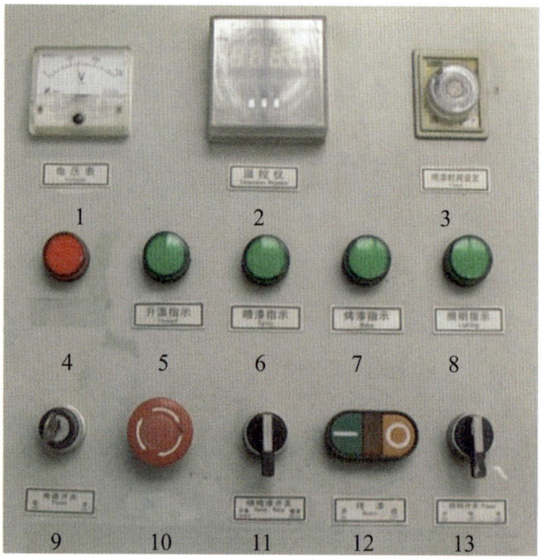

图 3－38　典型的喷烤漆房控制箱面板

1—电压表；2—温控仪；3—烘烤时间设定；4—电源指示灯；5—升温指示灯；6—喷漆指示灯；7—烤漆指示灯；8—照明指示灯；9—电源开关；10—应急开关；11—喷漆开关；12—烤漆开关；13—照明开关

（1）使用喷烤漆房首先要打开电源开关，电源指示灯点亮，电压表显示 380V。

（2）打开照明开关，照明指示灯点亮，烤房内的光线达到施工要求。

（3）常温喷漆时，顺时针旋转喷漆开关；需要加温喷漆时，逆时针旋转喷漆开关，同时调整温控仪，设定恒定的喷漆温度为18℃即可。

注意： 喷漆完毕后风机再工作5min，使喷烤漆房内的漆雾彻底排净。

二、劳动安全与卫生

1. 防火安全措施

（1）每个工作人员应会使用防火设备，懂得各种灭火方法。

（2）涂装场地严禁烟火，不准携带各种火种进入施工现场。

（3）擦拭涂料用的脏污棉丝、棉布等物品应集中妥善存放在装有清水的密封桶中，不要放置在暖气管或喷烤漆房附近，避免引起火灾。

（4）施工操作时，避免铁器之间敲打、碰撞、冲击、摩擦，以防发生火花而引起火灾。

（5）易燃物品如涂料、稀释剂等，应存放在储藏柜内，不得在施工场地储存。

（6）清洗工具后的稀释剂，应集中存放，不得倒入下水道或随意乱倒。

（7）各种电器设备开关不得随意操作，应有专人定期检查和维修。

（8）确保紧急通道、门窗等出口畅通。

（9）工作区域内不要存放太多的涂料，一般够半天使用的量即可。

2. 个人劳动保护

喷涂底漆时应该配备的劳动保护如图3－39所示。

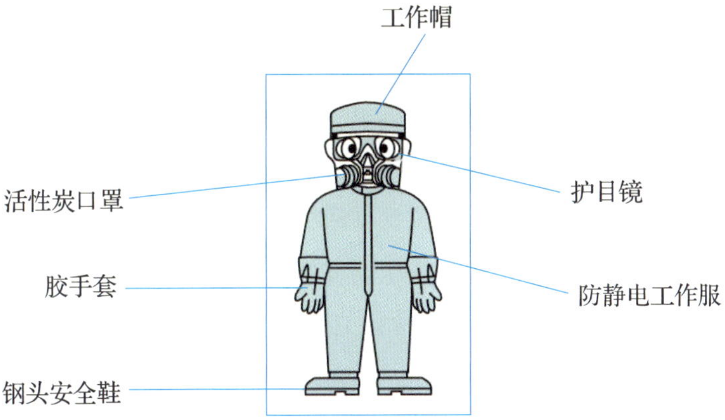

图3－39　喷涂底漆时应配备的劳动保护

3. 发生意外情况的应对措施

（1）着火。在安全距离内用灭火器灭火。对于一般的涂料着火，可以用水进行灭火。

（2）涂料撒落。先用膨胀云母（蛭石、珍珠岩）吸收，然后用塑料板铲除，最后用大量的水冲洗。

（3）皮肤接触涂料、溶剂等。用肥皂水彻底清洗，涂抹羊毛脂的护肤膏。

（4）眼睛和嘴接触涂料、溶剂等。立刻用水或5%的抗坏血酸钠或2%的苏打水冲洗，然后咨询医生。注意不要使用油膏和油类物质处理。

（5）过氧化物残渣处理。用膨胀云母吸收，然后小心焚毁（远离建筑物和可燃物）。

三、检查与调整喷枪

1. 选择喷枪

喷涂底漆时，应选择底漆专用喷枪。正确地选择喷枪，应查阅涂料生产商的涂料技术说明。例如从“鹦鹉”801-72环氧填充底漆的技术说明（见表3-1）中可以查到，该涂料适合的喷枪口径为：1.7～1.9mm（HVLP喷枪）或1.6～1.8mm（兼容喷枪，即涂料生产商许可的其他类型喷枪）。

2. 检查喷枪

（1）确认涂料杯上的气孔无污垢堵塞。

（2）确认涂料杯上密封圈密封良好等。

3. 添加涂料

（1）将调好黏度的底漆通过漏斗过滤后装入喷枪涂料杯内，如图3-40所示。

⚠ **注意：**存放主剂和固化剂的容器，使用之后一定要盖严实。

（2）将喷枪通过快速接头接入压缩空气系统。

4. 调整喷枪

（1）调整气压。手握喷枪柄，轻扣扳机至有压缩空气喷出，如图3-41所示。当气压调节旋钮处于与枪体平行位置（最大雾化状态）时，顺时针旋转气压调节旋钮，喷涂气压变小；当气压调节旋钮处于与枪体垂直位置（最小雾化状态）时，逆时针旋转气压调节旋钮，喷涂气压变大。调整过程中，观察气压表直到气压符合规定。调整气压的大小，一定要按涂料说明书的规定。例如从“鹦鹉”801-72环氧填充底漆的技术说明中可以查到该涂料适合的气压，HVLP喷枪为2.0～3.0bar；兼容喷枪为2bar。

（2）调整喷幅。喷幅调节旋钮的位置如图3-42所示。增大喷幅，需要逆时针旋转（拧进）喷幅调节旋钮；减小喷幅，需要顺时针旋转（拧出）喷幅调节旋钮，如图3-43所示。喷幅的大小主要取决于修补面积的大小。一般情况下对于整板（或整车）喷涂，为了获得良好的喷涂效果，建议将喷枪喷幅调节到最大状态。

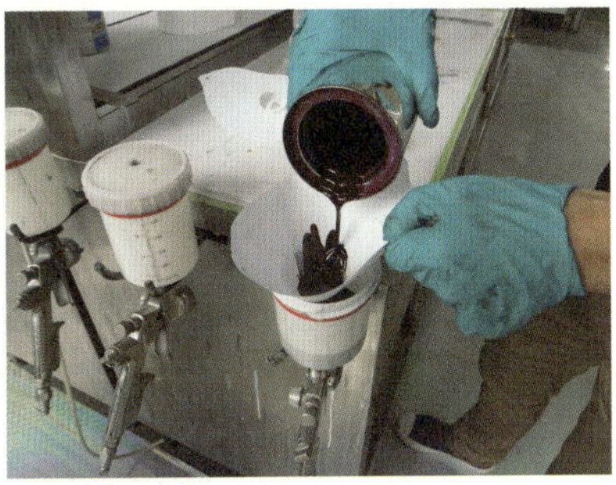

图 3-40　涂料的过滤与添加

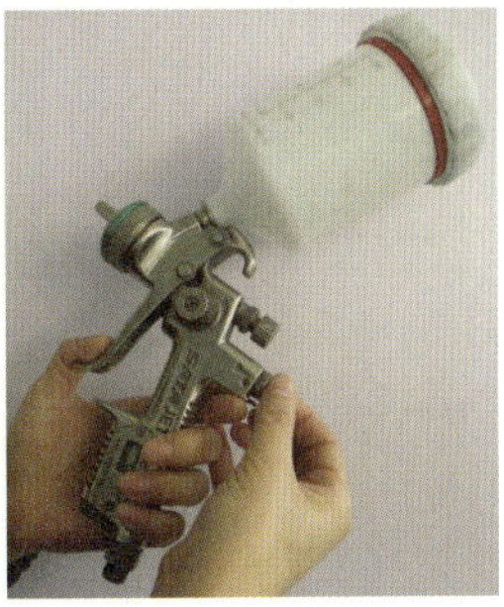

图 3-41　调整气压

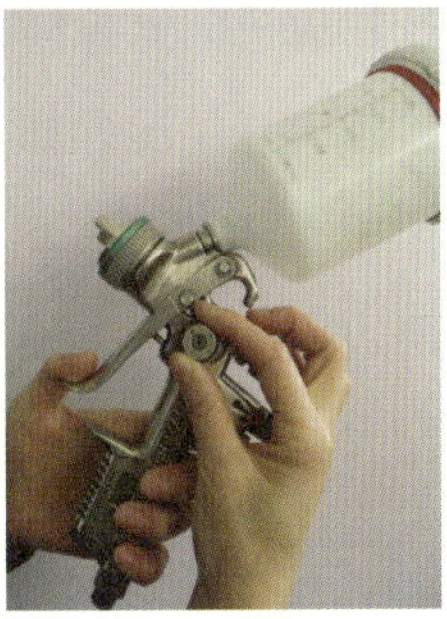

图 3-42　喷幅调节旋钮的位置

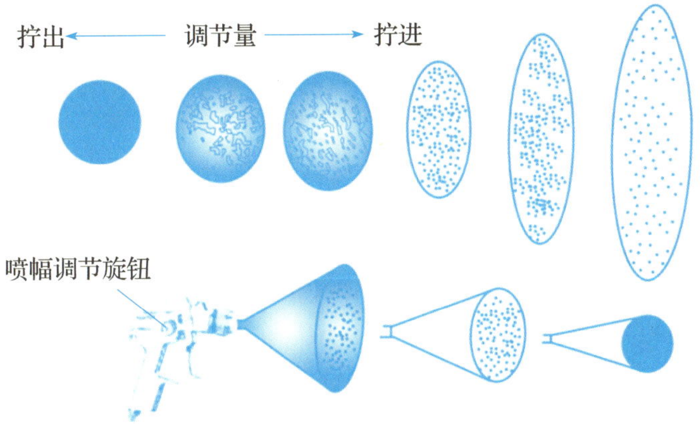

图 3-43　调节原理

（3）调整漆流量。漆流量调节旋钮的位置如图 3-44 所示。增大漆流量，需要逆时针旋转（拧出）漆流量调节旋钮；减小漆流量，则需要顺时针旋转（拧进）漆流量调节旋钮，如图 3-45 所示。

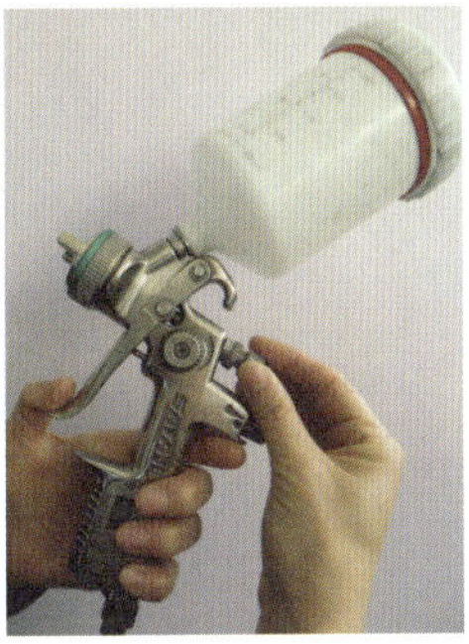

图 3-44　漆流量调节旋钮的位置

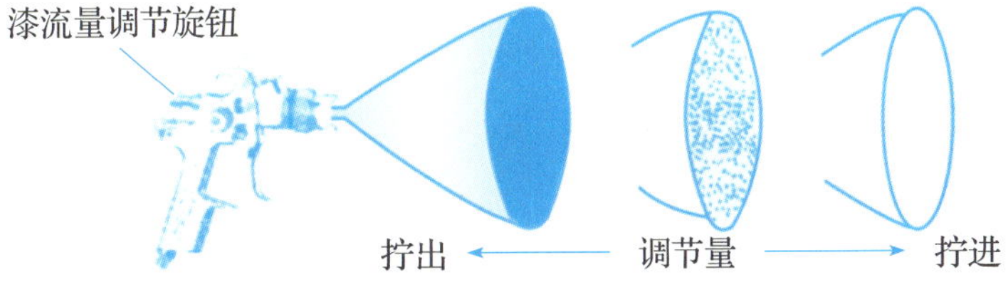

图 3-45　漆流量调节原理

（4）测试喷枪调整情况。将气帽调整至垂直位置，使喷幅呈水平状态，如图 3-46 所示。通过向试板喷涂涂料，查看在试板上形成的喷涂图形来确定喷枪调整情况，这一操作也称为喷幅测试。

按住扳机向试板喷涂直到涂料开始往下流，即产生流挂，检查流挂情况。如果各项调整正确，各段流挂的长度应近似相等，如图 3－47（a）所示。如果流挂呈分离的形状（两边流挂长，中间短），如图 3－47（b）所示，是由于喷幅太宽或气压太低，把喷幅调节旋钮拧紧半圈或把气压提高一些，交替调整这两项直到流挂长度均匀；如果流挂中间长两边短，如图 3－47（c）所示，则是因喷出的漆太多，应把漆流量调节旋钮拧紧，直到流挂长度均匀。

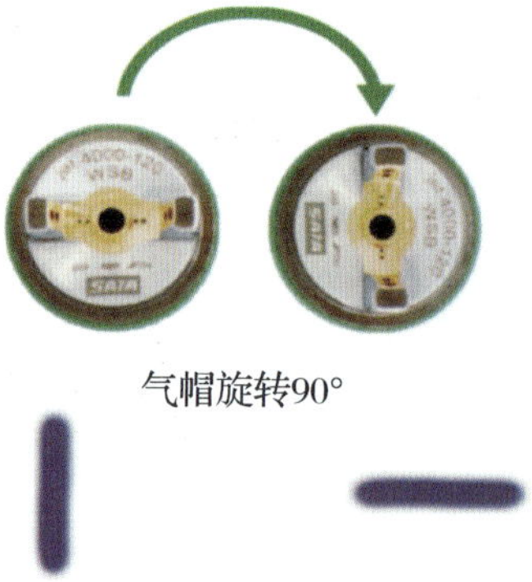

图 3－46　气帽位置与喷幅

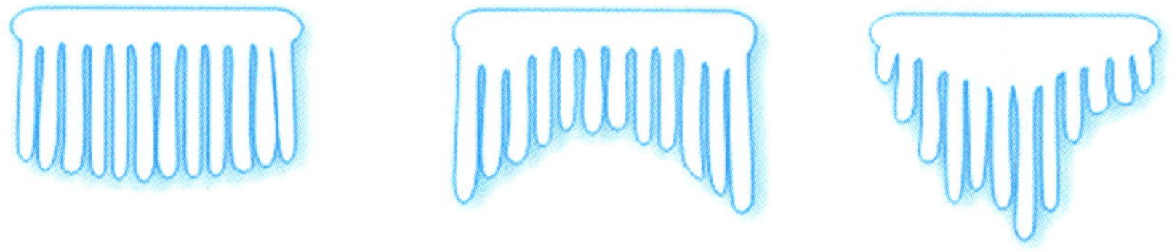

喷涂压力及油漆流量均匀
（a）

喷涂压力低油漆流量少
（b）

喷涂压力高油漆流量多
（c）

图 3－47　喷幅测试

喷幅测试时，可能会出现故障喷幅，不同的故障喷幅特点及产生的原因，见表 3－4。

表 3－4　不同的故障喷幅特点及产生的原因

喷幅中央油漆太多	倾向一边的圆形喷幅，严重弯曲	喷幅不连续，跳动	喷幅破裂，呈燕尾状	喷幅朝一边扭曲

喷涂气压低，应提高喷涂气压；涂料黏度太高，应加稀释剂；出漆量大，应调小出漆量或更换小口径喷嘴	辅助雾化孔堵塞，应用专用清洁工具清洁喷嘴或更换喷嘴组件	喷嘴或针阀松动，应拧紧；涂料杯接口堵塞，应清理	涂料黏度太低，应重新调整黏度；喷涂气压太高，应调小；扇幅太宽，调整扇幅调节旋钮，使扇幅减小	单侧辅助雾化孔堵塞，应清洁辅助雾化孔，如有必要，应更换喷嘴组件

四、喷涂底漆

1. 喷第一层底漆

根据板件的特点，选择正确的操作要领，实施底漆的喷涂。注意第一层一定要薄喷，以提高底漆和板件表面的附着力。

底漆的喷涂

2. 闪干

不同的底漆，闪干时间要求不同，例如从“鹦鹉”801-72 环氧填充底漆的技术说明（见表 3－1）中可以查到，该涂料需要喷涂 2 层，每层之间不需要闪干，即喷涂完第一层后，马上就能喷涂第二层。

3. 喷涂第二层底漆

第二层底漆一定要厚喷，以达到要求的漆膜厚度，如“鹦鹉”801-72 环氧填充底漆的技术说明要求两层底漆总厚度为 40～50μm（见表 3－1）。不同的底漆要求喷涂的层数和总漆膜厚度是不同的，施工时应严格按照涂料技术说明执行。

注意： 底漆是直接喷涂于板件表面的，局部喷底漆时一定要注意遮盖，以使底漆只能喷涂在裸板表面，如图 3－48 中箭头所指处。

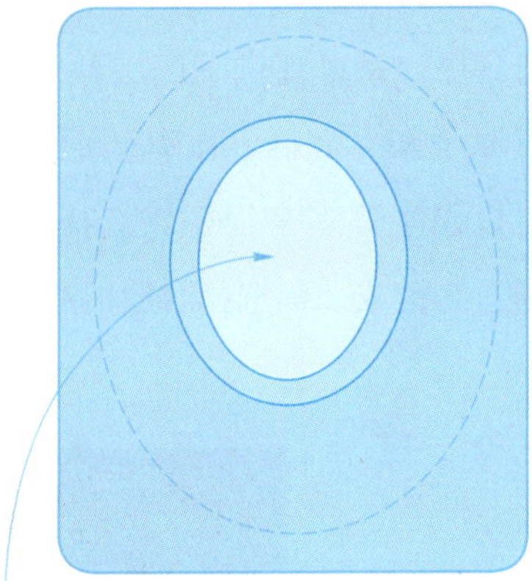

图 3－48　局部涂装时底漆的喷涂区域

在喷涂过程中，如果喷枪的出漆量明显减少，应及时检查涂料是否已用完。如果用完了，应及时补充；如果还有涂料，则应检查是否有堵塞之处，若有应疏通。

每种涂料均有其适合喷涂的时间限制，这个时间限制也称为活化时间。如“鹦鹉”801-72 环氧填充底漆的技术说明规定的活化时间为常温（20℃）8h。超过这个活化时间，所调制的涂料就不能使用了。

对于普通喷枪，如果有较多的剩余涂料没用完，可以倒入合适的罐内密封保存，但期限也不能超过其活化期的规定。

五、干燥底漆

不论是常温干燥还是烘烤干燥，最好在进行干燥之前拆下遮盖。拆除遮盖的最佳时机为最后一层喷涂的闪干时间（通常为 15～20min）结束时。

1. 常温干燥

当采取常温干燥时，喷涂结束后即可关闭喷烤漆房电控箱上的喷漆、照明开关，关好门，使板件（整车）在喷烤漆房内自然干燥至规定的时间［具体数据参阅涂料使用说明书，如“鹦鹉”801-72 环氧填充底漆的技术说明（见表 3－1）规定的常温干燥时间为 8h］。

2. 用喷烤漆房烘烤干燥

喷涂完成后需要加温烘烤时，首先设定温控仪到合适的温度，然后设定合适的烘烤时间，具体数据参阅涂料技术说明。如“鹦鹉”801-72 环氧填充底漆的技术说明（见表 3－1）规定的烘烤干燥时间为温度 60℃，30min；短波红外线烤灯烘烤，11min；中波红外线烤灯烘烤，10～15min。设定好温度和时间后，关闭照明开关，打开烘烤开关，进行加温烘烤。

烘烤完毕，风机再工作 10min。关闭各操作开关。

3. 用红外线烤灯干燥（以 IRT400 型烤灯为例）

（1）调整灯光的位置。通过调节活动支臂的高低来适应不同高度的烘烤要求，烤灯头部可以作任意角度的调整，以适应车身不同的形状要求，如图 3－49 所示。

图 3－49　调节角度

（2）控制面板的操作。烤灯的控制面板如图 3－50 所示。打开电源后，数字面板上会显示运行程序，系统提供了底层原子灰、中层原子灰、表层原子灰、底漆、水基、面漆、光漆、塑料件和自设程序等多个程序供选择。根据实际工作情况通过 2 键或 3 键选择合适的程序，按 5 键进入该程序。

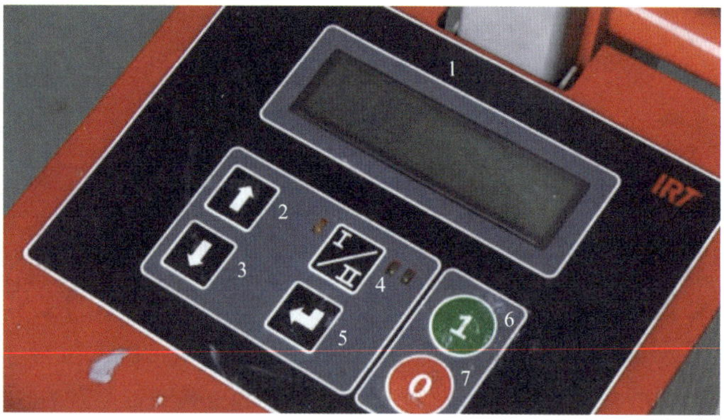

图 3－50　控制面板

1—显示屏；2—上翻键；3—下翻键；4—档位选择键；5—确定键；6—电源开；7—电源关

如果需要重新设定烘烤功率和烘烤时间可以长按 5 键进入重新设定，如图 3－51 所示。此时上排第 1 位表示时间的数字会闪烁，可以按 2 键或 3 键在 0～30min 之间选择，按 5 键确定。同时第 2 位表示功率的数字会闪烁，可以在 1～8 之间选择，按 5 键确定。同时下排第 1 位表示时间的数字会闪烁，可以按 2 键或 3 键在 0～30min 之间选择，按 5 键确定。同时第 2 位表示功率的数字会闪烁，可以在 1～8 之间选择，按 5 键确定。

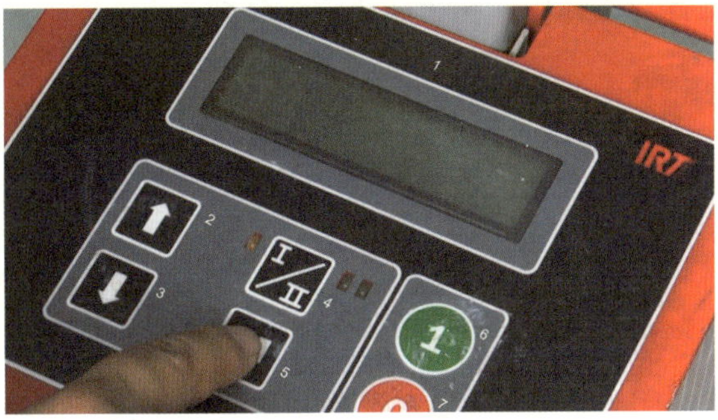

图 3－51　烘烤程序设定

全部设定完成后，或者不需要重新设定时，按键 6，屏幕会显示“人工检查距离”，此时需要通过烤灯头部的卷尺测量烤灯与被烤工件之间的距离，如图 3－52 所示。确定好烘烤距离后，按 6 键进行烘烤，如图 3－53 所示。

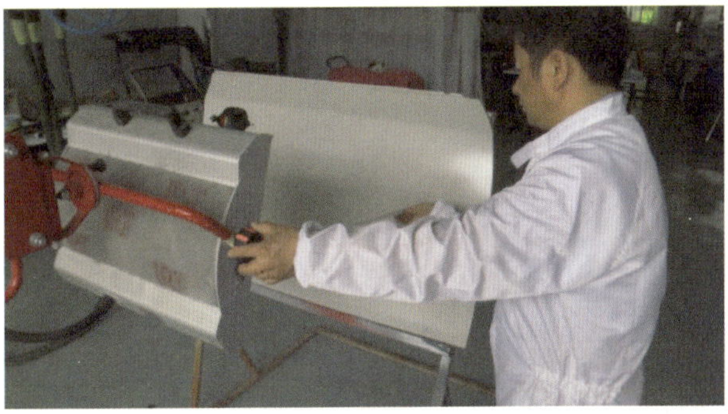

图 3－52　测量烘烤距离

图 3－53　开始烘烤

烘烤过程分两个阶段，第一阶段为闪烁烘烤，屏幕显示闪烁烘烤关闭的剩余时间，单位为秒，倒数计时。闪烁烘烤关闭后进入下一阶段。第二阶段为烘干，屏幕显示烘干剩余时间，单位为秒，倒数计时。烘干结束后烤灯自动关闭，并有蜂鸣提示。此时切记不要关闭电源，因为烤灯风机还需要运转 1min 使自身散热，当风机停机后再关闭电源，同时要整理好电线，将烤灯支臂升起，锁住轮子防止烤灯移动。

六、打磨底漆

汽车修补所使用的底漆大多为填充底漆，喷涂干燥后应进行适当的打磨，以便为面漆喷涂提供良好的表面。

填充底漆的打磨可采用手工湿打磨和干磨机打磨两种方法，选用时主要考虑底漆的特点，可参阅涂料的技术说明书进行。“鹦鹉”系列填充底漆的打磨技术说明如图 3－54 所示，从图中可以看出，部分底漆适合手工湿打磨，部分底漆适合干磨机打磨，还有部分底漆适合两种方法。

		使用干磨机粗打磨	使用干磨机细打磨	手工湿打磨
填充底漆	76-71 鹦鹉®单组分填充底漆			P800
	283-150 VOC 鹦鹉®磷化填充底漆			P800
	285-16 VOC 鹦鹉®高浓热固填充底漆			P800
	285-500 鹦鹉®高浓填充底漆，灰色		P400	
	285-550 鹦鹉®高浓填充底漆，黑色		P400	
	285-650 鹦鹉®高浓填充底漆，白色		P400	P800
	285-700 鹦鹉®填充底漆，灰色		P400	P800
	285-85 鹦鹉®中浓填充底漆，灰色		P400	P800
	807-72 VOC 鹦鹉®环氧填充底漆		P400	P800

图 3－54 “鹦鹉”系列填充底漆的打磨技术说明

填充底漆的打磨，无论是湿打磨还是干打磨，其操作方法与除旧漆相似，不同点体现在以下几个方面：

（1）手工湿打磨时，通常选用P800的水砂纸。

（2）手工湿打磨时，必须使用磨块。对于有软硬面的磨块，应选用软面。

（3）手工湿打磨时，磨块必须保持与板件表面平贴，以获得平滑的表面。

（4）用干磨机打磨时，选用的砂纸为P400。

（5）用干磨机打磨时，必须保证磨头与板件表面平贴，以获得平滑的表面。

（6）无论是手工湿打磨还是干磨机打磨，千万注意不要打磨过度，只轻轻打磨至光滑即可。

七、维护喷枪

1. 清洗喷枪

使用喷枪后，应立即清洗喷枪及其附件。不注意维护和清洗喷枪是喷枪发生故障的主要原因。

以虹吸式喷枪为例，清洗喷枪时，首先应卸下涂料杯，将涂料管留在杯内。接着松开气帽2～3圈，用一块叠好的抹布挡住气帽，然后扣扳机，如图3－55所示。这能使喷枪内的涂料流回涂料杯内。

注意：使用的气压要低，当涂料杯还装在喷枪上时，不要进行上述操作，否则涂料会从罐内飞溅出来。

重新将气帽拧紧，并把涂料杯中的涂料倒回废料罐中。用溶剂和软毛刷清洗杯内和杯盖，用一块浸过稀释剂的抹布擦掉残余物。然后向杯内倒入少许干净的稀释剂，扣动扳机，将稀释剂喷出，清洗喷枪内部输漆管路，如图3－56所示。

图3－55　利用压缩气使喷枪内的涂料流回涂料杯

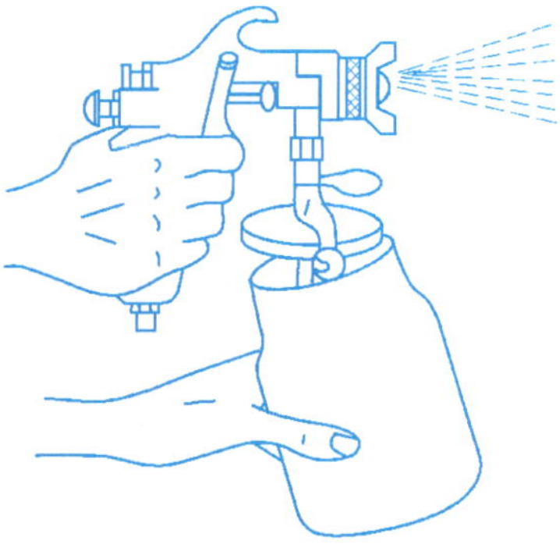

图3－56　用稀释剂冲洗喷枪

旋下气帽，用专用工具卸下喷嘴，如图 3－57 所示。

将卸下的气帽泡在稀释剂或溶剂中，用塑料针清理各类小孔，如图 3－58 所示。注意，不能用铁丝或铁钉类的东西清理这些小孔，因为这些小孔都是精加工而成的。然后用软毛刷和溶剂清洗喷嘴，用浸有稀释剂的抹布将枪体外部擦干净，注意擦掉所有涂料的痕迹。

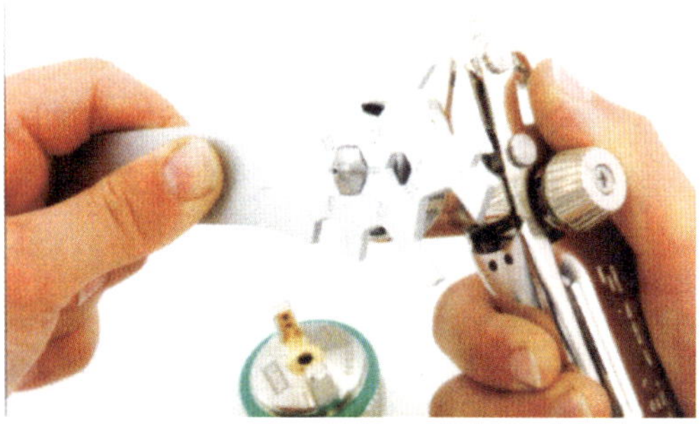

图 3－57　用专用工具卸下喷嘴

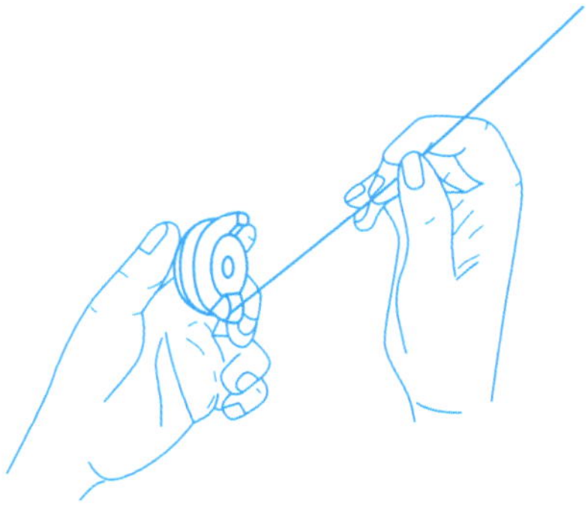

图 3－58　用塑料针清理通气帽的孔

目前，一些维修厂开始使用喷枪清洗机，如图 3－59 所示。利用喷枪清洗机，结合人工手洗来清洗喷枪，清洗效果非常好。将喷涂设备（包括喷枪、涂料杯、搅拌器和滤网等）放到喷枪清洗机的大桶内相应位置上，接好喷嘴（具体方法参阅相关设备使用说明书），盖上桶盖，然后打开气动泵使清洗桶内的清洗液循环流动。1 分钟之内，该设备就能清洗干净各部件。

图 3－59　喷枪清洗机

新型超声波清洗机清洗效果更好。只要在机器内注入清洗液，将零件放入容器中，打开开关即可，并可以人工设定清洗时间，如图 3－60 所示。注意，如果喷枪选装了数字式气压表，则不能放入超声波清洗机中清洗。

2. 润滑喷枪

每天工作完后最好进行润滑喷枪，用轻机油润滑如图 3－61 所示的各部件。由于正常的磨损和老化，密封圈、弹簧、针阀和喷嘴必须定期更换，更换应按生产厂家的说明进行。由于机油过量就会流入涂料和空气通道，造成喷涂缺陷，因此润滑时必须非常小心。

图 3－60　用超声波清洗机清洗喷枪

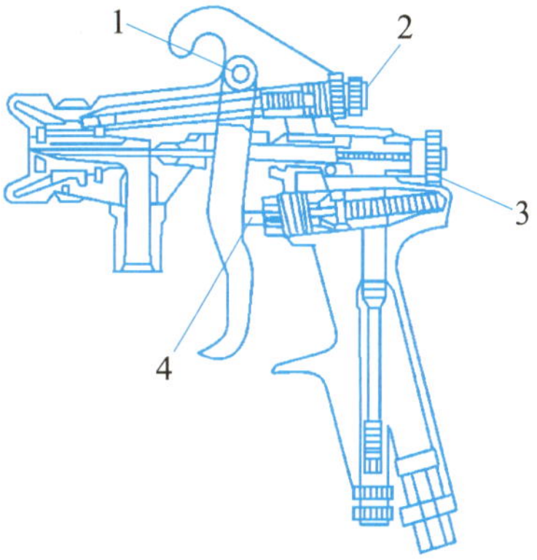

图 3－61　喷枪需要润滑的部位

1—扳机转轴；2—喷幅调节旋钮；3—漆流量调节旋钮；4—空气阀

不要把整把喷枪长时间泡在清洗液中，这样会使密封圈硬化，并破坏润滑效果。

为了获得最佳的修补效果，在不同的涂层和情况下要使用不同的喷枪。建议每人配备四把喷枪：一把用于底漆、中涂层喷涂；一把用于面漆、清漆层喷涂；一把用于金属漆喷涂；还有一把小修补喷枪用于点修补。如果这些喷枪保持良好的清洗和工作顺序，就会节省大量的调整和清洗时间。

八、处理废弃物

（1）废弃的溶剂、油漆，应倒入专用的桶（罐）内，密封存储，以后统一交环保部门处理。

（2）沾有涂料和溶剂的其他废弃物，如胶手套、擦纸、一次性调漆杯等，应丢弃在有水的桶内，以便集中处理。

（3）没有损坏的胶手套，可以用溶剂清洗后晾干备用。

九、维护喷烤漆房

1. 注意事项

（1）定期清洗内部墙体、地板及其他件表面上的灰尘、油污等，并做好例行保洁工作。

（2）喷烤漆房内不准存放如零件、涂料、包装纸（盒）、衣物等，以防沉积污物，影响涂装质量。

（3）不能在喷烤漆房内进行涂装前的表面打磨、清洁及涂料调制等工作，以免打磨粉尘弥漫而影响空气质量，尽可能避免污染源的出现。

（4）用水清洗地板时，防止飞溅到车身上，同时要对污水进行处理。

（5）定期检查、更换干式过滤系统中的滤网，经常使用压力表检测挡漆板的堵塞情况。

（6）湿式过滤系统中的水位应保持正常，并在水中加入添加剂。

（7）定期检查喷烤漆房周围的密封情况，以防灰尘进入。

（8）汽车进入喷烤漆房前应清洗干净，并对车身上的缝隙、沟槽等不易清洗的地方进行彻底清洁。

（9）喷烤漆房内必需的物件，如喷枪、软管、胶带、车轮套、工作服、防毒面罩、手套等，应存放在密闭的储藏室内。

（10）定期对排风扇、电动机进行维护保养。

2. 维护

（1）每天清洁房内墙壁、玻璃及地台底座，以免灰尘和漆尘积聚。

（2）每周清洁进风隔尘网、检查排气隔尘网是否有积塞，如房内气压无故增加时必须更换排气隔尘网。

（3）每工作 150h 应更换地台隔尘纤维棉。

（4）每工作 300h 应更换进风隔尘网。

（5）每月清洁地台水盘，并清洗燃烧器上的柴油过滤装置。

（6）每个季度应检查进风和排风电动机的传动皮带是否松弛。

（7）每半年应清洁整个喷烤漆房及地台网，检查循环风活门、进风及排风机轴承，检查燃烧器的排烟通道，清洁油箱内的沉积物，清洗喷烤漆房水性保护膜。

（8）每年应清洁整个热能转换器，包括燃烧室及排烟通道，每年或每工作 1 200h 应更换喷烤漆房顶棉。

技能考核

一、准备工作

在技能学习工位准备好汽车车身或车身板件（均为可喷涂底漆状态）、喷漆劳动保护用品、底漆及其配套材料、压缩空气喷涂系统、红外线烤灯、喷枪维修材料及工具。

二、考核流程

1. 学员工作

（1）在各自工位分组学习。

（2）在充分学习本任务相关知识的基础上，进行底漆喷涂、干燥和喷枪维护的实操训练，同时完成相应的工单。

（3）5S 工作。

（4）自我评价。

2. 指导教师工作

学员在进行上述操作过程中，指导教师进行下列工作：

（1）向学员讲解安全注意事项，并要求学员在工单中做记录。

（2）观察、指导学员进行相关操作，及时制止可能发生危险的操作。

（3）实操结束后审阅学员完成的工单（见表 3－5），并结合其操作情况做出评价。

表 3－5　底漆的喷涂

班级学号		姓名	
1. 喷涂底漆 （1）你选择的底漆名称（型号）是____________，选择的理由是____________。 （2）将你在正确喷涂前，所做的准备工作记录在下面： ____ ____ ____。 （3）你调整的喷涂气压是________、喷幅是_______、漆流量是_______，上述参数选择的理由是________________。 （4）简单记录底漆喷涂操作步骤： ____ ____ ____。			

续表

<table>
<tr><td>
2. 干燥底漆
（1）你选择的干燥方法是________________，选择的理由是________________。
（2）你选择的干燥温度是______，干燥时间是______，选择的理由是____________。
（3）简单记录底漆干燥的操作步骤：
____
____
____。
3. 维护喷枪
（1）你选择的清洗方法是________________，选择的理由是________________。
（2）记录你所做的喷枪清洗与维护步骤：
____
____
____。
4. 实训中出现的问题、原因及解决办法：
____
____
____。
5. 个人技能掌握程度：非常熟练□　比较熟练□　一般熟练□　不熟练□
</td></tr>
<tr><td>
教师评语：
成绩____（10 分制）　　教师签字__________　　______年____月____日
</td></tr>
</table>

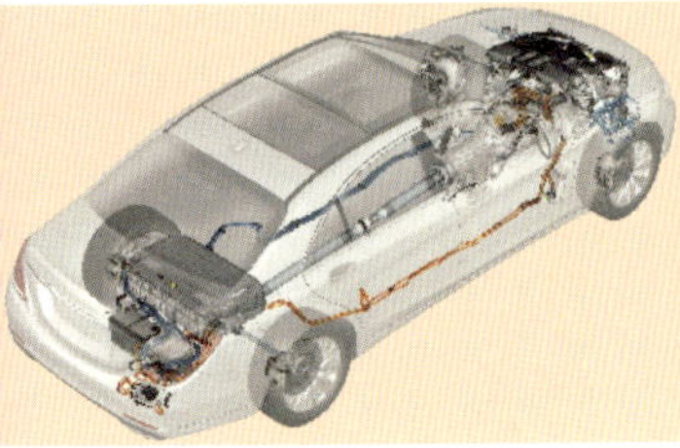

项目四

原子灰的涂装

任务 4-1　原子灰的刮涂与干燥

任务引入

如图 4-1 所示，车门板处的漆膜损伤经打磨处理后，由于板件表面不平，且旧漆膜较厚，所以应刮涂原子灰，以填充不平并快速建立足够的涂层厚度。

图 4-1　刮涂原子灰

旧漆膜较厚，通过表面预处理打磨到露出金属底材，或底材表面凸凹不平度较大，但在 3mm 以内，以及对塑料件打磨露出塑料底材时，通常需要刮涂原子灰。

对于非常平整的板件，喷涂完底漆后，即可进行中涂底漆或面漆的涂装。但是，对于不够平整的表面，特别是经过钣金处理后的表面，由于凸凹较大，底漆很难将其填平，如图 4-2 所示。此时就应用施涂原子灰的方法来处理。

国外的一些汽车维修业中，施涂原子灰的工作是由钣金工来完成的，即原子灰的施工属于底处理项目，而在国内，原子灰通常是由涂装工来完成的，故也把原子灰施工归入中涂层施工。

图 4－2　底漆的填平能力

本任务主要学习刮涂和干燥原子灰的方法。

学习目标

1. 能够正确刮涂原子灰。
2. 能够用正确的方法对原子灰进行加热干燥。
3. 培养良好的安全卫生习惯、环保意识和团队协作的职业素养。
4. 能够检查、评价、记录工作结果。

技能学习

一、刮涂原子灰

1. 劳动安全与卫生

原子灰的刮涂

操作前，必须牢记以下劳动安全事项：

（1）必须穿好工作服。

（2）原子灰在固化中会产生热。在施涂工作以后如果把遗留在混合板上的原子灰立即放在垃圾筒里，原子灰产生的热可能会引燃易燃物品。因此，一定要确认原子灰已经凉透了，才能将之弃置。

（3）报废的砂纸，不要随地乱扔，应丢弃在废物箱内。

2. 准备工作

（1）准备板件（车身）。清除掉受损伤或老化的旧漆膜，修整好与保留旧漆膜的边缘交接部位之后，对于需刮涂原子灰的表面，必须用压缩空气（或吸尘器）彻底清除粉尘。对于裸露的金属表面，要用除油剂进行除油处理。

雨天和湿度高的季节，金属表面往往比较潮湿，应该用红外线灯和热风加热器提高金属表面温度，除去湿气。寒冷季节也可采用相同的办法处理，这既可以提高原子灰的附着力，又可以避免面漆涂装后出现起层、开裂等质量事故，同时原子灰层的干燥速度也会提高。

（2）准备原子灰。

1）选择原子灰。在实际汽车修补涂装工作中，选择原子灰重点考虑的因素是被涂板面材料，因为不同类型的原子灰与板材之间的适用性是不同的。图 4－3 所示为“鹦鹉”原子灰与不同材料的适用性。

		钢材	镀锌钢板	铝镁板	有电泳底漆的原厂件	旧涂层
原子灰	839-20/20K 鹦鹉®多功能原子灰	●	●	●	●	●
	839-25 鹦鹉®超细原子灰	●	●	●	●	●
	839-53 鹦鹉®原子灰	●		●	●	●
	839-70/70K 鹦鹉®通用原子灰	●	●	●	●	●
	839-80 鹦鹉®刷涂型原子灰	●		●	●	●
	901-21 鹦鹉®玻璃纤维原子灰	●	●	●	●	●
	1006-23 鹦鹉®高浓聚酯喷涂原子灰	●	S1	●	●	●

□　不适用

●　可以直接使用

S1　“鹦鹉”原子灰的一种涂装系统

图 4－3　“鹦鹉”原子灰与不同材料的适用性

各涂料生产商均为自己所生产的汽车修补涂料设计了多个修补涂装系统，在各系统中均对采用的处理工艺、各类涂料的选用及涂装要求等做了详细的规定。实际运用中，根据修补损伤的具体情况首先应选择合适的涂装系统，然后根据系统的建议选择各种需用的涂料。“鹦鹉”高浓系统技术说明如图 4－4 所示，下面以选用“鹦鹉”多功能原子灰（839-20/20K）为例进行讲解，其技术说明见表 4－1。

技术说明

RATIO-HS

11/2007

鹦鹉®高浓系统

特性：　使用22-系列溶剂型面漆，一个高效、快速、经济的修补系统

清洁	541-5 鹦鹉® 除硅除蜡 清洁剂	1遍	擦干	对损坏部位 机械除锈	P16~ P150	541-5 鹦鹉® 除硅除蜡 清洁剂	1遍	擦干

原子灰 （精+细）	839-20/20K 鹦鹉® 多功能 原子灰	948-36 鹦鹉® 原子灰 固化剂	2%~3%	20~30 min 20℃	3~5min	P80/ P150 粗打磨	581-40 鹦鹉® 指导层	P240/ P320 细打磨	541-5 1遍	擦干

底漆	283-150 VOC 鹦鹉® 磷化底漆	352-228 鹦鹉® 催化剂	352- 鹦鹉® 稀释剂	1∶1+30% 调漆尺	HVLP 1.7~ 1.9mm 2.0~ 3.0bar	1薄层 10~20μm	10min 20℃

填充底漆	鹦鹉®285-55/- 65 VOC 高浓填充底漆/ 通用填充底漆	929-55/-56 鹦鹉® 高浓固化剂	352- 鹦鹉® 稀释剂	4∶1∶1 调漆尺	HVLP 1.7~ 1.9mm 2.0~ 3.0bar	2 50~ 70μm	30min 60℃	5~10min	P400

或者：　鹦鹉®通用高浓填充底漆285-60 VOC,鹦鹉高浓可调色底漆285-90 VOC,
鹦鹉®高浓填充底漆285-51 VOC

面漆	22- 鹦鹉® 双组分高浓 面漆 VOC 3.5	929- 鹦鹉® 固化剂	352- 鹦鹉® 稀释剂	2∶1+10% 调漆尺	HVLP 1.2~ 1.3mm 2.0~ 3.0bar	2	30min 60℃	7~10min

清漆	923-255 鹦鹉® 高浓多功能 清漆	929 鹦鹉® 高浓面漆固 化剂	352- 鹦鹉® 稀释剂	2∶1+10% 调漆尺	HVLP 1.2~ 1.3mm 2.0~ 3.0bar	2	30min 60℃	7~10min

或

面漆	22- 鹦鹉® 双组分高浓 面漆	929 鹦鹉® 高浓面漆固 化剂	352- 鹦鹉® 稀释剂	2∶1+10% 调漆尺	HVLP 1.2~ 1.3mm 2.0~ 3.0bar	2	30min 60℃	7~10min

图4-4　“鹦鹉”高浓系统技术说明

表 4－1 "鹦鹉"多功能原子灰（839-20/20K）技术说明

技术图标	工艺参数	技术要求	
		839－20 粗整平原子灰和细整平原子灰	839－20K 粗整平原子灰和细整平原子灰
	涂装系统	RATIO-AQUA 水性系统，RATIO-CLASSIC 经典，RATIO-HS 高浓系统	
	混合比例	100%重量比 839-20（罐装）	100%重量比 839-20K（火箭筒式包装）
	固化剂	2%～3%重量比 948-36	948-52 由催化剂筒自动控制添加量
	稀释剂		
	活化时间　20℃	4～5min	4～5min
	干燥　20℃～60℃	20～30min	20～30min
	红外线　（短波） （中波）	4min 5～10min	4min 5～10min
	打磨： 轨道式打磨机	P800/150 581-40 指导层 P240 整平区域和周边旧漆膜	P800/150 581-40 指导层 P240 整平区域和周边旧漆膜

应用：粗细兼用的多功能原子灰。
特性：适用于铁板、镀锌钢板、铝材，快干、易磨、附着力好。
注意：■ 施涂前充分混合原子灰和催化剂（要求颜色均匀，无大理石效果）。
■ 不要添加超过 3%的催化剂。
■ 过多的过氧化物会造成面漆表面有浮色现象。

2）确定原子灰的用量。

a. 检查需刮涂原子灰的表面面积及凸凹不平度。

b. 确认原子灰的刮涂范围。原则上原子灰只刮涂在裸金属表面及其羽状边范围内，特别是对于单组分旧漆膜及热塑型旧漆膜，其表面不允许刮涂原子灰（双组分），否则容易因附着力不足而产生开裂。为此最好做旧漆膜类型测试，如图 4－5 所示，用棉布配合稀释剂检查羽状边是否有热塑型的涂层（可被溶解）。如果有热塑型涂层，则原子灰只能刮涂在该涂层范围以内。

c. 根据以上检查，最终确定应调和多少原子灰，这类数据通常需要凭经验确定。

3）取原子灰。原子灰通常装于铁制的罐内，固化剂装在软体的管子内，如图 4－6 所示。

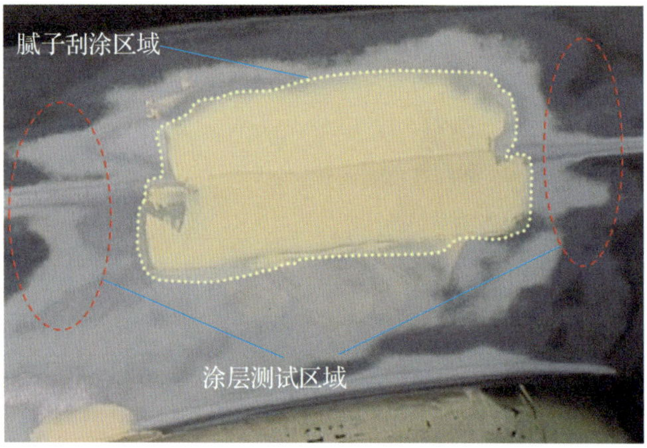

图 4－5　旧漆膜类型测试

图 4－6　原子灰与固化剂

注意：原子灰罐每次用后必须盖好，以防溶剂蒸发。如果溶剂蒸发了，要向罐中倒入专用的溶剂。

原子灰装在罐中的时候，其各种成分如溶剂、树脂及颜料会分离。由于原子灰不可以以这种分离的形态使用，故使用前必须将罐盖打开并充分搅拌。用专用工具撬开原子灰罐盖，可使用长柄原子灰刮刀或搅拌棒之类工具将原子灰充分搅拌均匀，如图 4－7 所示。装在管子中的固化剂也是如此，应充分挤压装固化剂的胶管，使管中的固化剂在使用前充分混合，如图 4－8 所示。

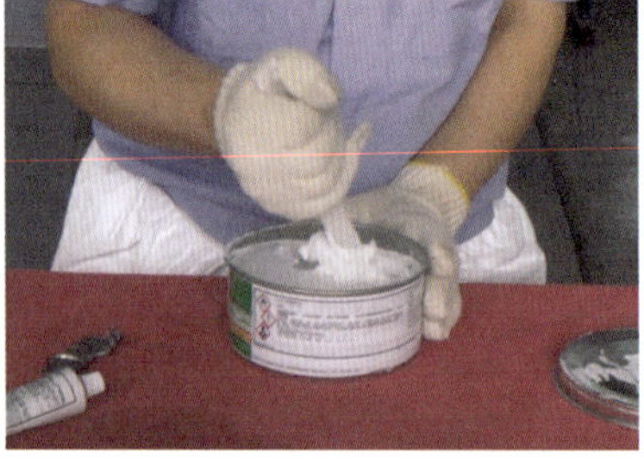

图 4－7　罐装原子灰的搅拌

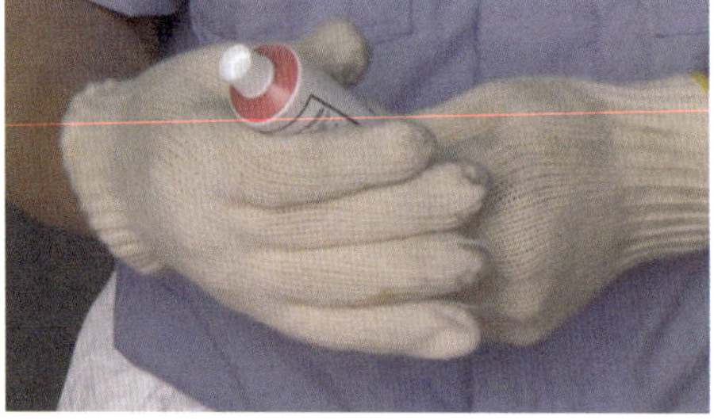

图 4－8　管装固化剂的搅拌

将适量的原子灰（主剂）放在混合板上，然后按规定的混合比添加一定量的固化剂。固化剂的加入量一般为（100∶2）～（100∶3），具体数据应以涂料技术说明书为准。从“鹦鹉”839-20/20K原子灰的技术说明中可以查到，原子灰839-20适合的配合比例为2%～3%重量比（固化剂为948-36）。

⚠ **注意：**若固化剂过多，原子灰干燥后就会开裂；如果固化剂过少，原子灰就难以固化干燥。近来有一种方法将主剂和固化剂采用不同的颜色相区别，通过其混合后的颜色来判断其混合比。原子灰主剂与固化剂调和时，固化剂的容许量有一定范围，可以随气温的变化适当调整，具体数值应以产品说明书为准。

一次不要调和太多的原子灰，因为调和后的原子灰会很快固化，如果还没刮涂到规定部位即固化，则固化的原子灰便不能再用，会造成浪费。

4）调和原子灰。

a. 用刮刀的尖端舀起固化剂，将其均匀散布在原子灰基料的整个表面上，如图4-9（a）所示。

b. 用刮刀尖端将固化剂和原子灰初步搅拌均匀，如图4-9（b）所示。

c. 抓住刮刀，轻轻提起其端头，使它滑入原子灰下面，然后将它向混合板的左侧提起。在刮刀舀起大约1/3原子灰以后，利用刮刀右边为支点，将刮刀翻转使原子灰聚拢，如图4-9（c）所示。

d. 将刮刀与混合板持平，并将它向下压，采用刮涂的方式进一步混合固化剂与原子灰，如图4-9（d）所示。一定要将刮刀在混合板上刮削，不要让原子灰留在刮刀上。

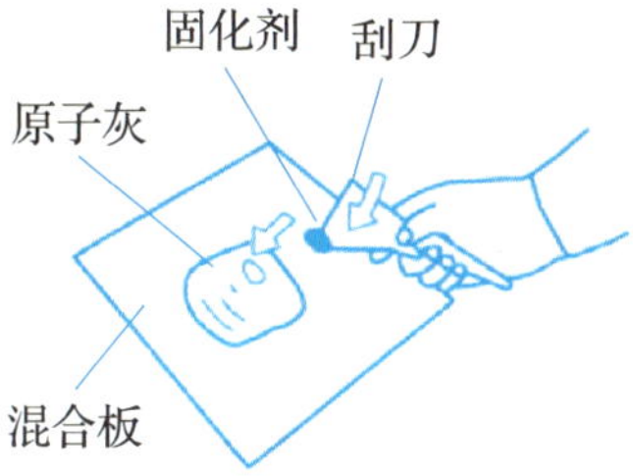

（a）

（b）

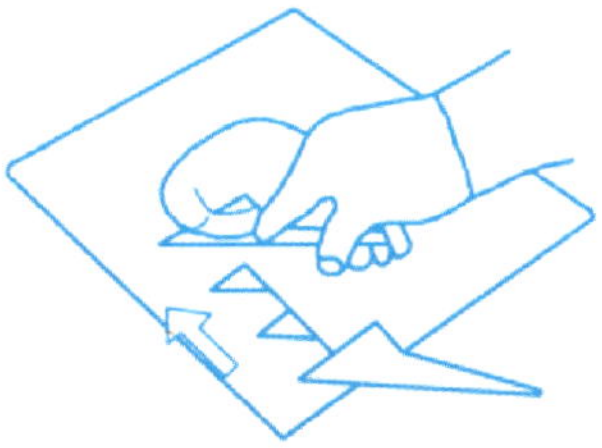
（c）

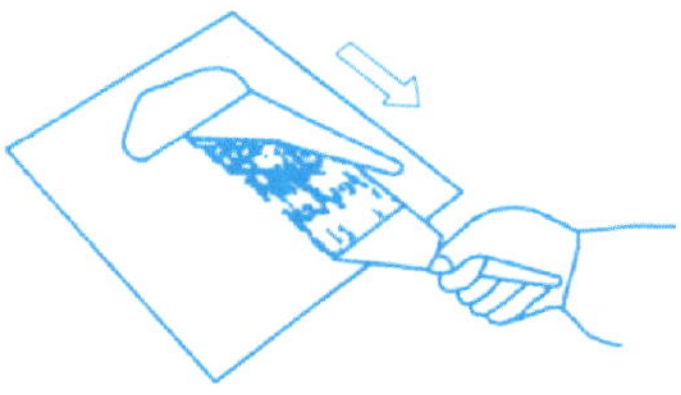
（d）

图4-9　原子灰的调和（一）

e. 稍稍提起刮刀的端头，将原子灰全部舀起向左翻转，并将周边残留的原子灰收拢到一起，如图 4－10（a）所示。

f. 采用刮涂的方式混合原子灰，如图 4－10（b）所示。

g. 在进行以上步骤时，原子灰往往向上朝混合板的底部移动。在原子灰延展至混合板的边缘时，舀起全部原子灰，并且将它向混合板的顶部翻转。重复以上步骤，直到原子灰充分混合，如图 4－10（c）所示。

h. 将混合均匀的原子灰收拢到一起，但不要呈高起的堆状，如图 4－10（d）所示。因为这样会加速原子灰的固化，所以应使原子灰呈平铺状。

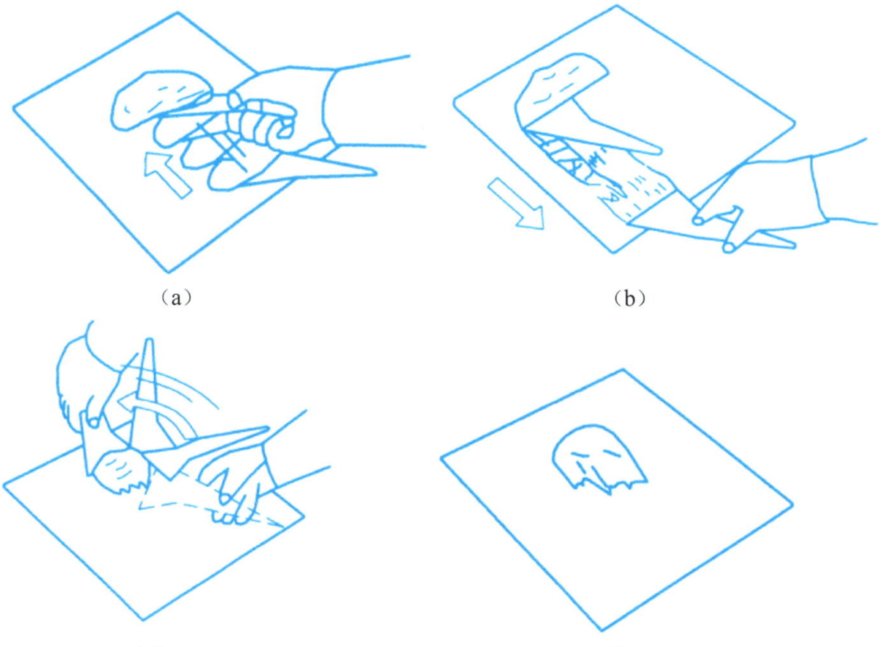

（a）（b）（c）（d）

图 4－10　原子灰的调和（二）

⚠ **注意：**原子灰有可用时间的限制。所谓可用时间是指原子灰主剂和固化剂混合后，保持不硬化，能进行刮涂的时间。通常在 20℃ 条件下，可以保持 5min 左右。因此应根据调和所需时间和刮涂所需时间，决定一次调和的量。如果总是调和不好，反复长时间调和，超过可用时间（或留给涂抹的时间过短），就会使其固化而不能使用，因此调和的关键是速度要快，动作要熟练。

是否调和良好，主要可通过混合物的颜色是否均匀来判定（不呈现大理石效果）。如果调和不良，就会引起固化不良和附着不良等问题。有的原子灰随季节不同，固化剂的配合比要变化，应根据产品说明书要求去做。

3. 刮原子灰

(1) 刮刀的握法。刮原子灰时，以左手持原子灰托板，右手拿刮刀。刮刀有以下几种握法：

1) 直握法。直握时食指压紧刀板，拇指和另外四指握住刀柄，如图 4－11 所示。适用于小型钢刮刀。

2) 横握法。横握时拇指和食指夹持住刮刀靠近刀柄的部分或中部，另外三指压在刀板上，如图 4－12 所示。

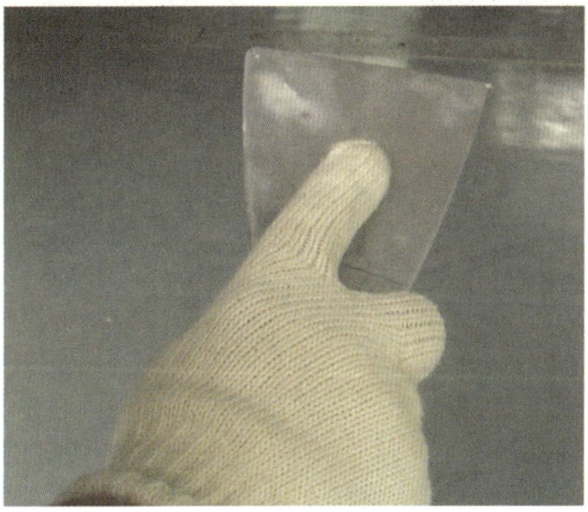

图 4－11　刮刀的直握法

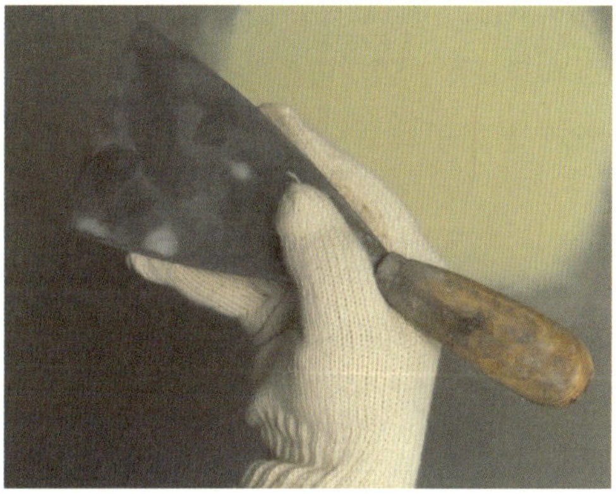

图 4－12　刮刀的横握法

3) 其他握法。刮刀的其他握法如图 4－13 所示。图 4－14 所示为右手习惯人的刮刀常用握法。

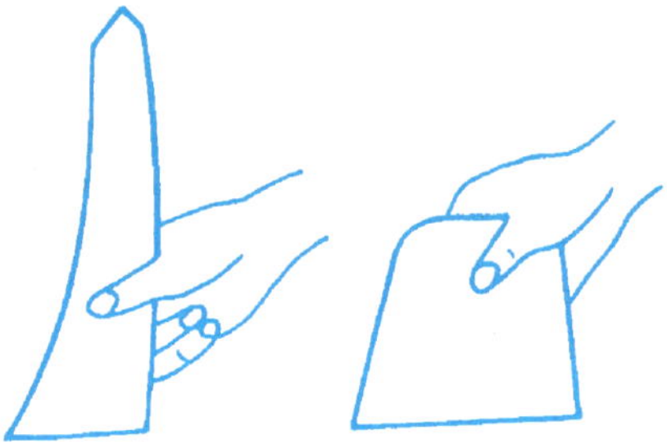

图 4－13　刮刀的其他握法

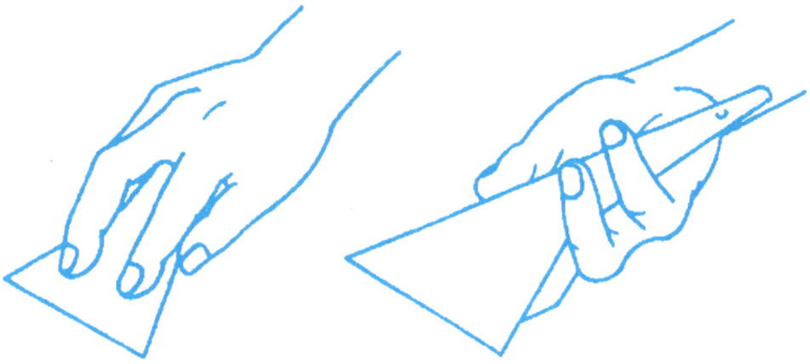

图 4－14　右手习惯人的刮刀常用握法

(2) 刮原子灰的手法。刮原子灰的手法有往返刮涂法和一边倒刮涂法两种。

1) 往返刮涂法。往返刮涂法也称左右刮涂法，是先把原子灰敷在需刮涂部位的左（或右）边缘成一条线，刮刀尖呈 30°～40°向右（或左）运行，将原子灰刮涂于低陷处，多余原子灰挤压在刮刀口的右面（或左面）成一条线，然后再反向刮涂。这种方法适合于刮涂平面物体。

2）一边倒刮涂法。一边倒刮涂法就是刮刀只向一个方向刮涂。汽车车身刮涂原子灰的顺序是从上往下刮，或从前往后刮。手持刮刀的方法有两种，一种是用拇指与中指握住刮刀，食指压在刮刀的一面，原子灰打在托板上，刮刀将原子灰刮涂于板面，即从上往下刮涂，依次进行，最后将多余原子灰刮回到托板上。另一种是用拇指与食指握刮刀，原子灰黏附在刮刀口内面，从外向里刮涂，依次进行。这种方法适合于刮涂汽车翼子板、前舱盖等，如图 4－15 所示。

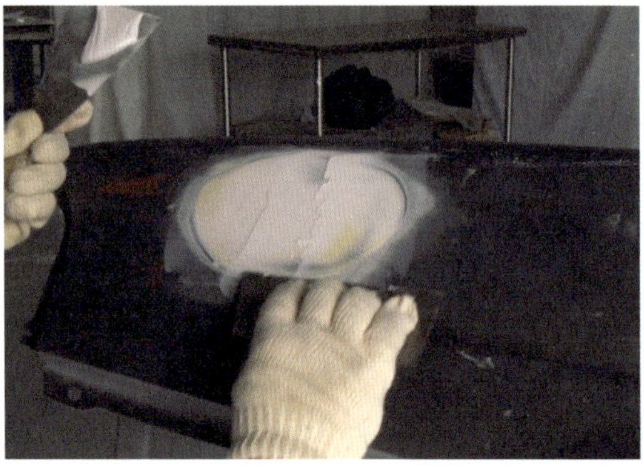

图 4－15　一边倒刮涂法

刮涂原子灰时应将刮刀轻度向下按压，并沿长轴方向刮涂，如图 4－16（a）所示。每次涂刮原子灰的量要适度，避免造成蜂窝和针孔。较小区域的填补应按图 4－16（b）中所示的方向刮涂。

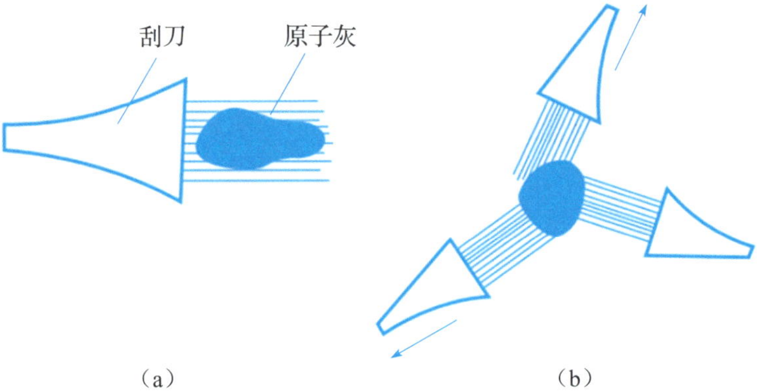

图 4－16　刮刀的刮涂方向

刮涂原子灰的方式有满刮和软硬交替刮两种，其中满刮分为填刮和靠刮；软硬交替刮分为“先上后刮”“带上带刮”“软上硬收”“硬上硬收”“软上软收”等。

填刮：目的是用较稠的原子灰分若干次将构件表面凹陷填平，填刮时主要用硬刮刀借助刀口上部有弹力的部位与手劲配合进行操作。

靠刮：所用的原子灰稠度稍低，用于平滑的表面最后一、二次的刮涂。刮涂时用硬刮刀的刀口将原子灰刮涂到板件表面，使原子灰刮得薄、刮得亮。

先上后刮：先将原子灰逐一填满或刮平，然后再用硬刮刀将其收刮平整，适用于较大面积的刮涂。

带上带刮；边上原子灰边将其收刮平整，适用于较小面积或形状较复杂部位的刮涂。

软上硬收：先用软刮刀在垂直平面上刮涂原子灰，然后再用硬刮刀将原子灰收刮平整，这样原子灰不容易发生掉落现象。

硬上硬收；上原子灰和收原子灰都用硬刮刀以利于刮涂面平整，适合刮涂有平面又有曲面的构件。

软上软收；上原子灰和收原子灰时均采用软刮刀，以利于按构件表面的图形刮出圆弧形，适合刮涂单纯曲面构件。

（3）不同表面原子灰的刮涂。原子灰的刮涂关键在于要仔细地刮出平面，同时尽量避免出现气孔。

平面局部刮涂原子灰时，一般采用填刮的刮涂方法，如图 4－17 所示。第一步先将原子灰往金属表面上薄薄地抹一层，刮刀上要加一定的力，以提高原子灰与底材表面的附着力。第二步逐渐用原子灰填满的凹坑，刮涂时刮刀的倾斜角度随作业者的习惯而有差异，通常以 35°～45°为好。要注意原子灰中不要混入空气，否则会产生气孔和开裂。第三步用刮刀轻轻刮平修补表面。如果是曲面，第一和第二步可采用填刮，第三步应换用橡皮刮刀进行刮涂，以刮出正确的曲面形状。

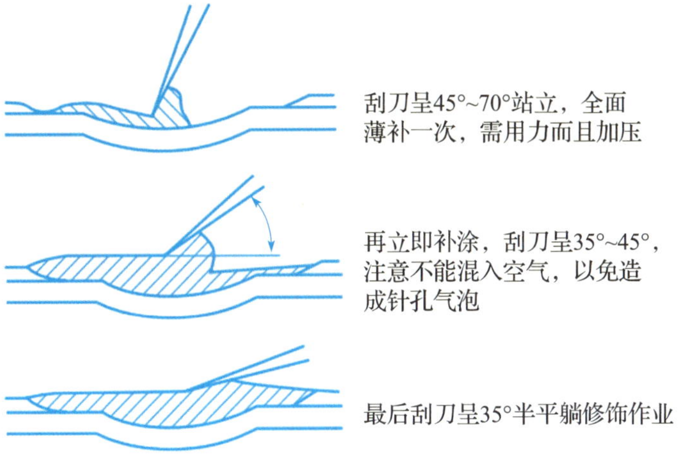

图 4－17 局部修补原子灰刮涂法

大面积（如车顶、前舱盖、行李箱盖、车门等）刮原子灰时，可使用宽刮刀（或刮板）以提高刮涂效率。

曲面刮涂应使用橡胶刮刀，如图 4－18 和图 4－19 所示。根据被刮涂面的形状，使用弹性不同的刮刀，可以促使作业合理化。

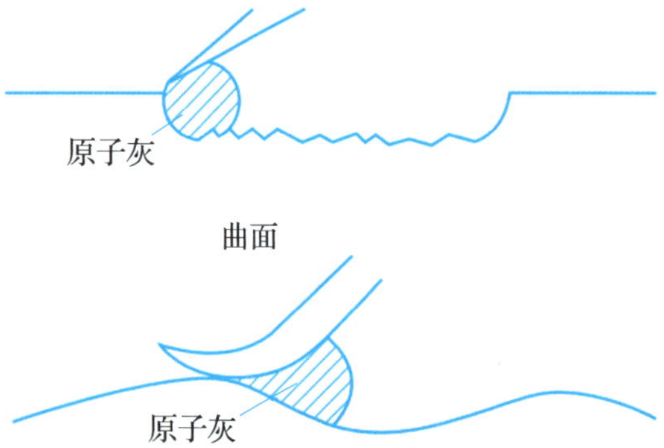

图 4-18　根据刮涂面的形状选用不同弹性的刮刀

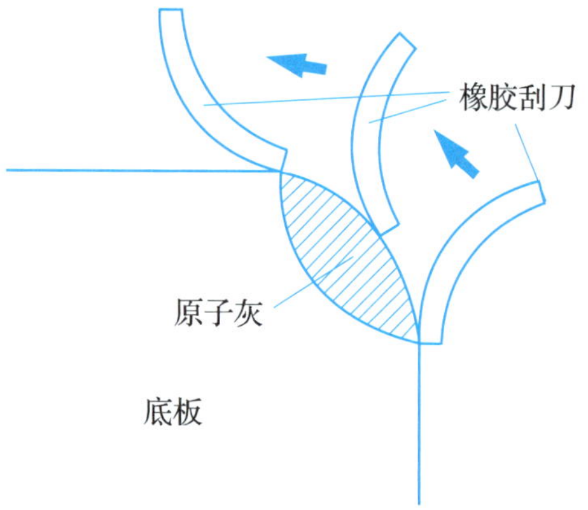

图 4-19　带曲面的刮刀使用方法

对于冲压形成的按一定角度交接的两个面，若需在冲压线部位刮涂原子灰，其方法如图 4-20 所示。沿着交接线贴上胶带遮盖住一侧，刮好另一侧的原子灰；稍隔片刻（约 5min）待原子灰干了，揭下胶带（可以在已刮好的一侧贴上胶带），接着刮涂余下的一侧。如此进行，可很好地恢复冲压棱线的线形。

冲压线部位需要刮涂的原子灰较多或原来的旧漆膜较厚，一次刮涂填不满时，可以分成 2～3 次刮涂，如图 4-21 所示。这种情况下，可以在前一层处于半干的状态下，刮上新的一层。一次刮涂过厚，会形成气孔等缺陷。

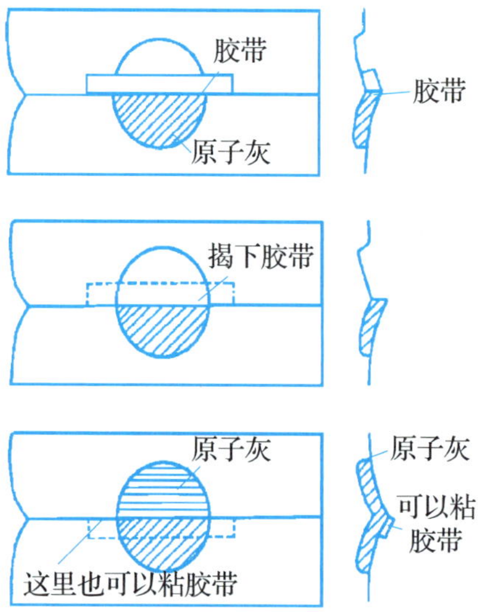

图 4-20　冲压线部位的原子灰修补

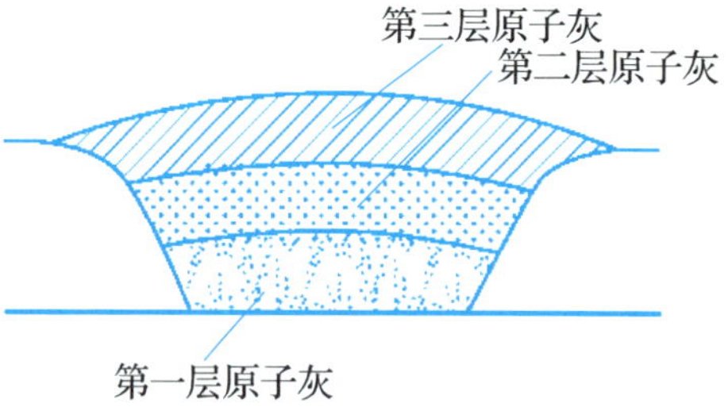

图 4-21　填补较厚时的原子灰刮涂

对于较大平面，可以按下述步骤进行原子灰刮涂：

1）如图 4-22（a）所示，涂第一层原子灰时，将原子灰薄薄地涂在整个表面上。

2）为了最大限度地减少在后续打磨工序中所需要的工作量，施涂第二层原子灰时，边缘不要厚。在刮刀处于图 4－22（b）所示的位置时，用食指向刮刀的顶部施力，以便在顶部涂一薄层。

3）在下一道施涂原子灰时，要与在第二层中覆盖的部分稍有重叠，如图 4－22（c）所示。为了在这一道开始时涂一薄层，要用一点力，将刮刀抵压在工件表面上，然后释放压力，同时滑动刮刀。此外，在施涂结束时，要向刮刀施加一点力，以便涂一薄层。

4）重复第三步，直到在整个表面上施涂的原子灰达到要求，如图 4－22（d）所示。

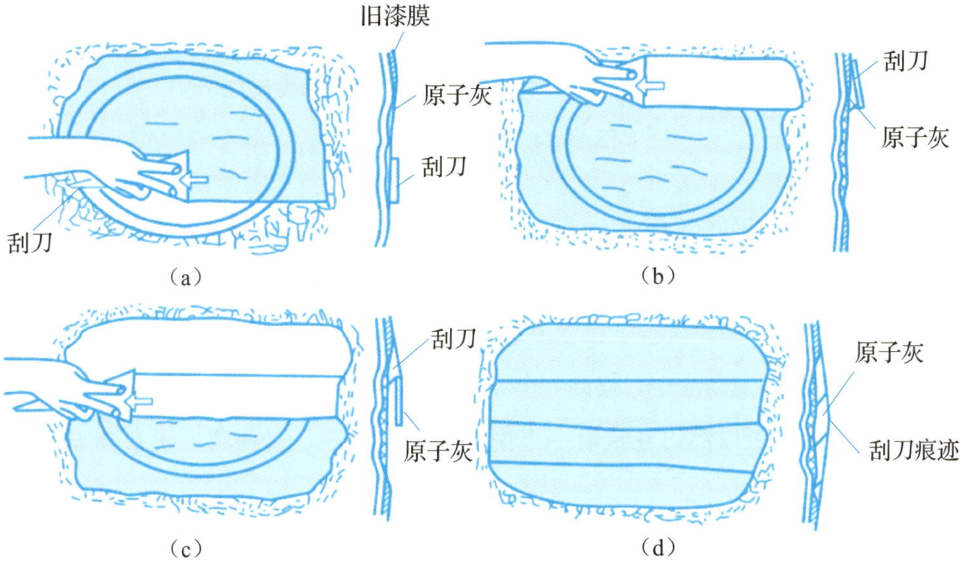

图 4－22　平面施涂原子灰步骤

较大平面刮涂也可采用如图 4－23 所示的方法，首先将原子灰施涂于待刮涂区域中间，然后用刮刀向四周摊开。

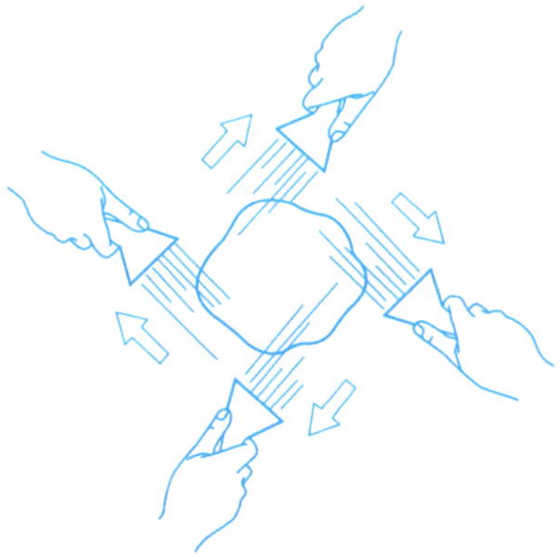

图 4－23　由中间向四周的刮涂方法

在进行刮涂操作时，一定要注意，各次运刮应有一定的重叠（约 1/3），如图 4－24 所示，以防止出现明显的“刮棱”而影响表面平整度及打磨。

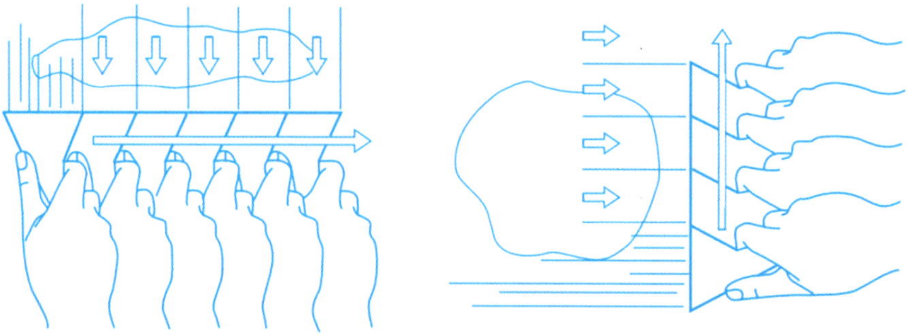

由上而下　　　　由左而右

图 4-24　各次运刮的重叠

无论是大平面还是局部刮涂原子灰，最后完工后，原子灰的表面一定要比周边的旧漆膜高，以便在后续的打磨后获得与旧漆膜等高的表面。

向平面施涂原子灰时，要注意以下事项：

1）如果刮刀在各道刮涂中，仅向一个方向移动，原子灰的高点就会向刮涂方向移动。这种情况很难打磨，所以刮刀在最后一道中必须反向刮涂，以便将原子灰高点移回中心部位。

2）原子灰必须比原来的表面高。最好只略微高一点，如果太高了，在打磨过程中就要花许多时间和力气来清除多余的原子灰。

3）原子灰施涂在工件表面上的范围，必须以在磨缘过程中所留下的打磨划痕为限。如果没有打磨划痕，原子灰就粘不牢，日后可能剥落。

4）施涂原子灰速度要快，必须在混合以后大约 3min 内施涂完。如果花费时间太长，原子灰就可能在该道施涂完成前固化，影响施涂。

5）多余的原子灰要等到凉透后，再做弃置处理。

（4）刮原子灰时应注意的事项。

1）刮涂前被涂装表面必须干透，以防产生气泡或龟裂。若被涂装表面过于光滑，可先用砂纸打磨，以使原子灰与底材表面有良好的附着。

2）应在一两个来回中将原子灰刮平，手法要快要稳，且不可来回拖拉。拖拉刮涂次数太多，原子灰易于拖毛，表面不平不亮，还会将原子灰里的溶剂挤到表面，造成表干内不干，影响性能。

3）洞眼缝隙之处要用刮刀尖将原子灰挤压填满，但一次不宜刮涂太多太厚，防止干不透。

4）刮涂时，四周的残余原子灰要及时收刮干净，否则表面留下残余原子灰块，干燥后会增加打磨的工作量。

5）如果需刮涂的原子灰层较厚，要多层刮涂时，每刮一道都要充分干燥，每道原子灰不宜过厚，一般要控制在0.5～1.0mm，否则容易收缩开裂或干不透。

6）在板件连接处或对整车外观影响较小处，原子灰的总刮涂厚度（打磨后）不允许超过3mm；而在对整车外观影响较大处，特别是车身侧面，原子灰总刮涂厚度（打磨后）不允许超过1mm。

7）原子灰刮涂工具用完后，要清理干净再保存。刮刀口及平面应平整无缺口，以保障刮涂原子灰的质量。

8）夏季天气炎热，温度较高，原子灰容易干燥，可用稀料盖在成品原子灰上面，用湿布或湿纸盖住自配的石膏原子灰。冬季可将原子灰放在暖和处，以防结冻，用时可加些清漆和溶剂，但不宜久放。

9）原子灰不能长期存放于敞口的容器中，以免黏结剂变质，溶剂挥发，造成粘挂不住，出现脱落或不易涂刮等问题。

二、干燥原子灰

新施涂的原子灰会由于其自身的反应热而变热，从而加速固化反应。一般在施涂以后20～30min即可打磨。如果气温低或湿度高，原子灰的内部反应速度降低，从而要较长的时间来使原子灰固化。为了加快固化，可以用红外线灯加热。

加热时间的控制应按涂料的技术说明执行。如从“鹦鹉”原子灰839-20/20K的技术说明（见表4－1）中可查到，原子灰839-20的干燥时间为：常温（20℃），20～30min；短波红外线烤灯烘烤，4min；中波红外线烤灯烘烤，5～10min。

用红外线烤灯烘烤原子灰的操作方法，可参考项目三中底漆干燥部分内容。

⚠ **注意：**在使用红外线灯或干燥机来加热和干燥原子灰时，一定要使原子灰的表面温度控制在50℃以下，以防止原子灰分离或龟裂。如果表面热得不能触摸，则说明温度太高了。

涂层薄的地方的温度，往往比涂层厚的地方低。这种较低的温度会减缓涂层薄的地方的固化反应。因此，一定要检查涂层薄的部分，以确保原子灰的固化状况。

检测原子灰是否完全干燥通常用刮刀在原子灰表面轻划，如果有轻微的划痕即可认为完全干燥。因为边缘区域干燥慢（反应热少），需重点检查原子灰的周边区域，如图4－25所示。

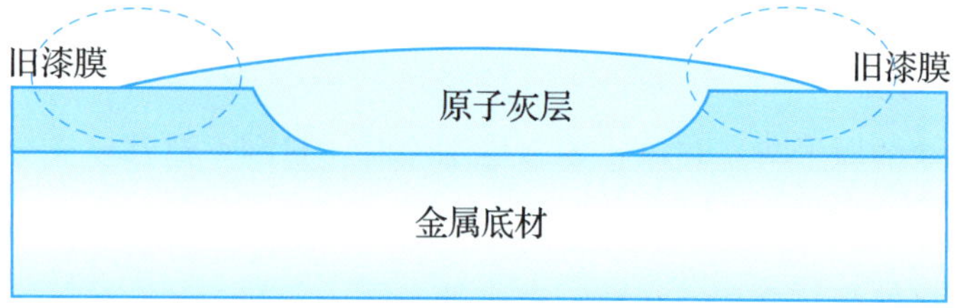

图 4-25　检查原子灰干燥的区域

技能考核

一、准备工作

在技能学习工位准备好与原子灰施工相关的劳动保护用品、待施涂原子灰的车身（或车身板件），刮涂原子灰的工具、材料，红外线烤灯。

二、考核流程

1. 学员工作

（1）在各自工位分组学习。

（2）在充分学习本任务相关知识的基础上，进行刮涂原子灰和干燥原子灰的实操训练，同时完成相应的工单。

（3）5S 工作。

（4）自我评价。

2. 指导教师工作

学员在进行上述操作过程中，指导教师进行下列工作：

（1）向学员讲解安全注意事项，并要求学员在工单中做记录。

（2）观察、指导学员进行相关操作，及时制止可能发生危险的操作。

（3）实操结束后审阅学员完成的工单（见表 4-2），并结合其操作情况做出评价。

表 4-2　刮涂与干燥原子灰

班级学号		姓名	
1. 刮涂原子灰 （1）记录在刮涂原子灰前，你对板件做的处理项目： ______________________________ __________________________________ __________________________________。			

续表

(2) 你选择的原子灰种类（型号）为____________________，选择的理由是_______________。 (3) 你确定大约取____克的原子灰，理由是______________________________。 (4) 你是否确定已经对原子灰和固化剂进行了充分的搅拌？□是　□否 (5) 你确定的原子灰与固化剂的配合比例是________，理由是_______________。 (6) 你确定原子灰□是　□否调和均匀了，你得出这一结论的理由是____________。为此你用了____min，这一时间□是　□否符合要求，理由是_________________。 (7) 你选用的原子灰的活化时间是________min。 (8) 你选用的刮刀的类型是_______________，选择的理由是_______________。 (9) 你总共刮了__层原子灰。原因是__________________________________。 (10) 记录刮涂原子灰的简要步骤： ____ ____ ____。 2. 干燥原子灰 (1) 你选择的干燥方法是_______________，理由是______________________。 (2) 你选用的干燥参数是_________________，依据是____________________。 (3) 你选用的烤灯型号是_____________________。 (4) 你是如何确定原子灰已经干燥完成了？ ____ ____ ____。 (5) 记录红外线烤灯的简要步骤： ____ ____ ____。 3. 个人技能掌握程度：非常熟练□　比较熟练□　一般熟练□　不熟练□
教师评语： 成绩____（10 分制）　　教师签字__________　　______年____月____日

任务 4－2　原子灰的打磨与修整

任务引入

如图 4－26 所示，刮涂后的原子灰表面非常不平，必须经过充分的打磨后才能适合进行下一涂层的涂装。

另外，刮涂的原子灰干燥后，表面要比周围的旧漆膜高，所以必须经过打磨，使其有合适的厚度，这样才能保证在其上涂装中涂底漆和面漆后，总漆膜厚度与周围的旧漆膜接近。

原子灰打磨后的表面，可能会有一些气孔和大的砂纸痕，必须经过修整。

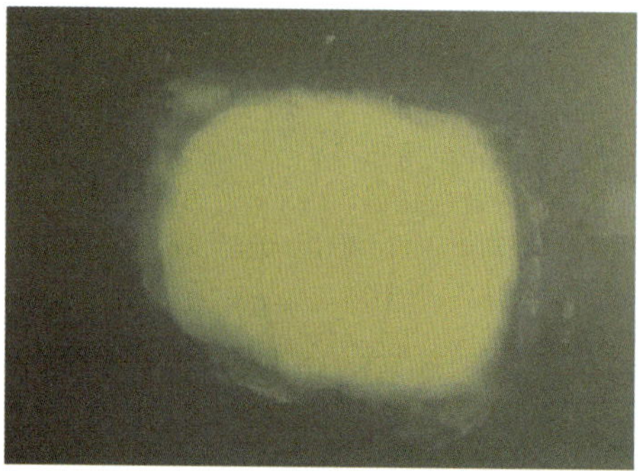

图 4－26　刮涂原子灰后的状况

本任务主要学习手工干打磨原子灰、手工湿打磨原子灰和用干磨机打磨原子灰的方法。

学习目标

1. 能够规范地打磨原子灰。
2. 能够规范地进行原子灰修整。
3. 培养良好的安全卫生习惯、环保意识和团队协作的职业素养。
4. 能够检查、评价、记录工作结果。

技能学习

一、劳动安全与卫生

（1）穿戴好工作服。

（2）戴好棉手套。

（3）打磨原子灰时必须佩戴防尘口罩。

（4）用打磨机打磨原子灰时，须佩戴护目镜。

手工干打磨原子灰

二、手工干打磨原子灰

在汽车涂装施工过程中，打磨操作通常采用手工打磨和机械打磨两种方式。手工打磨适用于对小面积原子灰的粗磨和大面积的细磨以及需精工细磨部位（如对曲面、转角、圆弧和弯曲等部位）的修整。手工打磨是在磨块上包砂布（纸）的方法进行打磨。

手工打磨又分为手工干打磨和手工湿打磨两种。手工湿打磨也称水磨，操作时无粉尘飞扬，生产效率高，打磨质量好，但水磨后的涂层上有水分，需经烘干后方可进行下道工序施工，故作业周期长，而且会由于水分清理不彻底而形成后续施工的缺陷。故几乎所有的涂料生产商均建议采用干打磨。

手工干打磨的操作步骤如下：

（1）选择合适磨料的砂纸，氧化铝磨料的疏式砂纸比较适合干打磨。

（2）准备好气枪，将气枪连接到压缩空气管道上。

（3）戴好手套和防尘口罩。

（4）粗打磨。打磨时砂纸的递进程序如图 4－27 所示。

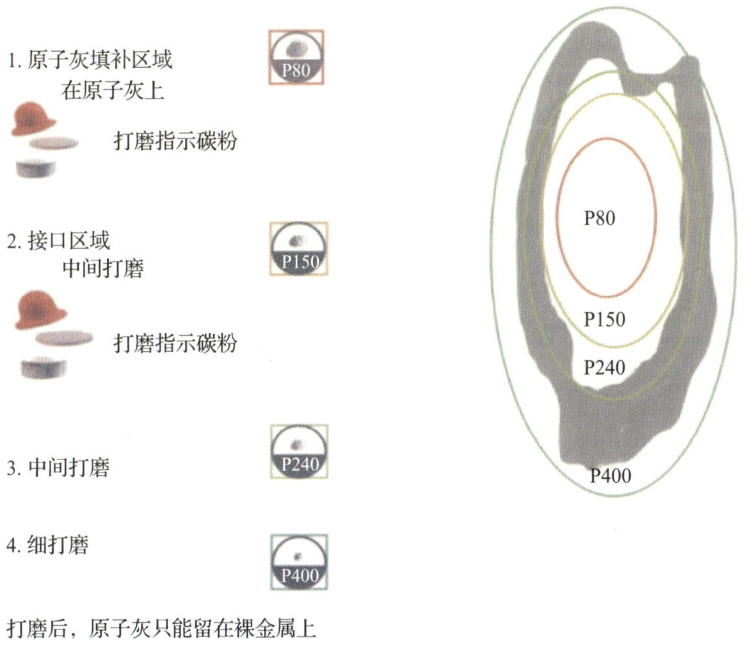

图 4－27　手工干打磨时砂纸的递进程序

1）取 P80 砂纸，按所使用打磨垫的大小需要裁好。

2）用打磨垫配合对原子灰表面进行打磨，只打磨原子灰中部较高的表面，直到整个原子灰表面略高于旧漆膜为止。打磨时注意不按一个方向打磨，即应经常改变打磨方向，以“米”字形交叉打磨可获得较为平滑的表面。

对于曲面打磨，要掌握打磨技巧。对于凸面，打磨时一定要顺着弧度进行打磨，如图 4－28 所示，采用有一定凹弧的磨块配合效果会更好。对于凹面，应调整磨块的角度，以较大部位的磨块衬面接触原子灰表面或利用衬垫边缘靠近原子灰进行打磨，如图 4－29 所示。

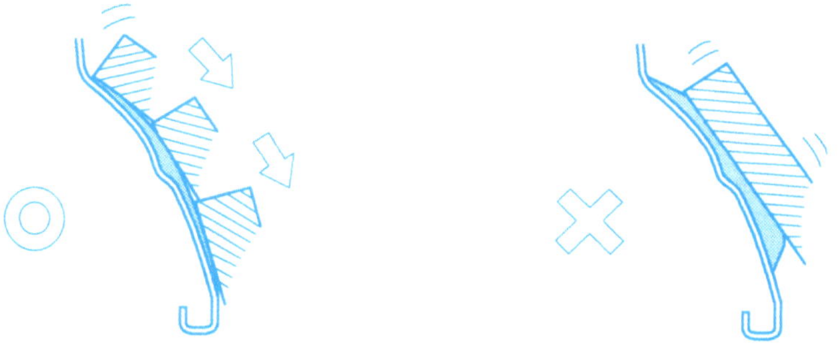

图 4－28　凸面打磨

图 4－29　凹面打磨

3）换用 P150 砂纸打磨，此次打磨应扩展到整个涂了原子灰的区域。

（5）检查原子灰表面。如果原子灰表面有明显的凹陷等缺陷或整体/局部表面高度不够（低于旧漆膜），则应再次补涂原子灰→干燥→粗打磨，直到确认原子灰表面平整，高度符合要求（比旧漆膜高）。注意再次补涂原子灰前，需清洁表面，因为原子灰表面多孔，容易有水或灰尘残留在孔中，如图 4－30 所示。因此打磨以后需要用压缩空气吹去灰尘，才可以再次刮涂原子灰。

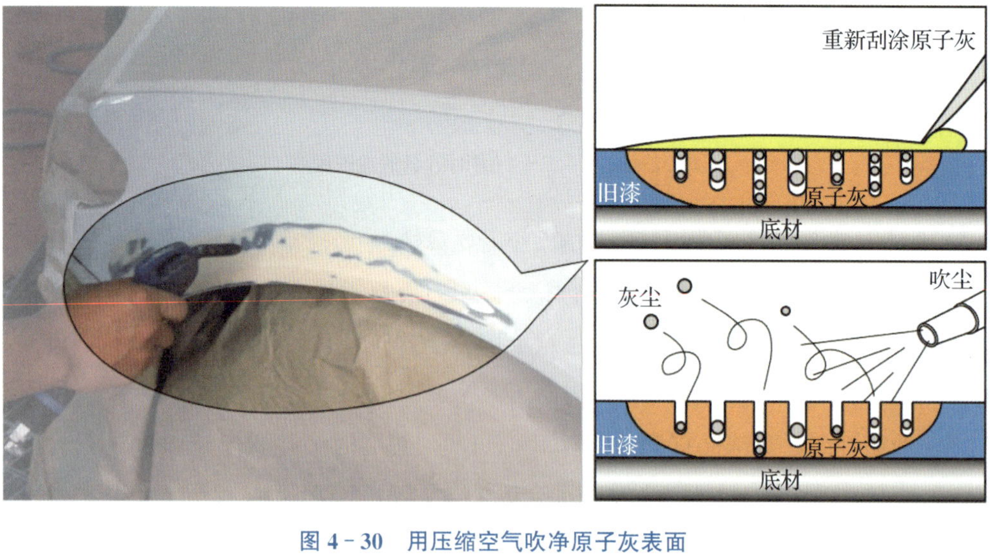

图 4－30　用压缩空气吹净原子灰表面

(6) 细打磨。

1) 施涂打磨指导层。将粉扑按压在粉盒上面，上下摇晃粉盒使粉扑上粘上炭粉，然后用粉扑将炭粉涂抹在原子灰表面，如图 4-31 所示。

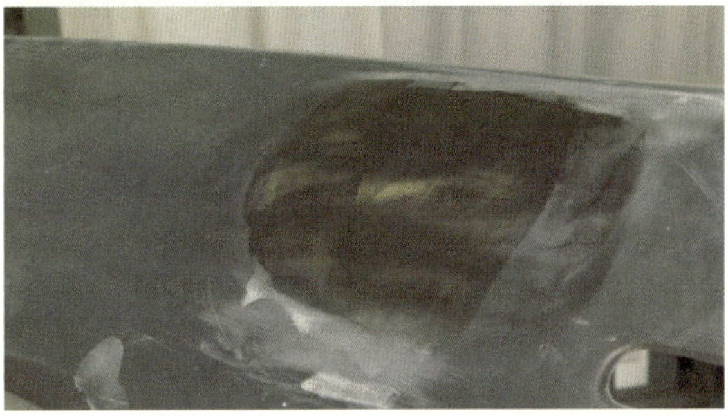

图 4-31　施涂打磨指导层

如果采用自喷罐式指导层漆（如“鹦鹉”581-90），只需将自喷罐充分摇匀后，在原子灰表面薄喷 1～2 层，待其闪干约 5min 后即可打磨。

如果采用喷涂式指导层漆（如“鹦鹉”581-40），则需将 581-40 与稀释剂（352-50 或 352-91）以 1∶9 体积比配比并搅拌均匀后，选用 HVLP 喷枪（口径 1.7～1.9mm，喷涂气压 2.0～3.0bar）或兼容喷枪（口径 1.2～1.4mm，2bar），以雾状薄喷一层或刷涂一层，待其闪干后即可进行打磨。

2) 用 P240 砂纸整体打磨，区域限制在底处理留下的羽状边以内。此时应重点关注原子灰与旧漆膜交界处（接口区），因为此处往往有较深的砂纸痕，必须仔细打磨，如图 4-32 所示。

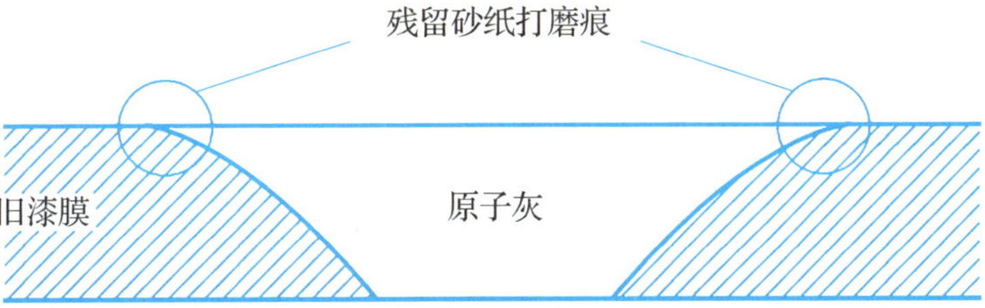

图 4-32　交界处的砂纸磨痕

3) 换用 P400（或 P320）的砂纸整体打磨，如图 4-33 所示。打磨的区域应扩展到旧漆膜上凡准备喷涂中涂底漆的范围，如图 4-34 所示。此时还需重点关注原子灰与旧漆膜的交界处，如果此处不打磨平滑，则会在后续的喷涂中涂底漆时，由于砂纸痕内易存留溶剂而产生起泡现象，如图 4-35 所示。

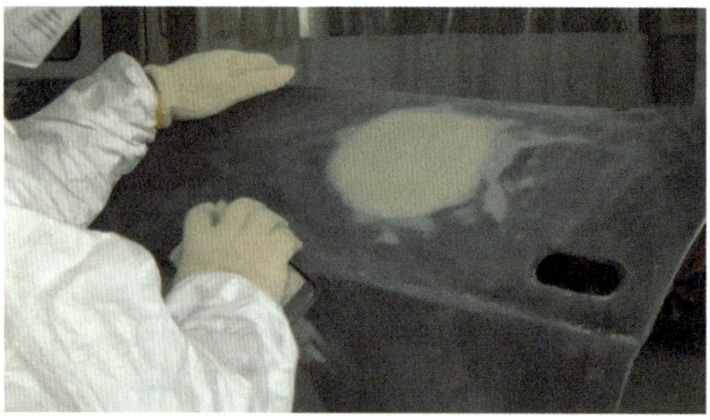

图 4－33　打磨原子灰周边的旧漆膜

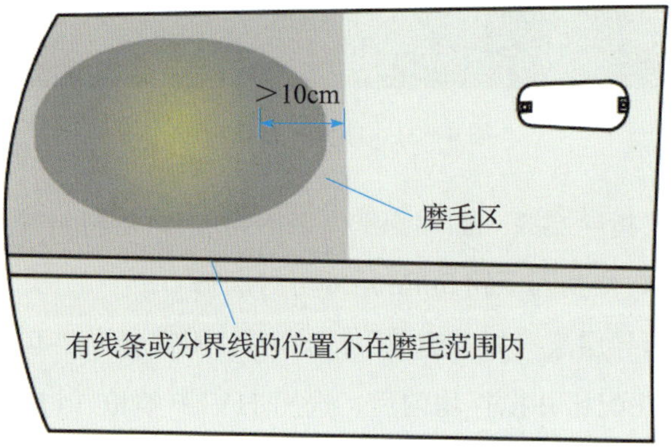

图 4－34　磨毛范围

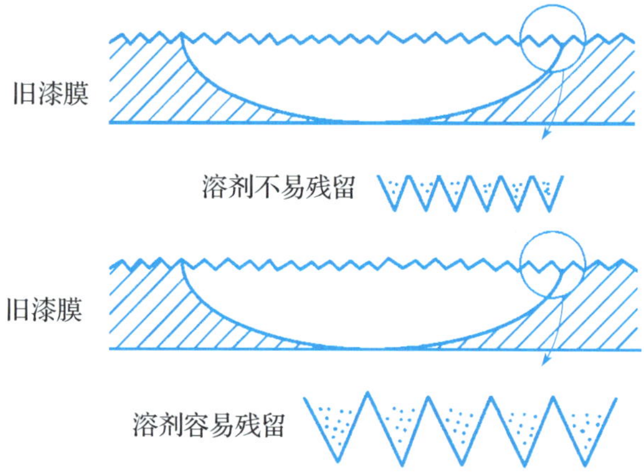

图 4－35　砂纸磨痕残留后的影响

（7）清洁表面。用吸尘器吸净表面的灰尘（或用压缩空气吹净）。

二、手工湿打磨原子灰

手工打磨原子灰时，除了手工干打磨这一方法外，修理厂还采用手工湿打磨（即用水砂纸浸水或喷水，或以海绵吸水后不时地挤淋到要打磨的表面）打磨。

湿打磨的优点：一是研磨质量高，因为打磨时水能起润滑作用，相对滑动阻力小，容易消除表面的凹凸不平；二是不起粉尘，这对后面的工序是有利的；三是从经济性方面讲，湿打磨比干打磨少消耗3～4倍的砂纸。

湿打磨的缺点：一是操作人员长期接触水，对人体会产生不利影响；二是湿打磨后必须做去湿处理，因而影响工作效率；三是如果水分清理不彻底，会产生起泡和锈蚀等涂装缺陷。

手工湿打磨原子灰的流程与手工干打磨相似，不同点主要体现在以下几个方面：

（1）无须佩戴防尘口罩。

（2）需使用水砂纸。

（3）砂纸的型号（粒度）应调整。用相同号数的干磨砂纸打磨后的痕迹要比湿打磨砂纸小，所以手工湿打磨时，同一步骤选用的砂纸粒度要细（号数大）。打磨效果相同时，采用干磨砂纸与湿打磨砂纸的对比，见表4-3。

表4-3　干打磨砂纸与湿打磨砂纸的对比

砂纸种类	粗细对比									
干打磨砂纸	P60	P80	P120	P150	P180	P240	P280	P320	P360	P400
湿打磨砂纸	P150～P180	P180～P220	P240～P280	P280～P320	P320～P360	P400～P500	P500～P600	P600～P800	P800～P1000	P1000～P1200

（4）打磨过程要始终保持打磨表面湿润，并借助反光检查打磨情况。

（5）打磨结束后必须做除湿处理。

三、用打磨机打磨原子灰

1. 干磨系统准备

干磨系统准备工作可参阅项目二中表面预处理的相关内容。砂纸的递进程序基本与手工干打磨相同。

打磨机可选用往复式或双作用式。

无论什么打磨机，选择好打磨头是提高作业效率的重要因素。另外还应注意砂纸的装卸应简单容易、安装砂纸的表面应平整、能与漆膜接触良好、硬度要适宜等。

另外，原子灰的技术说明书中，也会有关于打磨机选择的建议，尽量按建议选择。

用干磨机
打磨原子灰

2. 打磨

（1）穿戴好安全劳保用品。

（2）戴好手套，然后轻轻地摸一遍待打磨表面，这有助于操作工人决定如何进行打磨。

（3）握紧打磨机，将打磨机轻压在原子灰层表面，打开开关进行打磨。

打磨时应注意，打磨头的工作面应保持与原子灰表面平行，如图 4－36 所示。打磨时不能施力过大，应将打磨机轻轻压住，依靠旋转力进行打磨。若施力过大，就不能形成平整表面。打磨机的移动方向应采用米字形，如图 4－37 所示。

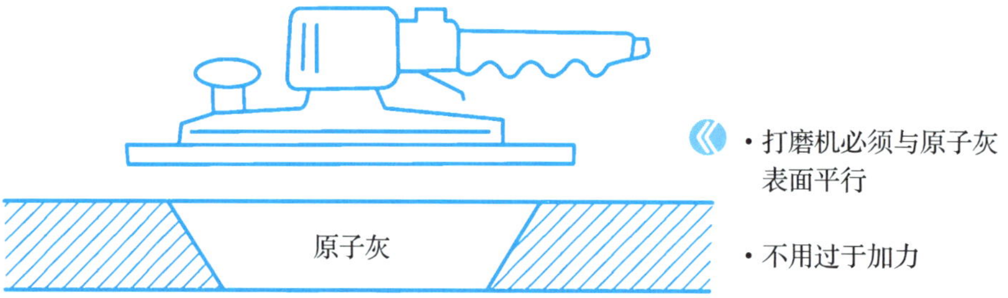

图 4－36　打磨机的使用方法

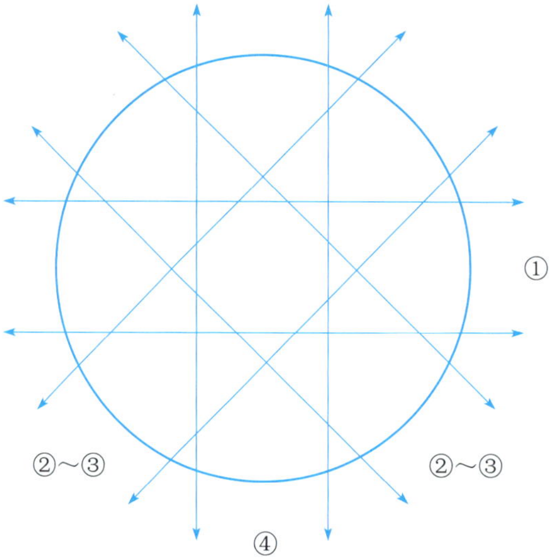

图 4－37　打磨机的移动方向

用打磨机打磨原子灰时的操作程序与手工干打磨相似，一般包括以下操作步骤：

1）用 P80 砂纸打磨。只打磨原子灰区域的中部较高处，整个原子灰表面略高于旧漆膜为止。

2）换用 P150 砂纸打磨。此次打磨应扩展到接口区域即底处理留下的羽状边区域。

3）根据需要补涂原子灰，待原子灰干燥后用 P150 砂纸手工打磨原子灰表面及羽状边区域。

4）施涂打磨指导层。

5）换用 P240 砂纸打磨。此次打磨应扩展至旧漆膜，区域不要太大，按 P150 打磨区域向外扩 3～5 cm，重点关注原子灰与旧漆膜交界处。

6）换用 P400 砂纸打磨。此次打磨扩展至旧漆膜，区域为需要喷涂中涂底漆的整个表面。

注意：

（1）无论是手工打磨还是用打磨机打磨，原子灰最终打磨完成后，如果下道工序为喷中涂底漆，则原子灰表面应与周边的旧漆膜等高。

（2）因干磨机的打磨效果不是很好，而且对边角区域打磨困难，故在用干磨机打磨时，常配合手工干打磨，彻底清除细小的凹凸不平及打磨边角区域。通常从第一级砂纸打磨开始，至最后一级砂纸打磨过程中，更换每一级砂纸前，均要用同型号的砂纸进行手工打磨，重点是打磨机打磨不到的地方。

（3）清洁车身。最好使用吸尘器吸净打磨灰尘，必要时可配合使用粘尘布除尘。

技能考核

一、准备工作

在技能学习工位准备好待打磨原子灰的车身（或车身板件），与原子灰打磨相关的各类劳动保护用品，手工干打磨原子灰的工具、材料，手工湿打磨原子灰的工具、材料，干磨系统。

二、考核流程

1. 学员工作

（1）在各自工位分组学习。

（2）在充分学习本任务相关知识的基础上，进行手工干打磨原子灰、手工湿打磨原子灰和用干磨机打磨原子灰的实操训练，同时完成相应的工单。

（3）5S 工作。

（4）自我评价。

2. 指导教师工作

学员在进行上述操作过程中，指导教师进行下列工作：

（1）向学员讲解安全注意事项，并要求学员在工单中做记录。

（2）观察、指导学员进行相关操作，及时制止可能发生危险的操作。

（3）实操结束后审阅学员完成的工单（见表 4－4），并结合其操作情况做出评价（见表 4－5）。

表 4－4　打磨修整原子灰

班级学号		姓名	

1. 打磨原子灰

（1）你选择的原子灰打磨方法是________________，理由是__________________________________。

（2）打磨原子灰时，你佩戴的劳动保护用品有____。

（3）开始打磨时，你选用的砂纸粒度是 P____，理由是____。

（4）你□是　□否施涂了填眼灰，原因是____。

（5）简要总结整个打磨过程，注明每次打磨所选用的砂纸型号。

____

____

____

____

____。

2. 效果检查

打磨结束后，将你对打磨的效果检查结果记录下来。

序号	缺陷名称	可能原因	建议处理方法

3. 个人技能掌握程度：非常熟练□　比较熟练□　一般熟练□　不熟练□

教师评语：

成绩____（10 分制）　　教师签字__________　　______年____月____日

表 4－5　实训考核记录单

时间：100min　　　　　　　　　　班级学号：________　　　　　　　　　考生姓名：________

课程：汽车涂装修复技术			实训项目：原子灰的涂装		
序号	考核内容	配分	考核记录	扣分	得分
1	安全与卫生习惯	5			
2	准备工作	10	（1）板件的准备　5 分		
			（2）原子灰的准备　5 分		
3	操作流程	55	（1）拌和原子灰　10 分		
			（2）刮原子灰　20 分		
			（3）干燥原子灰　5 分		
			（4）打磨与修整原子灰　20 分		
4	效果评价	20	（1）刮原子灰的效果　10 分		
			（2）打磨原子灰的效果　10 分		
5	学生实训记录单	10			
6	完成时限		每超时 5min，扣 1 分		
	得分合计				

注：只要发生一次有可能涉及人身安全及重大事故的行为，本考核记为不合格。

考核教师：________　______年______月______日

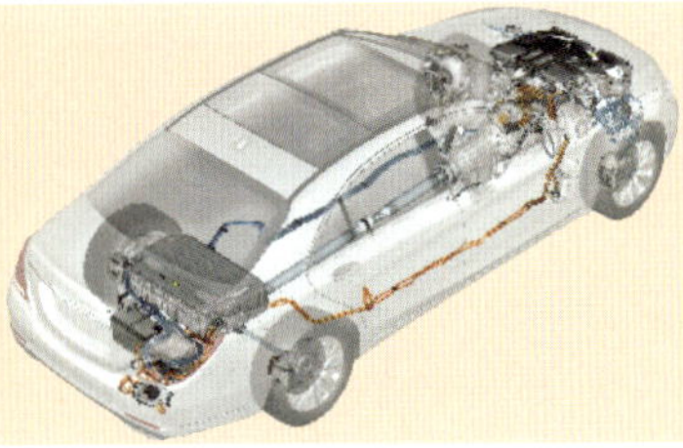

项目五

中涂底漆的涂装

任务　中涂底漆的喷涂与打磨

任务引入

原子灰表面打磨完成后，通常需要喷涂中涂底漆，以填平原子灰表面缺陷，为面漆喷涂提供良好的表面质量，如图 5-1 所示。但如果在原子灰的表面整体施涂了细原子灰，经打磨平整后检查，表面符合喷涂面漆的需要，可不喷涂中涂底漆。

对于施涂了底漆的表面，如果无须施涂原子灰，可在其表面直接喷涂中涂底漆，以封闭底层缺陷，并快速建立涂层厚度。

旧漆膜起细微皱纹的部位如果喷涂了中涂底漆，填平了凹陷部位，经打磨平整后即可喷涂面漆。

当中涂底漆干燥后，即可进行打磨，如图 5-2 所示。

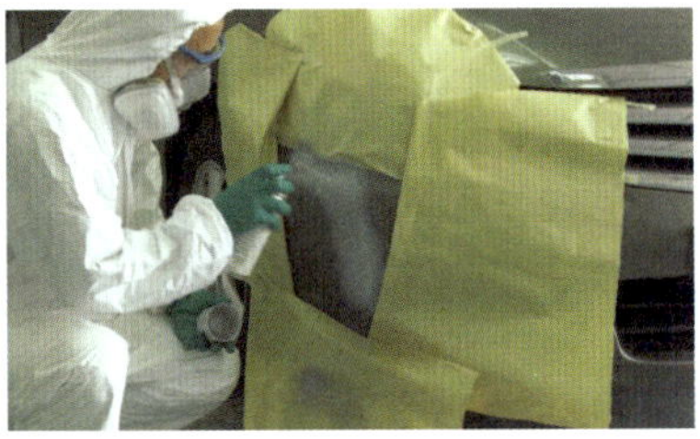

图 5-1　喷中涂底漆

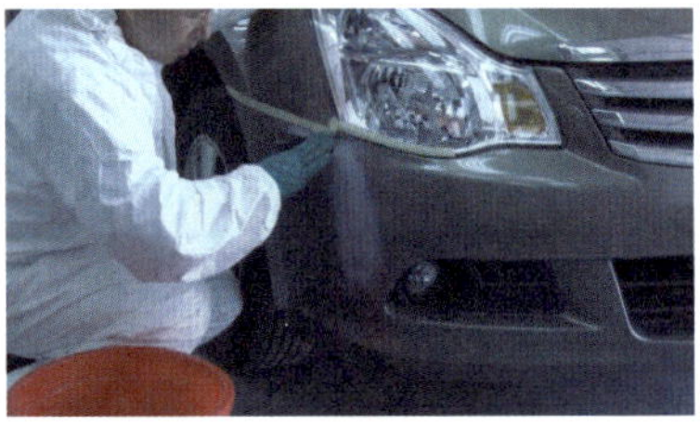

图 5-2　中涂底漆的打磨

中涂底漆的涂装

由于原子灰表面残留的气孔、划痕、油污以及不正确的喷涂施工方法等，均会在中涂底漆的表面留下缺陷，故在打磨之前，需要对缺陷进行修整（也可在粗打磨中涂底漆后修整）。待修整完成后再进行打磨，为面漆喷涂准备良好的表面。

本项目主要学习中涂底漆的喷涂、干燥、打磨方法和施工质量检查方法。

学习目标

1. 能够规范地喷涂中涂底漆。
2. 能够规范地干燥中涂底漆。
3. 能够规范地修整中涂底漆。
4. 能够规范地打磨中涂底漆。
5. 能够正确进行中涂底漆打磨后的质量检查，并对出现的缺陷进行合适的处理。
6. 培养良好的安全卫生习惯、环保意识和团队协作的职业素养。
7. 能够检查、评价、记录工作结果。

技能学习

一、劳动安全与卫生

中涂底漆施工时的劳动保护与安全卫生注意事项与底漆施工相同。

二、准备工作

1. 车身准备

（1）先用压缩空气清除表面粉尘。

（2）若进行过湿打磨，应做去湿处理，使被喷涂表面干燥。

（3）对于不需喷涂的部位，可按图 5－3 所示的方式遮盖，重点应注意喷涂时可能产生飞溅的部位。

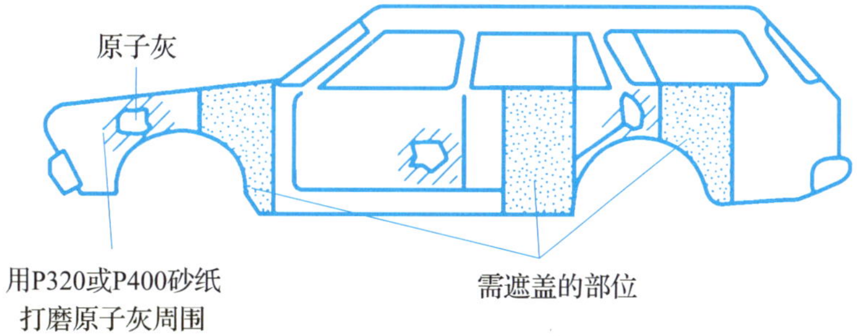

图 5－3　喷涂中涂底漆前的遮盖与打磨

⚠ **注意**：对于局部遮盖，一定要使用反向遮盖法，以使喷涂的中涂底漆有渐近的过渡，如图 5－4 所示。

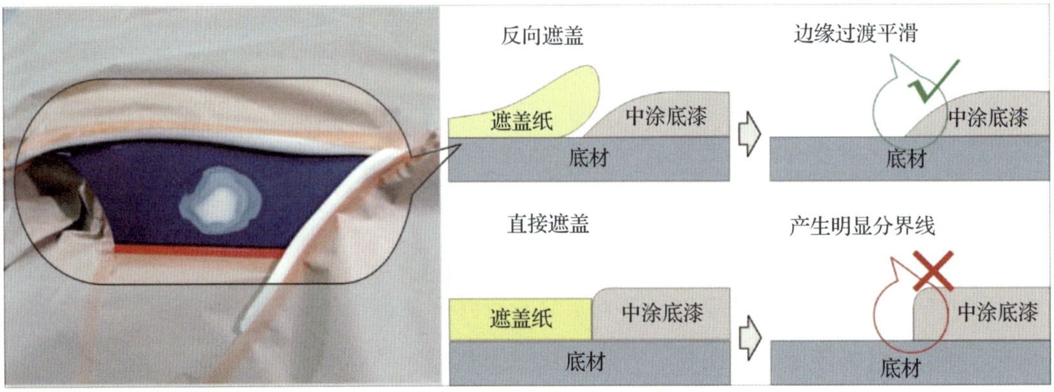

图 5－4　反向遮盖法的应用

（4）除尘与除油。

1）用粘尘布将待喷涂表面进行一次细致的除尘。

2）用除油剂对待喷涂表面进行除油处理。

2. 中涂底漆准备

（1）调制中涂底漆。

1）因准备涂装中涂底漆的表面为原子灰，之后要进行打磨以获得更为平滑的表面，故在“鹦鹉”系列中涂底漆中，选择快速中涂底漆（285-100VOC），其技术说明见表 5－1。

表 5－1　“鹦鹉”快速中涂底漆（285-100VOC）技术说明

技术图标	工艺参数	技术要求	
	涂装工艺系统		
	可喷涂面积	375m²/L（膜厚 1μm）	
	混合比例	4∶1∶1 100％体积比 285-100VOC	
	固化剂	25％体积比 965-56/55	
	稀释剂	25％体积比 325-91	
	喷涂黏度 DIN4 在 20℃	18～21s	活化时间（20℃）：2h
	重力式喷枪 喷涂气压	HVLP 喷枪：1.7～1.9mm 2.0～3.0bar/0.7bar（风帽气压）	兼容喷枪：1.6～1.8mm 2bar
	喷涂层数	2	膜厚：50μm

续表

技术图标	工艺参数	技术要求
	干燥 20℃ 60℃ 红外线 （短波） （中波）	2h 30min 8min 10～15min
	打磨	P800
应用：打磨中涂底漆（3 层涂装系统）；湿对湿中涂，塑料件涂装的填充底漆；图案喷涂的附着力增强剂；热塑型旧涂膜（TPA）修补时，整个板的填充底漆。 特性：良好的填充性，抗溶剂性和附着力；快干。 注意：■ 针对磨穿区域，要先喷涂鹦鹉® 283-150VOC 磷化底漆（1∶1 的比例混合 352-228，再加 30%352-）。 ■ 最低常温干燥温度：15℃，当作为表面图案喷涂层下的黏附层或用于 TPA 表面时，仅喷涂薄层，并且给予较长的闪干时间。		

2）根据涂料技术说明的参考数据来确定中涂底漆用量。在“鹦鹉”快速中涂底漆（285-100VOC）的技术说明表中可以查得，该中涂底漆的可喷涂面积效率为当膜厚为 1μm 时，375m^2/L；喷涂层数为 2 层，总膜厚为 50μm。然后根据需喷涂面积（估算）及喷涂的总膜厚即可估算出中涂底漆的用量。

3）根据涂料说明书建议的各成分比例（主剂、固化剂和稀释剂），利用调漆比例尺进行涂料的调制，视需要进行黏度测试。从表 5－1 中可以查到，“鹦鹉”快速中涂底漆（285-100VOC）的调制比例（体积比）为 4∶1∶1，即中涂底漆（285-100VOC）：固化剂（929-56/55）：稀释剂（352-91）＝4∶1∶1。黏度在常温下为 18～21s。

（2）选择合适的喷枪。从表 5－1 中可以查到，喷涂“鹦鹉”中涂底漆（285-100VOC）选用重力式喷枪，用 HVLP 喷枪时，口径为 1.7～1.9mm；用兼容喷枪时，口径为 1.6～1.8mm。

（3）将调好黏度的中涂底漆充分搅拌后通过漏斗过滤后装入喷枪涂料杯内。

三、喷涂中涂底漆

中涂底漆涂料种类不同，其作业方式有一定差异。同一种中涂底漆也可以有两种施工工艺，图 5－5 所示为“鹦鹉”2K 型中涂底漆的两种不同的施工工艺及其作用差异。在本任务中，选择研磨型喷涂工艺。

1. 调整喷枪

（1）根据涂料的产品说明书调整喷枪的气压。从表 5－1 中可以查到，喷涂“鹦鹉”中涂底漆（285-100VOC）选用重力式喷枪，用 HVLP 喷枪时，气压为 2.0～3.0bar；用兼容喷枪时，气压为 2.0bar。

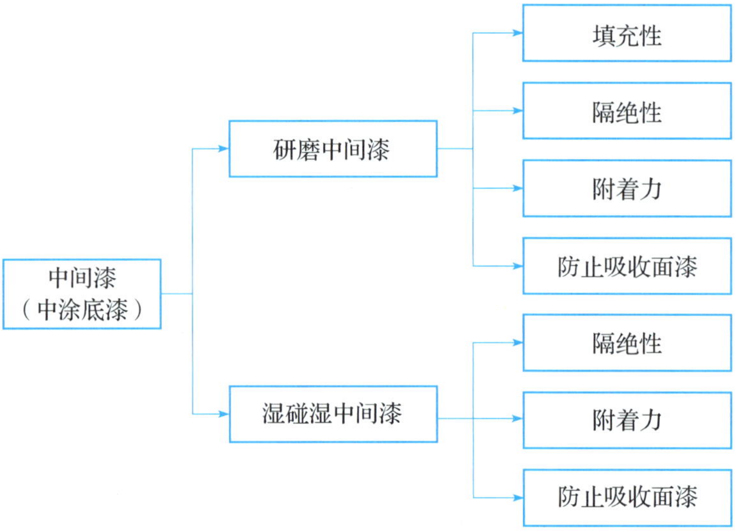

图 5－5　中涂底漆的两种施工工艺

（2）根据喷涂面积调整喷幅大小。

（3）调整漆流量（最好做喷幅测试）。

2. 喷涂

（1）按正确的喷涂要领（喷涂距离、走枪速度、扳机控制、各走枪行程重叠比例等），先在原子灰与旧漆膜边缘接合部位薄薄喷涂，使旧漆膜与原子灰在交界处相互融合，如图 5－6 所示。

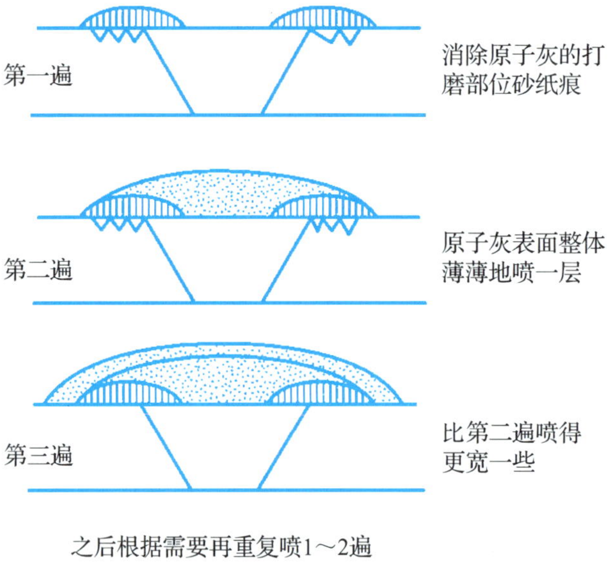

图 5－6　中涂底漆喷涂顺序

（2）待其稍干之后，接着给整个原子灰表面薄喷一层，喷涂后形成的表面应平整光滑。

（3）取适当的时间间隔，分几次薄喷，一般要喷 3～4 层，注意每层之间需留出足够的闪干时间（一般为 5min）。

中涂底漆的喷涂面积如图 5－7 所示，应比修补的原子灰面积宽，而且要达到一定程度。喷第二遍比第一遍宽，第三遍比第二遍宽，逐渐加大喷涂面积。

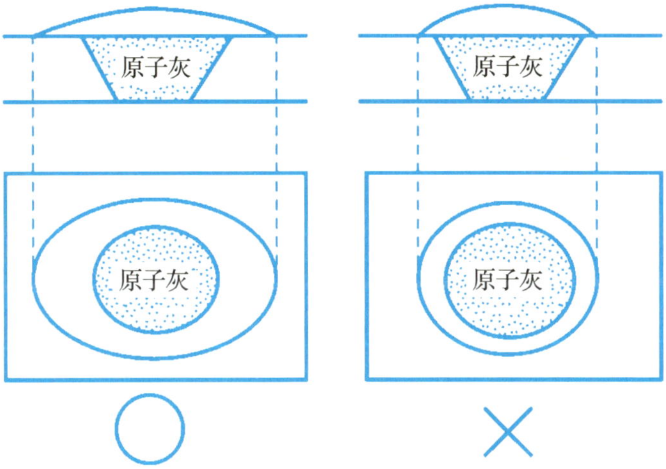

图 5－7　中涂底漆喷涂面积

如图 5－8 所示，相邻的几小块原子灰修补块，可先分别预喷两遍，再整体喷涂 2～3 次，连成一大块，这样处理可以取得良好的效果。也不宜一次喷得过厚，应取适当的时间间隔，分几次喷涂。

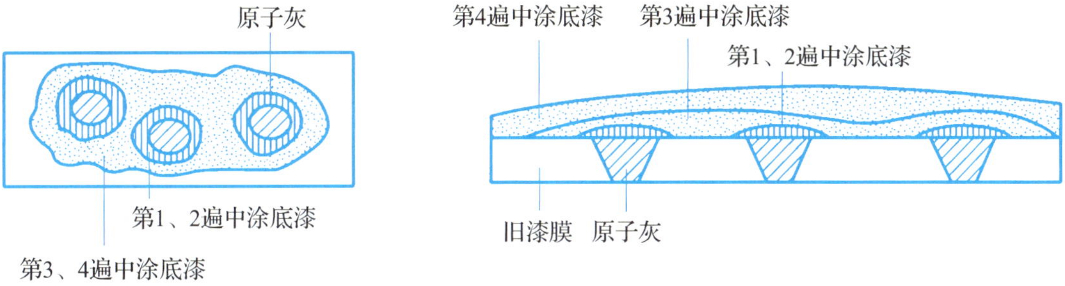

图 5－8　相邻原子灰修补块的中涂底漆喷涂

当旧漆膜是改性丙烯酸硝基漆等易溶性涂料时，应十分注意黏度和喷涂时间间隔。若采用硝基类中涂底漆，黏度应取 18～20s，要反复薄薄地喷涂，以免喷涂后表面显得粗糙。如果用丙烯酸类中涂底漆，黏度可取 14～15s。

聚氨酯中涂底漆的喷涂方法与硝基类中涂底漆一样，但聚氨酯中涂底漆每道形成的漆膜较厚，一般喷两遍就够了。若需更厚可喷三遍，比如旧漆膜剥离后的表面，如果直接喷涂中涂底漆，就需喷涂三次。

当旧漆膜是硝基类涂料时，如果只在修补了原子灰的部分喷涂聚氨酯中涂底漆的话，则中涂底漆与硝基旧漆膜的交界处在喷涂了面漆之后，往往会起皱。为防止这一点，应在整块板上全部喷涂聚氨酯中涂底漆，先在原子灰表面薄薄地喷一层，然后整体喷涂两遍，如图 5－9 所示。

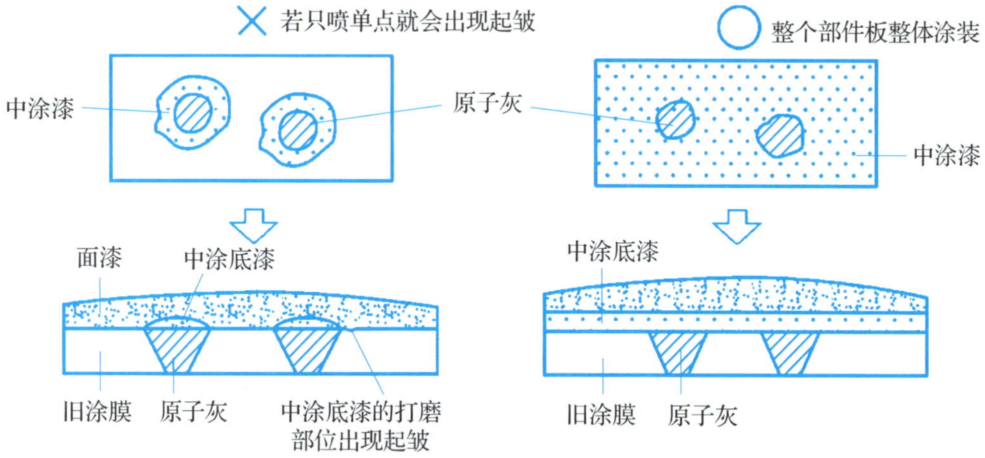

图 5－9　旧漆膜为硝基类漆时中涂底漆的喷涂方法

3. 喷涂中涂底漆的注意事项

（1）中涂底漆一次不能喷涂太厚。分几次喷涂表面看起来需要更长的施工时间，实际上，喷涂中涂底漆时，边喷边用吹风机加快溶剂的挥发，比一次厚厚地喷涂干燥速度快，作业效率也高。若漆膜厚，溶剂会滞留在漆膜内难以挥发。因为溶剂的挥发速度与膜厚的二次方成反比，比如将分三次涂装的膜厚一次喷涂，挥发速度反而大大减慢，则打磨和修补无法进行，最终结果是作业速度下降。

如果一次喷涂过厚，使溶剂残留在漆膜内难以挥发，原子灰边缘的旧漆膜会被浸润膨胀，在喷涂了面漆之后就会起皱，如图 5－10 所示，所以中涂底漆切忌一次喷涂过厚。即使是所谓的厚涂型中涂底漆，也并不是指一次喷涂就很厚，而是分

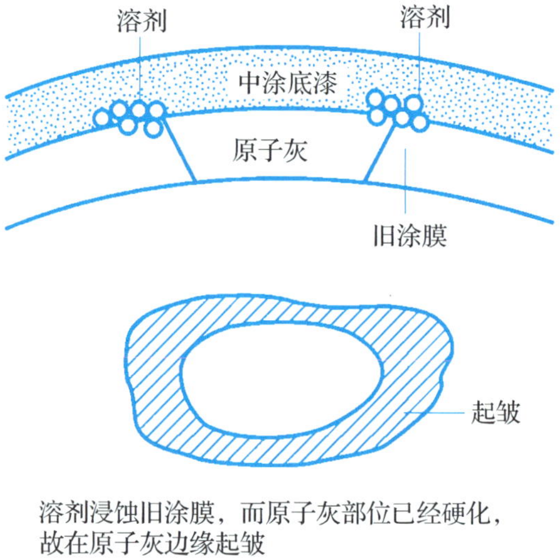

溶剂浸蚀旧涂膜，而原子灰部位已经硬化，故在原子灰边缘起皱

图 5－10　原子灰边缘起皱的原因

几次喷涂，最终形成的中涂底漆涂层较厚。

（2）当气温低和湿度大的时候，应采用红外线灯管或热风加热器，将涂装面加热到25℃左右，以除去湿气。喷涂的中涂底漆黏度取18～20s为宜，其他做法基本不变。

四、干燥中涂底漆

（1）中涂底漆喷涂完成，闪干10～15min后，即可拆除遮盖纸。

（2）若采用常温干燥，则关好喷漆间的门，关闭相关电源即可。从表5－1中可查到，“鹦鹉”中涂底漆（285-100VOC）的常温（20℃）干燥时间为2h。

（3）若采用烤房烘烤干燥，则应先关闭喷漆开关，根据涂料产品说明书的规定，调好烘烤温度和时间，启动“烘烤”按钮，关好喷漆间的门即可。从表5－1中可查到，“鹦鹉”中涂底漆（285-100VOC）的烘烤干燥温度为60℃，时间为30min。

（4）若采用红外线烤灯烘烤（见图5－11），操作方法须参阅烤灯的说明书。从表5－1中可查到，“鹦鹉”中涂底漆（285-100VOC）采用短波红外线灯烘烤时，时间为8min；使用中波红外线灯烘烤时，时间为10～15min。

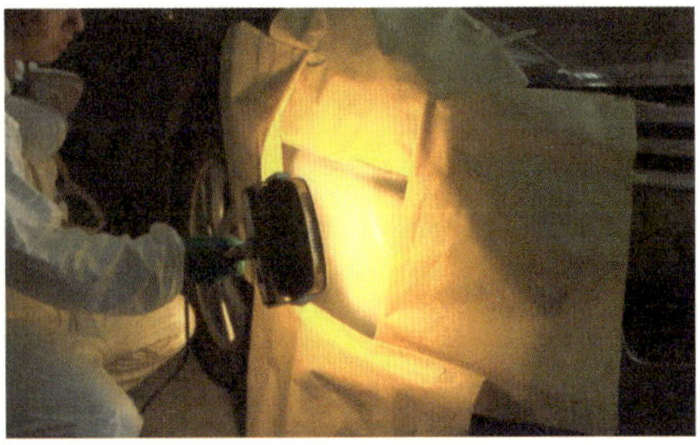

图5－11　中涂底漆的烘烤干燥

如果干燥不充分，不仅打磨时涂料会填满砂纸，使作业难以进行，而且喷涂面漆之后，往往出现漆膜缺陷。

五、检查中涂底漆喷涂效果

中涂底漆喷涂干燥后，应达到下列要求：

（1）涂层丰满，达到规定厚度。

（2）橘皮纹理均匀，能将所有缺陷部位完全遮盖，边缘过渡平顺、无明显凸台。

（3）无明显流挂产生，流挂高度不超过1mm，长度不超过10mm。

（4）无咬底、油点等漆膜缺陷。

（5）车身其他部位保护良好，无漆雾附着。

如果不能达到上述要求，视情况进行修整。

六、打磨中涂底漆

1. 干打磨

（1）手工干打磨。

用手工打磨垫配合砂纸干打磨时，应使用软垫。先用 P240 砂纸，将凸出部分磨平，然后用 P400 或 P600 砂纸将整个表面打磨平整（包括需喷涂面漆的旧漆膜）。

需注意的是，目前涂料制造商基本不建议手工干打磨中涂底漆。

（2）打磨机打磨。

采用双作用式和往复式打磨机均可，开始所用砂纸粒度以 P240～P280 为宜。往复式打磨机打磨，比双作用式打磨机速度慢，但操作比较简单。

干打磨时先用 P240 砂纸将凸起部位打磨平，随后用 P320 砂纸整体打磨，最后用 P400 砂纸整体打磨（包括需喷涂面漆的旧漆膜）。不同的涂料，要求的打磨砂纸粒度有所不同。由“鹦鹉”中涂底漆（285-100VOC）的技术说明可知，采用打磨机打磨时应选用 P400 砂纸。但这并不是一开始就必须使用 P400 砂纸，而是先用 P240 或 P320 砂纸，然后逐步过渡至 P400。

不论使用哪种打磨机打磨，都不用太大的力压在漆膜上，只能稍用点力沿着车身表面移动。用力过大，砂纸磨痕就会过深。

打磨时应注意不能只打磨喷涂了中涂底漆料的部位，旧漆膜及其与中涂底漆的交界区域也应进行打磨。

打磨过程中可配合使用炭粉作为打磨指导，以便获得良好的打磨效果。

干打磨结束后，拆去遮盖，用压缩空气（或吸尘器）进行清洁。

2. 湿打磨

从“鹦鹉”中涂底漆（285-100VOC）的技术说明书（见表 5－1）可查到，采用手工水磨时，应选用 P800 的砂纸（即最后一道打磨的砂纸为 P800）。

打磨时使用的打磨垫应柔软。手工打磨时应避免手指接触被打磨表面。打磨要仔细，不能有遗漏。

如图 5－12 所示，打磨结束后，对玻璃滑槽缝隙、门把手、玻璃四周等边缘部位，要用刷子沾上研磨膏进行打磨，清除残余的污物，也可以使用 P2000 美容砂纸打磨。

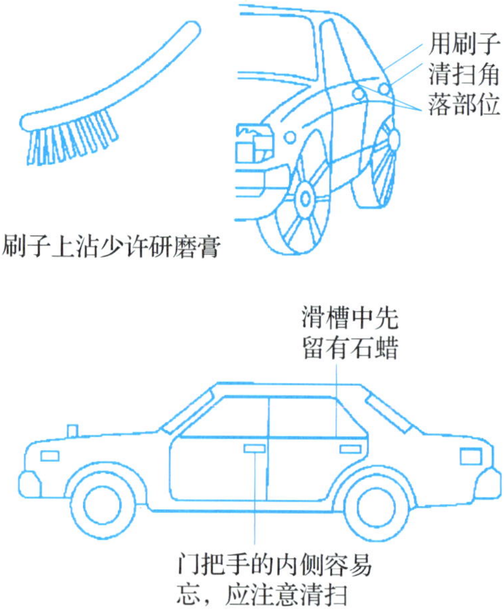

图 5－12　边缘部位的清扫打磨

现在许多涂料生产商制造了免打磨型中涂底漆，喷涂完这种类型的中涂底漆后，表面非常平整且有一定的粗糙度，无须进行打磨即可喷涂面漆。如“鹦鹉”285-31VOC、

285-38VOC 和 285-49VOC，均为免打磨型中涂底漆，“鹦鹉”285-31VOC 的技术说明见表 5－2。但如果表面有灰点等喷涂缺陷，用细砂纸（可选用 P800）打磨效果会更好。

表 5－2　“鹦鹉”高浓免磨中涂底漆（285-31VOC）技术说明

技术图标	工艺参数	技术要求	
	涂装工艺系统	S. 4	
	可喷涂面积	$331m^2/L$（膜厚 1μm）	
	混合比例	3∶1∶1 100％体积比 285-31	
	固化剂	33％体积比 965-56/55	
	稀释剂	30％体积比 325-91/216	
	喷涂黏度 DIN4（20℃）	16～18s	活化时间（20℃）：2h
	重力式喷枪 喷涂气压	HVLP 喷枪：1. 2～1. 3mm 2. 0～3. 6bar/0. 7bar（风帽气压）	兼容喷枪：1. 2～1. 4mm 2bar
	喷涂遍数	2（先喷一遍于原子灰整平处，再喷涂于整个需要喷涂的区域）	膜厚：20～35μm
	闪干时间（20℃）	10min	纯色面漆/15～20min，底色漆（闪干至亚光）

应用：经济型修补的湿对湿中涂底漆。
特性：无须打磨，无须强制干燥；涂层丰满；喷涂性能可靠，有较好的耐候性。
注意：■ 在喷涂该中涂底漆前，要对原子灰整平处用 P320（干磨）细磨，并使用 581-90 指导层。
■ 使用鹦鹉® 283-150 磷化底漆喷涂于磨穿处，然后再喷涂此底漆。

七、收尾工作

若采用的是湿打磨，就要用清水冲洗干净打磨部位，然后用红外线烤灯和热风加热器等将表面除湿干燥。

若采用的是干打磨，应用吸尘器将打磨粉尘彻底清除干净。如果是局部补修涂装，周围的旧漆膜要用粗颗粒的研磨膏进行研磨，以彻底清除污物和油分。

最后应仔细检查漆膜表面，不能遗漏未经打磨的部位，如果有，再用 P400～P600 砂纸打磨。

八、检查中涂底漆施工质量

中涂底漆施工结束后，应达到下列要求：

（1）打磨彻底。对于整板喷涂，打磨露底范围要控制在 20mm×20mm 范围内，并且露底情况不明显。

（2）打磨后表面光滑，无橘皮纹。

（3）所有需要喷涂的部位都要打磨到，不能有遗漏，尤其是窗口装饰条、板件边缘等部位更要打磨到。

技能考核

一、准备工作

在技能学习工位准备好喷漆工作服、中涂底漆及其配套的稀释剂、固化剂，压缩空气喷涂系统，红外线烤灯，干、湿打磨工具及配套材料，遮盖材料。

二、考核流程

1. 学员工作

（1）在各自工位分组学习。

（2）在充分学习本任务相关知识的基础上，进行喷涂、干燥、打磨与修整中涂底漆的实操训练，同时完成相应的工单。

（3）5S 工作。

（4）自我评价。

2. 指导教师工作

学员在进行上述操作过程中，指导教师进行下列工作：

（1）向学员讲解安全注意事项，并要求学员在工单中做记录。

（2）观察、指导学员进行相关操作，及时制止可能发生危险的操作。

（3）实操结束后审阅学员完成的工单（见表 5－3），并结合其操作情况做出评价。

表 5－3　中涂底漆的涂装

班级学号		姓名	

1. 准备工作

(1) 在进行中涂底漆喷涂前，你都做了哪些准备工作？

____。

(2) 你选择的中涂底漆型号是____________，理由是________________________________。

(3) 调制中涂底漆的量是______mL，这个数据的来源是：

____。

(4) 你调制的中涂底漆各成分比例为________________________________，这个数据的来源是____。

2. 喷涂与干燥

(1) 你选择的喷枪类型是________，口径是_____mm，理由是______________________。

(2) 你调整喷枪的气压是______bar，理由是________________________________。

(3) 你调整的喷幅是________，理由是____。

(4) 简要记录你的喷涂程序：

____。

(5) 你选用的干燥方法是________，具体干燥参数是____________________________。

3. 修整与打磨

(1) 你□是　□否进行了找麻眼，理由是____。

(2) 你选用的打磨方法是______，开始选用砂纸型号为_____，理由是________________。

(3) 简单记录你打磨的程序：

____。

(4) 中涂底漆打磨结束后，检查整个表面，将检查的结果记录在下面：

____。

(5) 针对打磨后出现的缺陷，分析原因，并说明你的处理方法：

____。

4. 个人技能掌握程度：非常熟练□　比较熟练□　一般熟练□　不熟练□

教师评语：

成绩____（10 分制）　　教师签字__________　　______年____月____日

项目六

面漆的调色

任务 6－1　素色漆的人工调色

任务引入

中涂底漆打磨完成后，即准备喷涂面漆，如图 6－1 所示。为了使修补区域喷涂的面漆颜色与周边的旧漆膜一致，必须对准备喷涂的面漆进行颜色调配，即调色（俗称调漆）。

涂料本身有一定的颜色，但在实际使用中，特别是在汽车的修补涂装作业中，往往是购得的涂料与维修汽车的表面颜色不同。这就必须根据色彩的基本知识和原理，再结合涂料使用的具体要求，进行色漆的调配，尽量使之与车身原色一致。

所谓调色，是指根据颜色的三属性（色相、明度和纯度），将两种或两种以上的不同颜色的色母，按一定比例混合在一起，以产生所需要的理想颜色的过程，如图 6－2 所示。

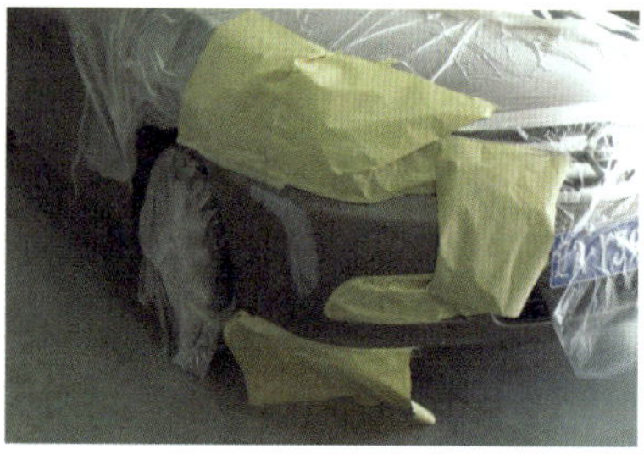

图 6－1　准备喷涂面漆

图 6－2　调色概念

素色漆的调色

在涂装工业中，调色是一种非常重要的基本技法，也是一种不容易掌握的技法。在涂料的调色中，首先要搞清楚涂料的化学性质，不同性质的涂料是不能进行色彩调配的。

素色漆中不含有金属粉粒（铝粉、云母粉等），漆面色彩呈单一性，从各角度观察基本一致，所以素色漆的调色工作难度也相对简单。

本任务主要学习素色漆的调色方法。

学习目标

1. 能够利用色卡进行素色漆的调色。
2. 培养良好的安全卫生习惯、环保意识和团队协作的职业素养。
3. 能够检查、评价、记录工作结果。

技能学习

一、准备工作

1. 劳动安全与卫生

调色的劳动保护与安全注意事项与底漆喷涂相同。

2. 试板准备

（1）如果试板有涂层或有锈蚀等，需用P600砂纸打磨。

（2）对试板进行除尘与除油操作。

3. 电子秤准备

（1）水平放置电子秤，避免高温、振动，将电子秤的电源插头插入相应的插座内。

（2）打开电子秤总电源开关，按下电子秤电源键，暖机5min，如图6-3所示。

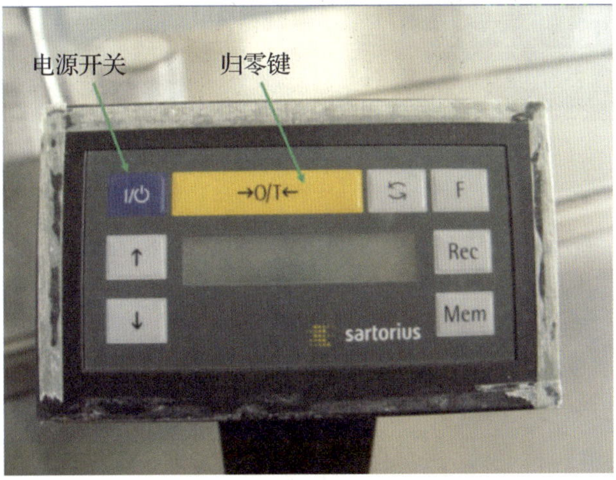

图6-3　电子秤通电预热

（3）按下归零键。

4. 色母和工具准备

（1）色母已经搅拌均匀。

（2）色母的数量足够。

（3）调配涂料的罐是干净的。

（4）搅拌棒已准备好。

二、调色步骤

1. 查找汽车涂层颜色资料

部分车型可以通过原厂提供的涂装资料来确定涂料的品种、涂层层次关系，确定相配套的修补所需涂料及涂装工艺等。

大部分车型的车身铭牌上都标有颜色的代码（也称为油漆代码），如图 6－4 所示。颜色代码代表了某种涂料生产商制定的该车车身及某些部位的面漆颜色配方。根据这一代码，通过胶片、色卡或计算机资料即可找到涂层信息（主要指颜色配方）。所以在进行调漆之前，通常都要在车中找到所需颜色的代码。

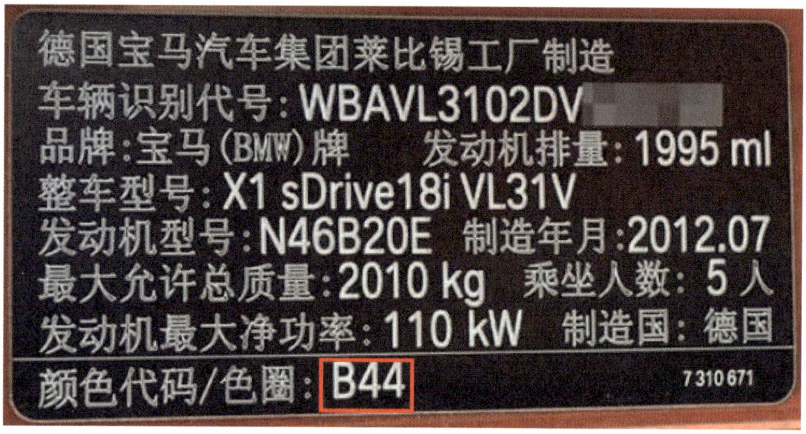

图 6－4　汽车铭牌上的油漆颜色代号

各汽车公司生产的不同型号汽车，其颜色代码标志的位置也不相同。例如，宝马汽车的颜色代码，通常在发动机舱左（右）前纵梁附近或散热器支架上，从图 6－5 中可以看到其颜色代码为 303。

⚠ **注意：** 同一台车上，可能会在不同的位置均能找到颜色代码，查阅时应仔细观察。通常在汽车铭牌上的颜色代码为主车身颜色代码，其他位置会标示车身的其他部位的颜色代码（如保险杠、内饰、仪表台等）。

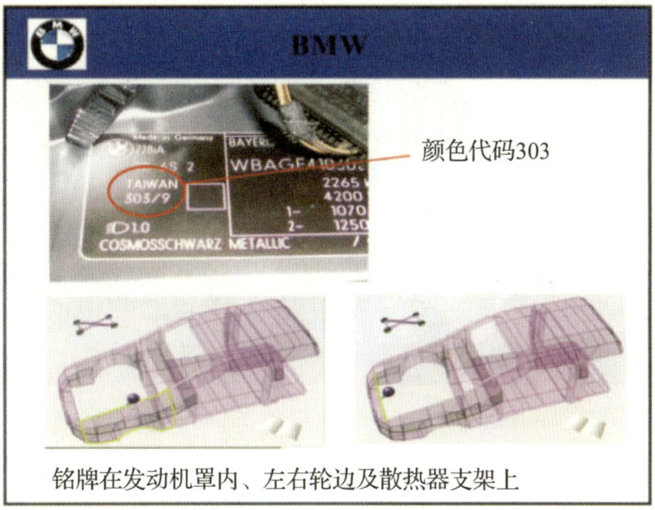

图 6－5 宝马汽车的颜色代码标注位置

2. 获得颜色配方

如果能够找到涂层颜色代码（例如查得的颜色代码为 A4D），则按下述程序获得颜色配方（以“鹦鹉”漆为例）。

（1）按所查得的颜色代码 A4D，找到相应的色卡。

（2）在要修补区域附近并且颜色一致处用抛光蜡抛光（或用 P2000 砂纸轻轻打磨），如图 6－6 所示。

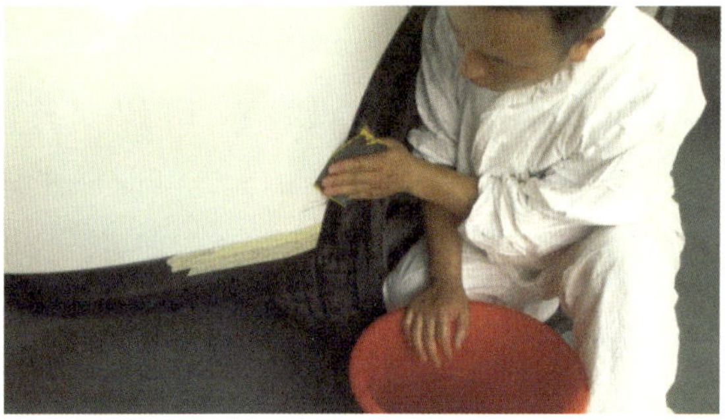

图 6－6 抛光

（3）确定色卡。将所选的色卡与车身（或与样板）颜色相对比，如图 6－7 所示。如果颜色很接近，则选定该张色卡。比色时，如果所选的色卡颜色与车身颜色差别较大，可在 A4D 色卡的差异色（相似色）中找到最接近的色卡。差异色是涂料生产商考虑到新车制造时可能因涂料批次不同、工艺的微小变动、涂料生产商制作色卡的工艺与新车涂装工艺的差别、汽车漆膜随时间的颜色变化等因素，有意制作的与主色卡颜色有一定差异的色卡（或色块）及其配方。

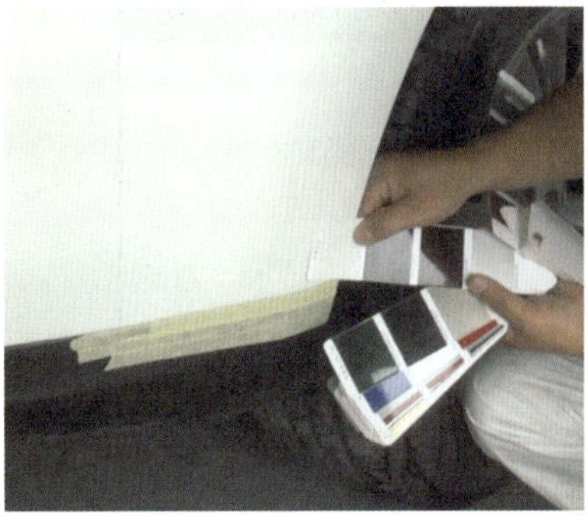

（a）与车身对比颜色

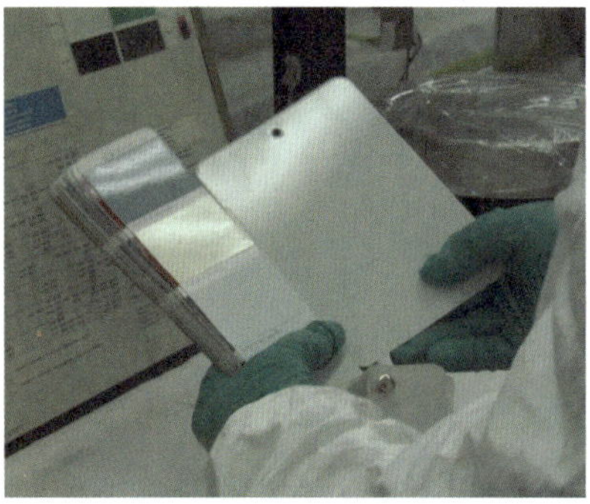

（b）与样板对比颜色

图 6-7　对比颜色

如未能找到颜色代码，按下述程序确定色卡：

1）选出有关的汽车制造商色卡盒（见图 6-8）。

2）选出合适的颜色组别，如图 6-9 所示。

3）用颜色近似的色卡逐一与车身对照，选出最吻合的颜色，如图 6-10 所示。

图 6-8　选出汽车制造商色卡盒

（4）从色卡的背面读取配方，见表 6-1。由于 A4D 车色的配方比较简单，色卡背面只显示了 4 种配方。其中上面的 2 组为标准配方；下面的 2 组为差异色配方。标准配方的第一组为 55 系列 1K 色母的配方，用于双工序漆膜；第二组为 22 系列 2K 色母配方，用于单工序漆膜。差异色中的 2 组配方也与标准色配方相似。实际操作中，对简单的配方（即每种颜色的色母只有一种），通常不需要考虑差异色配方，只要利用标准配方进行微调即可。这里，通过精确比对，选择了差异色（偏深黄），所以应选用配方表中最下面的一组配方。

图 6-9　选出合适的颜色组别

图 6-10　对照车身选出最吻合的颜色

表 6-1 色卡背面的配方

车色：A4D/北极白（标准）		
车型：马自达 6		
色母	1L 单量	1L 累计
352-91	175.2	175.2
55-M25	779.8	955.0
55-A927	53.9	1 008.9
55-A137	52.1	1 061.0
55-A307	12.6	1 073.6
522-M0	195.8	195.8
22-M60	1 047.2	1 243.0
22-A126	37.8	1 280.8
22-A105	15.8	1 296.6
22-A131	3.1	1 299.7
车色：A4D/北极白（偏深黄）		
车型：马自达 6		
色母	1L 单量	1L 累计
352-91	174.0	174.0
55-M25	781.9	955.9
55-A137	68.6	1 024.5
55-A927	49.8	1 074.3
522-M0	198.4	198.4
22-M60	970.8	1 169.2
22-A105	57.9	1 227.1
22-A126	39.3	1 266.4
22-A131	11.7	1 278.1

参考色卡时需要注意以下事项：

1）所有色卡都是用自动喷涂机喷涂的，喷涂的效果与手工喷涂的效果肯定不同。由于手工喷涂的灵活性，可以通过改变喷涂的方式得到色卡所显示的颜色。

2）在比较色卡和车身颜色时要考虑到所有造成误差的因素，因为一个色卡与车身完全相符的概率非常低。

3）调配素色漆时，选择色调和明度比车身颜色高的色卡，在这个色卡的配方基础上调色，因为素色漆很容易从鲜艳、明亮向灰暗方向调整；调配金属（珍珠）漆时，找一个侧面稍暗的色卡或一个正面偏亮、侧视偏暗的色卡，在这个色卡的配方基础上调色，很容易通过加大控色剂或白色把颜色校正过来。

（5）计算配方。根据实际需要调配的油漆量，重新计算配方。通常，调色时按选定的配方混合色母的总量为实际修补涂装用量再加 0.2～0.3L。假设实际修补区域喷涂面漆的用量约 0.2L，则配色时最好选定 0.5～0.6L 混合量。例如，准备混合 0.5L 色母，其配方见表 6－2，即调漆总量为 638.9g。

表 6－2　颜色代码 A4D 的配方

颜色代号：A4D/北极白（偏深黄）				
车型：马自达 6				
色母	1L 单量	1L 累积	0.5L 单量	0.5L 累积
522-M0	198.4	198.4	99.2	99.2
22-M60	970.8	1 169.2	485.4	584.6
22-A105	57.9	1 227.1	28.9	613.5
22-A126	39.3	1 266.4	19.6	633.1
22-A131	11.7	1 278.1	5.8	638.9

3. 粗调颜色

（1）在电子秤座上垫上一张纸，将调漆杯放于纸上。

（2）按配方所列色母的顺序添加色母，522-M0→22-M60→22-A105→22-A126→22-A131，如图 6－11 所示。

在添加色母时，首先倾斜漆罐，然后逐渐拉操纵杆，让色母慢慢倒出。如果先拉操纵杆，那么当漆罐倾斜时，可能有大量色母涌出而造成过量添加。为了在即将添加结束时进行精细控制，必须小心操作操纵杆，以控制色母流量，如图 6－12 所示。

图 6－11　计量添加色母

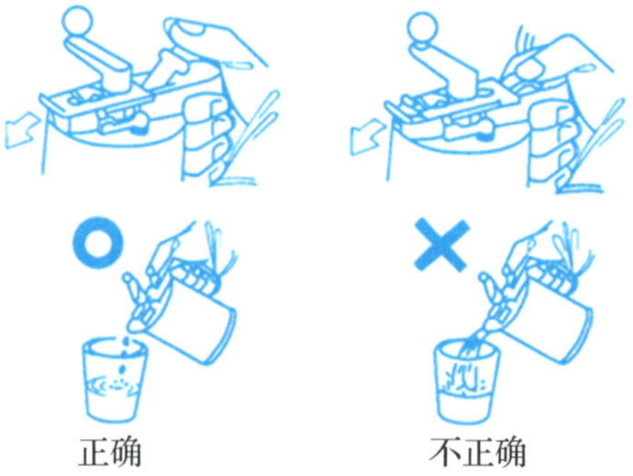

图 6－12　倾倒色母

虽然各种色母的密度不同，但通常情况下，三滴色母的质量约为 0.1g。根据这一规律，在添加含量较少的色母时一定要仔细称重，因为含量少的色母的添加误差对颜色的影响很大。称量误差为 0.1g 时，不同用量色母对颜色的影响见表 6－3。

表 6-3 称量误差（0.1g）时不同用量色母对颜色的影响

色母	累积/g	单量/g	多加量/g	所占比例/%
M0	198.0	198.0	+0.1	0.050
M60	1 230.1	1 032.1	+0.1	0.009
A105	1 275.6	45.5	+0.1	0.220
M26	1 302.2	26.6	+0.1	0.380
M77	1 306.7	4.5	+0.1	2.222

在添加完所有色母后，要用搅拌杆或调漆尺混合涂料，以产生均匀的颜色。如果涂料粘到容器的内壁上，要用搅拌杆刮下涂料，以防产生色差。

⚠ **注意：** 如果配方中各色母给出的质量值不是累加值，则每次添加一种色母后，应将电子秤归零。如果添加了过多的色母，则需要重新调配，否则应进行配方计算。

计量添加色母时应注意以下几点：

1）有把握时可以一次调够数量，没有把握时先根据配方调出小样。

2）对某个色母数量没有完全把握，可以先少加点，即采用“宁少勿多”的原则。

3）应该把电子秤放在稳定的桌面上，以减少因为振动引起的误差。

4）尽量减少空气对流对电子秤准确性的影响，例如风、人员走动、门窗开关等。

5）注意电子秤精度的影响。现在修补涂装用的电子秤精度都是 0.1g，第二位的小数部分看不到，需要在心里估算。电子秤不具备四舍五入功能的，如 0.17g，电子秤显示 0.1g，所以实际的质量一般比显示的质量大。因此，在理论上要准确调配一个配方，每个色母的最小加入量应该在 0.5g 以上，当配方量放大到 1L 的配方时，颜色也是准确的。

6）注意使用累积量和单量的区别。很多调漆人员习惯采用每次加完色母后电子秤不归零的方式（即采用累积量方式调色），每次的误差不断积累起来后，后面所加的色母会偏少。如涂料的质量为 8.19g，显示是 8.1g，这时只要滴加一滴色母，电子秤立即显示 8.2g。这种差量虽然不大，但在添加含量少的色母时，误差就会很大。

（3）湿比色。将搅拌均匀的涂料涂在一张纸板片上，在自然光下仔细观察颜色情况，要从色相、明度、彩度三方面与待调配的标准色板进行比对，确定应补加的微调成分及其质量（做好记录）。也可借助搅漆棒（或调漆尺）上黏附的涂料与标准色板（或车身）进行湿比色，如图 6-13 所示。

图 6-13 湿比色

在进行湿比色时，除前面述及的色卡比色注意事项外，还要注意湿色与干色的差别。涂料从湿色干燥后，颜色会变深。原因是搅拌好的涂料，较重的色母来不及沉降，所以调配好的湿色应比车色（或样板色）稍浅才是正确的，如图 6－14 所示。

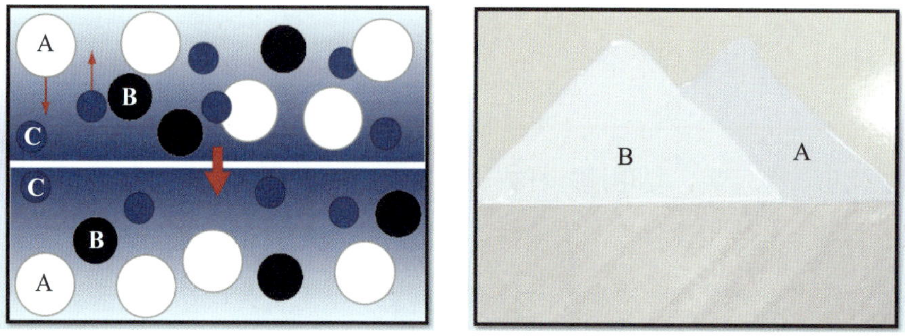

图 6－14　湿色与干色差异的原因

湿比色误差较大，所以精确的配色不能用湿比色作为最终结果，通常其只用于判断混合的均匀程度，并粗略判断需微调的成分，做到心中有数。

比色时需要注意以下几点：

1）在光线充足的地方，最好在室外不受日光灯、装饰物、树木的反射光影响的地方。

2）不要在阳光直射或光线不足时检查颜色。

3）当不得不在日光灯或烤房内检查颜色时，应注意同色异谱现象。

4）存在微小色差时，正确判断哪些是不得不微调的、哪些是可以利用喷涂方式修正的。

5）充分考虑周围的影响因素，如墙壁、车辆；还要考虑车身修补区域的影响因素，如遮盖膜、氧化、老化、失光等。

6）以第一印象为准，盯视时间越长，越难以判断。

7）涂料从湿色干燥后，颜色会变深。

4. 制作试样

（1）喷涂试样。

1）取 100g 色浆（各色母混合后的涂料，下同），按涂料技术说明书规定的比例加入固化剂、稀释剂，调整黏度至符合要求。

2）喷涂试板，如图 6－15 所示。

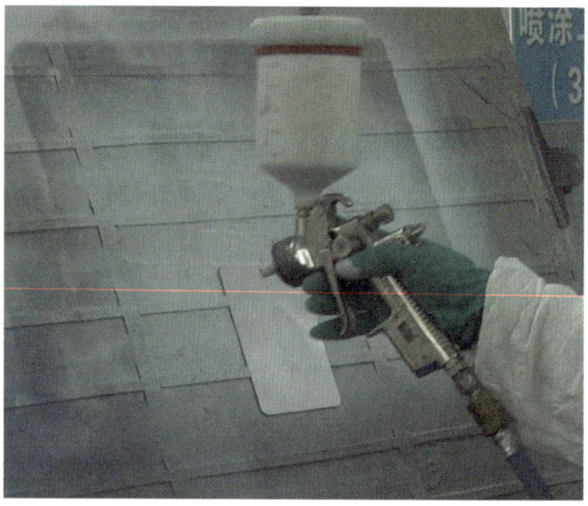

图 6－15　喷涂试板

⚠ **注意：** 喷涂试板时，可选用小型喷枪，应完全按照涂料生产商建议的喷涂参数进行，如喷涂气压、距离、层数等，各道之间应有适当的闪干时间。

（2）烘干试样。

1）插好烘箱的电源线。

2）打开烘箱门，将试样放在栅架上，关好门。

3）打开电源开关，如图 6－16 所示。

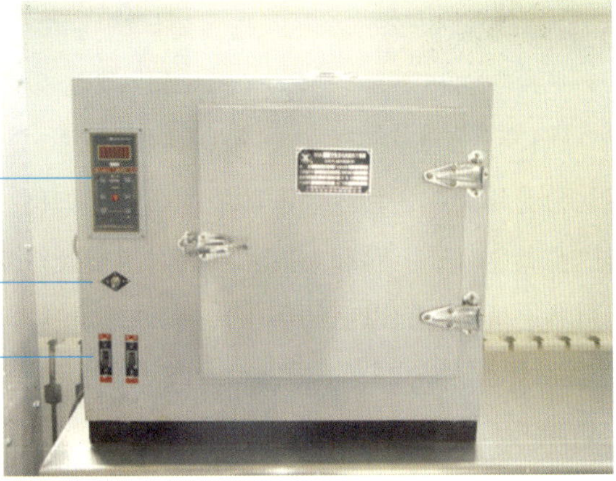

图 6－16　烘箱的操作面板

4）设定烘烤温度。如图 6－17 所示，将“测温/预置”按钮按下，调节“设定/调节”旋钮同时观察温度显示窗，直到显示合适的温度数值（参考涂料的技术说明书，通常为 70℃），然后再按一次“测温/预置”，使按钮处于高起位置（测温位置），此时温度显示窗显示当时烘箱内的温度。

5）打开鼓风机开关和加热开关进行加热烘烤。通常达到恒温（“恒温”指示灯点亮）后再烘烤 10min 即可。

6）关闭“加热”开关，打开烘箱门，取出试样。

⚠ **注意：** 不要立刻关闭鼓风机和电源开关，以使烘箱有足够的冷却时间。在取出试样时，需戴手套，以防烫手。

5. 微调颜色

（1）干比色。在用试样与车身颜色进行对比时，一定要认真仔细，最好在自然光下进行，如图 6－18 所示。如果需修补的板块曾经做过漆膜修补，且颜色与周边原始板块有差异，则应按原厂漆板块的颜色进行比色。

如果太阳光源不足（如阴天），则需要借助配色灯比色。精确的干比色可在比色灯箱内进行，要在几种标准光源下对比，以确定是否存在颜色异构现象。

图 6－17　设定烘箱温度

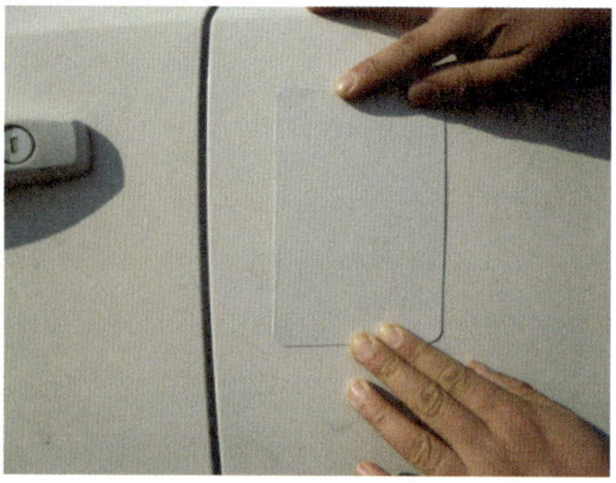

图 6－18　利用自然光比色

颜色的感觉会受到被观察物体周围环境的影响，如将一块灰色纸片放在白色背景上看起来发暗，而放在黑色背景上看起来发亮；同时也受到观察者观察前眼睛观看过其他颜色历史的影响（当然是很短时间以前的历史）。例如刚看过鲜红色，移开眼睛至白色底板上，就会感觉看到原物体红色的影子。因此，在做汽车涂料配色工作时，一定要保证比色时没有受到环境的影响，所看的颜色是真实的，是有实际参考价值的，这一点非常重要。

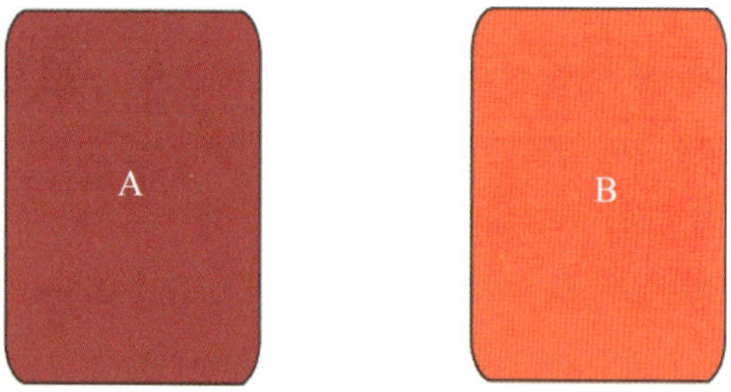

图 6－19　两种颜色的差异

颜色调配最大的困难是如何确定颜色之间的差别。颜色差别包括颜色的三个要素，即色相、明度和彩度。例如，对比图 6－19 所示的两块色板（A 色板为目标色板或样板，B 色板为调好色的试样），应该得出的颜色差异结论见表 6－4。

表 6－4　颜色差异的描述

三要素	差异	差异描述：目标色板 A 的颜色是
色相	红/绿，蓝/黄等	更蓝或者更黄
明度	白度/黑度	更白或者更黑
彩度	纯净度/浑浊度	更纯净或更浑浊

对于色相，如果差异描述为更蓝，则需要在微调时加入蓝色母；如果描述为更黄，则需要加入黄色母。对于明度，如果差异描述为更白，则需要加入白色母；如果描述为更黑，则需加入黑色母。对于彩度，如果差异描述为更纯净，则需添加能提高纯净度高的色母；如果描述为更浑浊，则需加入能降低纯净度的色母。

素色漆的比色相对简单，往往只需要注意其彩度和色相，不过多考虑明度。通常，可使用少量的白色母来降低颜色的彩度，同时会让明度稍微提高（如果主色调为白色，则加入白色母会提高纯净度）；但过多的白色母则只会使两者都下降。使用黑色母来降低颜色的纯净度，明度会稍微下降。黑、白色母少的颜色除了彩度高之外，明度也高。

对于大多数应用素色漆的汽车，均采用单工序喷涂工艺，这样即方便快捷，又省时省料。因此，素色漆一般要求高遮盖力、高彩度、干漆膜光泽度高。但由于调色的需要，一套完整的色母系统中，还要求有低遮盖力的色母，称为低强度色母，这些色母是微调颜色时应该选择的色母。

⚠ **注意：**微调应作为色差校正的最后手段，即如果可以用过渡喷涂技术矫正色差就不需要微调。假如必须要做微调，则微调到可以通过过渡喷涂消除色差为止。对于喷漆人员，过渡喷涂是解决色差问题的最有效手段。

在决定进行调整之前应当确认以下事项：

1）色漆是否喷过试板？喷试板的方法是否与修补时一样？

2）车身的哪个部位需要配色？修补区域周边是否已经抛光处理？

3）色漆是否已经达到遮盖能力？

4）色漆是否正常干燥？

5）调漆设备是否运行良好？

6）配色时的加入量是否准确？

7）是否已检查过差异色？

8）过渡喷涂可以解决吗？

9）是否真的需要调整这个颜色？

在排除上述干扰因素，并确定不能用过渡喷涂的方式解决色差后，才能确定需要微调。

要确定微调的成分，必须对配方中的全部色母的颜色特性有充分的了解。

因为所调的漆色为白色（偏深黄），从配方中的色母构成可以看出还带有蓝色相。从“鹦鹉”22系列色母的色轮图（也称色环图，见图6－20）可以看出向黄色、蓝色方向微调可选的色母种类。颜色的调配意味着要移动在色环图中的位置。

确定最终选择哪种色母，还需要查阅色母特性图，以确定所调色配方中各种色母的特性。通过查看22系列色母特性图可知，A4D（北极白，偏深黄）的颜色配方中，各色母的特性如图6－21所示，其中：M0为树脂，微调颜色与它无关；M60为白色（高纯净度）；A105为偏橙的黄色（低纯净度）；A126为偏黄的黑色（低纯净度）；A131为偏紫的蓝色（高纯净度）。

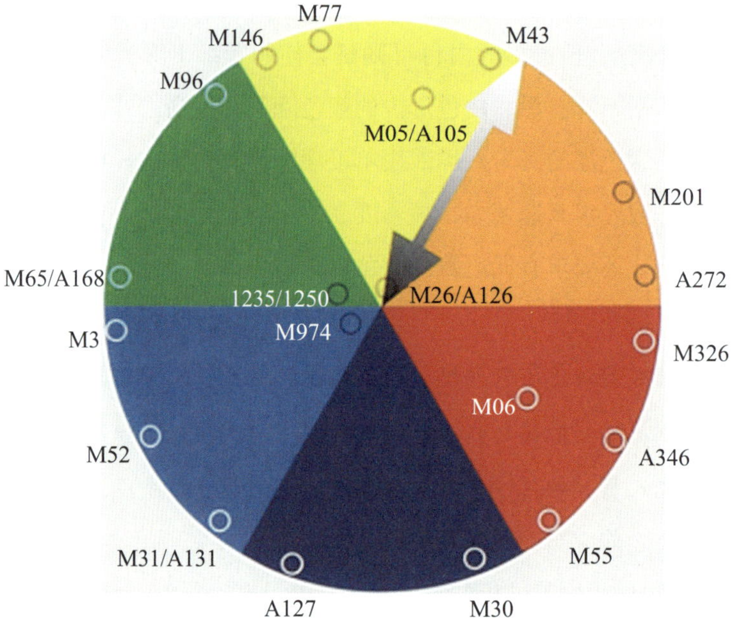

图 6-20 “鹦鹉”22 系列色母色轮图

图 6-21 马自达 A4D 颜色配方中的色母

比色时，如果确定缺少黄色（不够黄），则应加 A105，但彩度会降低；如果黄色调过重，则应加 M60，同时明度和纯净度均会提高。如果缺少蓝色（不够蓝），则应加 A131，彩度会提高；如果蓝色调过重，则应加 M60，同时明度和纯净度均会提高。如果纯净度过高（白色过重），则应加 A126，同时明度和彩度也会降低。

（2）微调。

1）确定添加量。确定了需要微调的色母后，应精确地确定需添加的量。

如经颜色对比，确定需要添加黄色色母 A105，则添加量通常按如下经验公式确定：

需要微调的质量＝(色母组分的质量/调漆总量)×50

根据表 6－2，在 0.5L 配方中，A105 组分质量为 28.9g；调漆总量为 638.9g，则需微调的质量为：

需要微调的质量＝(28.9/638.9)×50≈2.26（g）

2）第一次微调。取 100g 色浆，添加 A105 色母 2.2g［总量为 100＋2.2＝102.2(g)］。将选择好的色母计量加入配色涂料，将色浆混合均匀，经调制后喷试板，烘干后比色。

此次比色的第一任务是确定调整的方向是否正确。如果调整方向不正确，说明所选的色母不对，应重新分析并选择微调色母；如果调整方向正确，但颜色还是有差距，则需要确定还需要添加多少。例如经对比判断还有一半的差距，则确定还需添加 1 倍量的该色母，即添加总量应为 4.4g［2.2×2＝4.4(g)］。

3）第二次微调。取 100g 色浆，添加 4.4g 的 A105［总量为 100＋4.4＝104.4(g)］。将色浆混合均匀并调制后喷试板，烘干后比色。

如果颜色还有差距，则需要确定还需要添加多少，继而进行第三次、第四次微调，直到满意为止。如果比色结果达到满意的程度，则准备实车喷涂。

确定颜色调得多么接近，是一项困难而重要的决定。虽然涂料的颜色越接近汽车的颜色越好，但是在实践中有一个点，达到此点便可认为颜色已经够接近了，不会有问题了（一定的色差可以通过过渡喷涂来改善）。最好用比色计，用数字表示颜色相差的程度，但是如果没有比色计，那么就必须靠双眼，最好让尽可能多的人来帮助进行鉴定，做出结论。

4）确定实车喷涂的微调量。假设经 2 次的微调后比色，结果已经达到满意的程度。在此之前，共喷涂了 3 次试板，所以用掉了 300g 色浆，剩余的色浆数量是：

638.9－300＝338.9（g）

因为最终确定的是以 4.4g 的 A105 来微调 100g 色浆，则 338.9g 色浆需要的蓝色色母微调量是：

4.4÷100×338.9≈14.9（g）

即用 14.9g 的 A105 去微调剩余的色浆，即可进行实车喷涂。

(3）恢复标准配方。

在进行颜色微调时，所加的每一种色母及质量应有详细记录，所以当微调完成后，便获得了一个新的配方，见表 6-5。在正式喷涂需大量调漆时，按此配方调色即可。

表 6-5　微调后的配方

颜色代号：A4D/北极白（偏深黄）					
车型：马自达 6					
色母	1L 累积	1L 单量	0.5L 单量	0.5L 微调量	0.5L 微调后单量
522-M0	198.4	198.4	99.2		99.2
22-M60	1 169.2	970.8	485.4		485.4
22-A105	1 227.1	57.9	28.9	11.0	39.9
22-A126	1 266.4	39.3	19.6		19.6
22-A131	1 278.1	11.7	5.8		5.8

由于微调时加入的色母质量都很少，微调后色浆的体积仍然近似于 1L，所以只要把获得的新配方恢复成 1L 配方即可（即将 0.5L 微调后单量各乘 2），保存好留作以后碰到相似情况时使用。这样积攒的配方多了，可以把它们装订成册，作为色卡使用，方便快捷。

（4）收尾工作。

清洗喷枪，清理工作台及使用的工具。

调色时还应注意以下几点：

1）不同的汽车制造商或涂料制造商所提供的色卡有所不同，有的色卡背面有配方，有的无配方。对于没有配方的色卡，其背面往往标有特定的字符代号或条形码，可通过代号或条码阅读器，在调色计算机上读取配方。

2）调色过程中所用的工具和盛具，必须保持干燥清洁，不得带有杂漆、水分、灰尘等杂质。

3）调配双组分色漆时，应根据涂装用量，现用现配，用多少配多少。调色后的涂料，在规定的时间内用完，以防胶化报废。

4）调配双组分色漆时严禁接触水分、酸碱、油污等物质。

技能考核

一、准备工作

在技能学习工位准备好拟喷漆的车身或板件，喷漆相关劳动保护用品，调色设备、工具及配套材料，压缩空气喷涂系统。

二、考核流程

1. 学员工作

（1）在各自工位分组学习。

（2）在充分学习本任务相关知识的基础上，进行素色漆人工调色的实操训练，同时完成相应的工单。

（3）5S 工作。

（4）自我评价。

2. 指导教师工作

学员在进行上述操作过程中，指导教师进行下列工作：

（1）向学员讲解安全注意事项，并要求学员在工单中做记录。

（2）观察、指导学员进行相关操作，及时制止可能发生危险的操作。

（3）实操结束后审阅学员完成的工单（见表 6-6），并结合其操作情况做出评价。

表 6-6　素色漆的人工调色

班级学号		姓名	

1. 准备

（1）记录你对试板所做的准备工作：

____

____

____。

（2）你准备调色的车型是______________，查到的车身颜色代码是______________，查找的方法是____。

2. 获得颜色配方

（1）记录你获得颜色配方的途径：______________________________。

（2）将你获得的原始配方记录在下面：

颜色代号：		
车型：		
色母名称	1L 单量	1L 累计

3. 湿比色

在进行了湿比色后，你确定需调整的色母是______________________________。

4. 喷涂试板

将你喷涂试板的喷涂工艺参数记录在下面：

____

____

____。

续表

采用上述喷涂参数的依据是：________________________________。

5. 微调

（1）在进行了干比色后，你确定需要调整的色母和调整量是：

____。

（2）进行了颜色微调后，再次进行干比色时，颜色□是 □否满意。如果不满意，你确定要调整的色母和调整量是：________________________。

（3）你一共进行了__次微调，才达到你认为的满意程度。

（4）将微调后的配方恢复为标准配方，并记录在下面：

颜色代号：					
车型：					
色母名称	1L 单量	1L 累计	0.5L 单量	0.5L 累计	0.5L 单量（微调后）

6. 对于素色漆的调色，你遇到了什么困难？你是如何克服这些困难的？

____。

7. 个人技能掌握程度：非常熟练□ 比较熟练□ 一般熟练□ 不熟练□

教师评语：

成绩____（10 分制） 教师签字__________ ______年____月____日

任务 6－2 银粉漆的调色

任务引入

汽车车身用的银粉漆漆膜一般是由含有随角异色效应的颜料（最典型代表是铝粉，也称为银粉，如图 6－22 所示）的底色漆层和罩光清漆层组成。罩光清漆层又有透明无色清漆层和着色透明清漆层两种。为提高底色涂料的遮盖性，有时在涂底色涂料之前涂装与底色涂料的颜色相近的中涂底漆（又称着色封底中涂底漆）。经过上述的多种组合，可形成色彩多样化的、漂亮灿烂的金属闪光色。

银粉漆的调色

图 6-22 含有铝粉的漆膜

本任务主要学习银粉漆的调色方法。

学习目标

1. 能够查询银粉漆色母特性。
2. 能够进行银粉漆调色。
3. 能够进行银粉漆的颜色评价。
4. 培养良好的安全卫生习惯、环保意识和团队协作的职业素养。
5. 能够检查、评价、记录工作结果。

技能学习

银粉漆的调色工艺过程与素色漆相似，但是银粉漆由于存在随角异色效应，颜色对比难度很高。必须把握住色母特性，细心分辨，才能调出正确颜色。

银粉漆调色工艺基本步骤与素色漆调色一样，调色流程如下。

一、准备工作

与素色漆的调色准备工作相同。

二、调色步骤

假如一辆银灰色汽车需要调色，使用“鹦鹉”汽车修补漆系统进行调色，调色步骤如下。

1. 获取颜色配方

（1）找到颜色代码（如 5PNC）。

（2）查阅 5PNC 颜色配方。

1）按所查得的油漆代码 5PNC 找到相应的色卡（或色卡组）。

2）在要修补区域附近并且颜色一致处用抛光蜡抛光。

3）将所选的色卡与车身颜色进行对比，找到最接近的色卡（从色卡组中）。

4）从色卡的背面读取配方，并根据实际需要调配的涂料用量重新计算配方，见表 6－7。

表 6－7　5PNC/星光银（标准）的配方

颜色代码：5PNC/星光银（标准）				
车型：马自达 3				
色母	1 升累积	1 升单量	0.5L 累积	0.5 升单量
352-91	174.0	174.0	87	87
55-M99-10	399.3	225.3	199.6	112.6
55-M99-19	758.1	358.8	379.0	179.4
55-A136	854.8	96.7	427.4	48.3
55-M105	875.1	20.3	437.5	10.1
55-A929	884.8	9.7	442.4	4.8
55-M306	889.6	4.8	444.8	2.4
55-A640	891.5	1.9	445.7	0.9
55-A098	893.4	1.9	446.7	0.9
55-M1	919.5	26.1	459.7	13.0

2. 湿比色

（1）准备色母和工具。参阅素色漆调色。

（2）计量添加色母。按配方所列色母的顺序添加色母，352-91→55-M99-10→55-M99-19→55-A136→55-M105→55-A929→55-M306→55-A640→55-A098→55-M1。

（3）湿对比颜色。搅拌均匀后的涂料，简单与试样（或车身）进行比色，确定颜色差别，并初步判断应调整的色母。

3. 干比色

（1）喷涂第一块试板。取 100g 色浆，按涂料技术说明书添加稀释剂（因为是双工序漆，所以配方中的色母均为 1K 型，无须添加固化剂），混合均匀后喷涂试板。因为是双工序漆，所以必须按工艺规范喷涂清漆。

（2）比色。等喷涂的试板干燥后，从不同的方向观察对比，银粉漆需从 15°、25°、45°、75°、110°等多个角度对比观察，尽可能接近目标颜色。通过观察各个角度的颜色，确定色相、明度和彩度三个要素的差异，确定需要调整的颜色方向。

4. 微调颜色

（1）查看鹦鹉 55 系列色母色轮图（如图 6－23 所示），确定所需调整颜色方向可能添加的色母。

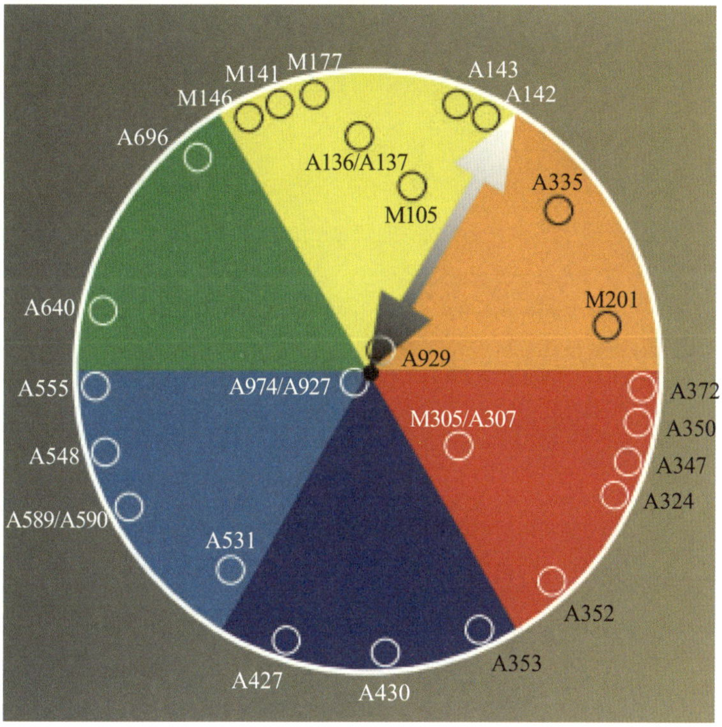

图 6－23　鹦鹉 55 系列色母色轮图

（2）分析配方色母特性。查看鹦鹉 55 系列色母特性图，总结出 5PNC 配方中各个色母特性，见表 6－8。

表 6－8　5PNC/星光银配方中各色母特性

色母	名称	特性	色母	名称	特性
352-91	稀释剂	透明	55-M1	树脂	透明
55-M99-10	细银：颗粒细	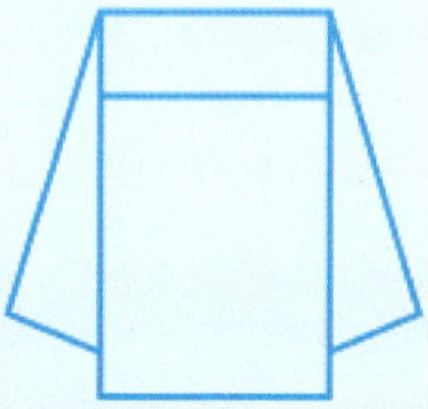	55-A929	偏黄黑：正侧面均偏黄	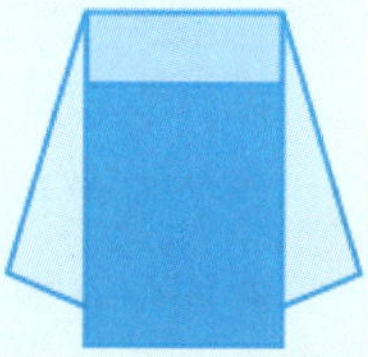

续表

色母	名称	特性	色母	名称	特性
55-M99-19	粗银：颗粒粗	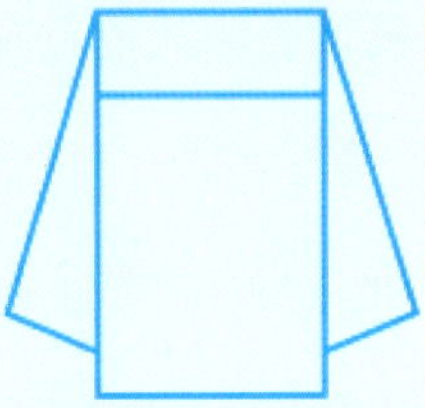	55-M306	红：侧面偏浅	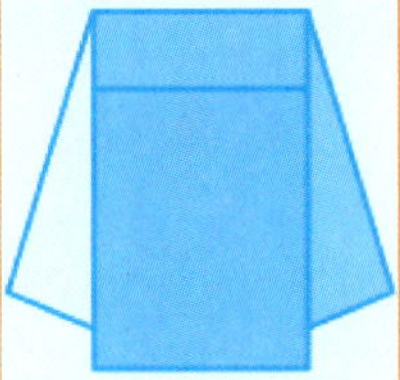
55-A136	偏绿黄：正面偏橙	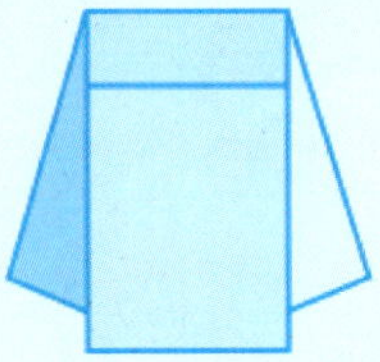	55-A640	偏蓝绿：侧面偏蓝	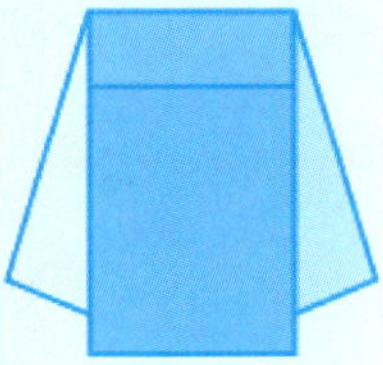
55-M105	偏橙黄：侧面偏橙	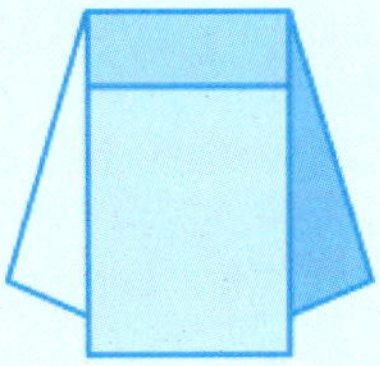	55-A098	白色：正面偏黄，侧面偏蓝	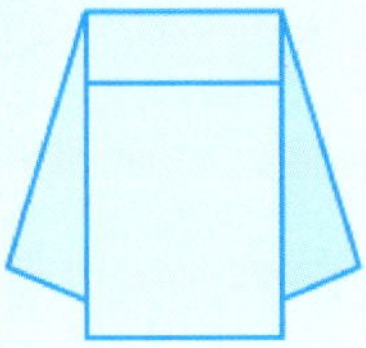

（3）确定需添加的色母。在决定进行调整之前应当确认以下事项：

1）色漆是否喷过试板？喷试板的方法是否与修补时一样？

2）车身的哪个部位需要配色？修补区域周边是否已经抛光处理？

3）色漆是否已经达到遮盖能力？

4）色漆是否正常干燥？

5）调漆设备是否运行良好？

6）配色时加入量是否准确？

7）是否已检查过差异色？

8）过渡喷涂可以解决吗？

9）是否真的需要调整这个颜色？

对于银粉漆，可以采用适当的喷涂技巧来达到调整颜色的目的，如图 6－24 所示。

在排除上述干扰因素，并不能用喷涂技巧解决色差后，才能确定需要微调。

进行银粉漆微调色时，首先调铝颜料的结构和混合比例，调完直视和斜视下的光泽度后，添加着色色母并使色相一致。

在调整金属闪光感时，应熟悉配方中的银粉色母的特点。通常细银主要用来提供遮盖

浅	喷涂方式	深
减少	← 出漆量 →	增加
增加	← 气压 →	减少
开大	← 喷幅 →	关小
远	← 喷枪距离 →	近
快	← 走枪速度 →	慢
延长	← 晾干时间 →	缩短
过稀	← 稀料比例 →	不够稀
快干	← 稀料种类 →	慢干
小	← 喷嘴口径 →	大

图 6－24　调整银粉漆效果的喷涂技巧

力，其正面不够闪亮，侧面亮度低；粗银正面闪光感高，侧面要根据形状确定亮度，如椭圆形的银粉侧面亮度高；中银正、侧面特点介于细银和粗银之间，应用较少。

注意：

（1）在调配某个银粉漆颜色时，每一个色母都会对这个颜色的正、侧面产生影响。

（2）使用了较多（5%～10%）的无光银时，就无法消除正面的灰暗和颜色的不纯。

（3）使用大量的珍珠色母（30%以上）后，就不要期望能把侧视下的颜色调暗。

要调整铝颜料的结构可通过添加控色剂来实现。控色剂可改变闪光颜料的排列以调整闪光状态。涂料生产商通常会供应两种类型的控色剂，分别给出不同的代号，此处暂以控色剂 A 和控色剂 B 来加以区分。两种控色剂的调色原理如图 6－25 所示。其中一种会增大铝颜料之间的距离，以使原色色母的色相得以更充分的显现；另一种会使平整排列的铝颜料变成倾斜或垂直状态，从而调整正、侧面的闪光感。

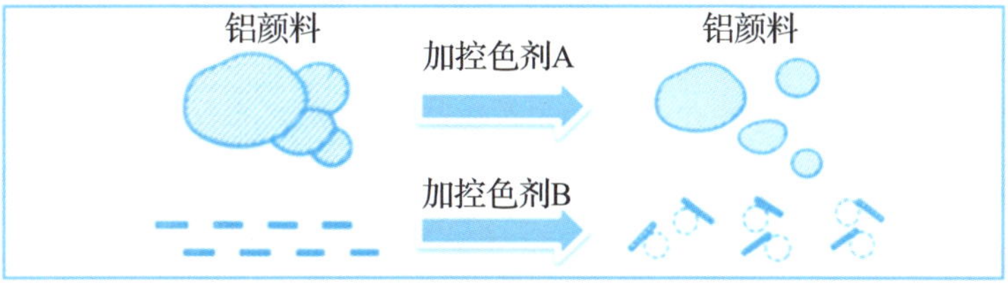

图 6－25　两种控色剂的作用

当铝颜料紧密排列，直视时表面产生强烈的反射，看不出色母颜料或其他原色的色相时使用控色剂 A，添加前后的对比如图 6－26 所示；铝颜料平铺且斜视时表面亮度不足则使用控色剂 B，添加前后的对比如图 6－27 所示。注意：每次添加少量控色剂以防止过量。

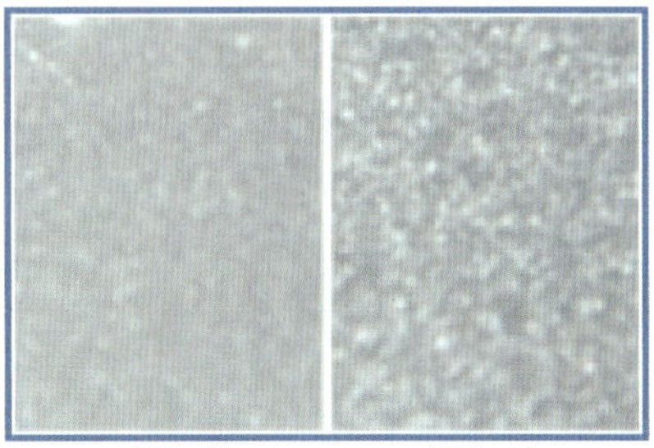

添加前　　添加后

图 6－26　添加控色剂 A 的前后效果对比（直视）

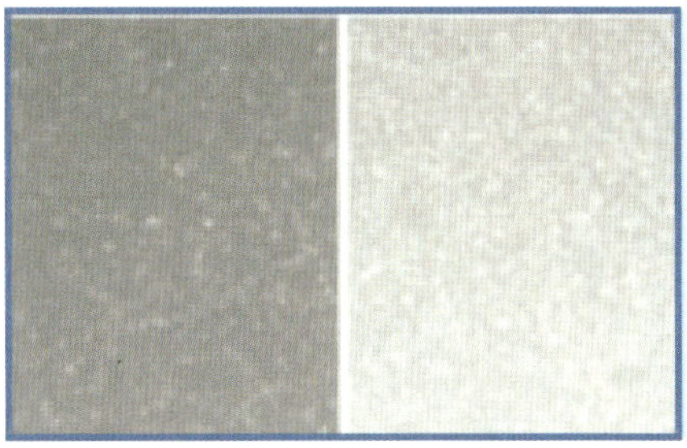

添加前　　添加后

图 6－27　添加控色剂 B 的前后效果对比（斜视）

调整好正视和侧视的金属光泽后，再通过添加着色色母来调整色相。例如试板颜色比对结果表明正面缺少黄色，则有 A136 和 M105 两个色母可添加，这时就需要看侧视色的色差。如果侧视色缺少橙色，则选择 M105；如果侧视色不缺少橙色，则添加 A136。其他着色色母的添加均采用类似的方法。

（4）确定添加色母的量。方法可参阅素色漆调色的相关步骤。

（5）喷涂第二块试板。取 100g 色浆，按确定的添加色母及添加量加入色浆，混合均匀后按技术说明规定加入稀释剂，喷涂试板（注意需喷清漆）。

（6）烘干试板，比色。

（7）重复上述步骤，直到各方向观察的颜色均达到满意的程度。注意：一定程度的色差可以通过过渡喷涂技术来改善。

5. 恢复标准配方

按微调过程的记录，将配方恢复为标准配方，如表 6－9 所示。

表 6－9　PNC/星光银微调后的标准配方

颜色代码：5PNC/星光银（标准）					
车型：马自达 3					
	原配方		微调	微调后配方	
色母	1L 累积	1L 单量	0.1L 添加量	1L 累积	1L 单量
352-91	174.0	174.0		174.0	174.0
55-M99-10	399.3	225.3		399.3	225.3
55-M99-19	758.1	358.8		758.1	358.8
55-A136	854.8	96.7	＋2.6	857.4	99.3
55-M105	875.1	20.3		877.7	20.3
55-A929	884.8	9.7		887.4	9.7
55-M306	889.6	4.8	＋0.5	892.7	5.3
55-A640	891.5	1.9		894.6	1.9
55-A098	893.4	1.9		896.5	1.9
55-M1	919.5	26.1		922.6	26.1

6. 银粉漆颜色微调要点

（1）少量的银粉往往使正面的颜色比侧面的颜色亮；大量的银粉使金属色漆正面和侧面都不同程度地变亮，变亮的程度依赖于银粉的颗粒（粗银粉侧面的影响比细银粉少）。

（2）银粉粗细对颜色有不同的影响。粗银：正面浅，侧面深，高闪烁感，低遮盖能力；细银：正面灰，侧面浅白，闪烁感低，良好的遮盖力；特殊闪亮银：正面浅，侧面深，特殊高的闪烁感，遮盖性适中。

（3）微调时减少银粉色母的量可使银粉漆更深更暗。

（4）要降低银粉漆彩度时，添加黑＋白或黑＋银之混合色母。

（5）如果要减低某种颜色效果，首先应减少配方中这种颜色色母的使用量。如果以对等的颜色色母（补色）减低这种颜色效果，则颜色会渐成浑浊，同时彩度降低。

（6）微调时使用透明性色母能使侧面变深变暗；微调时使用不透明性色母能使侧面变浅变白。

（7）如果可能的话，尽量避免使用白色或氧化物色母，因为它们会降低银粉色漆的光泽度（不透明），使正面变暗，侧面变浅白。

（8）为了使侧面颜色变深，可采取以下措施：

1）增加透明色母的量。

2）减少铝粉的量。

3）使用较粗的银粉色母。

4）减少白色母的量。

5）减少能使侧面变浅的色母的量。

(9）为了使侧面颜色变浅，使用跟以上相反的方法。添加白色母应小心，因为白色母会减低金属效果。

(10）当比色出现色差时，首先应确定如下问题：

1）称量正确吗?

2）漆膜彻底干燥了吗?

3）遮盖彻底吗?

4）选择配方是否正确?

(11）微调颜色时，尽量选用原来配方中已有的色母。

(12）一定要确定按色母特性表确定的所添色母后的颜色走向。

(13）微调时，每加一种色母，都要称量，并记录重量，以便以后参考。

(14）调色工作完成后必须保存颜色样板，并在反面注明以下数据信息：

1）车辆生产商。

2）颜色名称。

3）颜色编号。

4）内部颜色编号。

5）喷嘴大小以及喷枪类型。

6）配方日期。

7）喷涂道数以及枪尾压力。

8）喷涂者姓名。

最好将原配方和调整过的配方一起存档，以便以后参考。

(15）不要在眼睛疲劳状态下配色。

(16）喷涂色板的喷涂技术条件应和喷实车时相同。

(17）向两个样板上照光，进行颜色比较。当用配色灯时，调整配色灯与试验样板之间的距离，理想的距离相当于眼睛至双手的距离。

(18）注意干燥过程中颜色的变化趋向。刚喷涂的涂料在干燥过程中，较重的颜料会向涂层的底部移动，而较轻的颜料则会向表面移动，如图 6－28 所示。虽然涂料在施涂时，其颜色可能与原来的涂料相配，但干燥后，颜色可能就不同了。

例如：蓝和白两种基本颜色混合时，由于蓝色颜料比白色颜料轻，所以蓝色颜料在干燥过程中会向表面移动，结果干涂层将会比新喷涂层蓝一些。

(19）注意抛光对颜色的影响。有些涂料在干燥以后被抛光时会明显地改变颜色，这是因为含有大量较轻颜料的涂层由于抛光而改变位置。所以这些涂料颜色的试验样板必须干燥和抛光，然后才能进行精细配色。

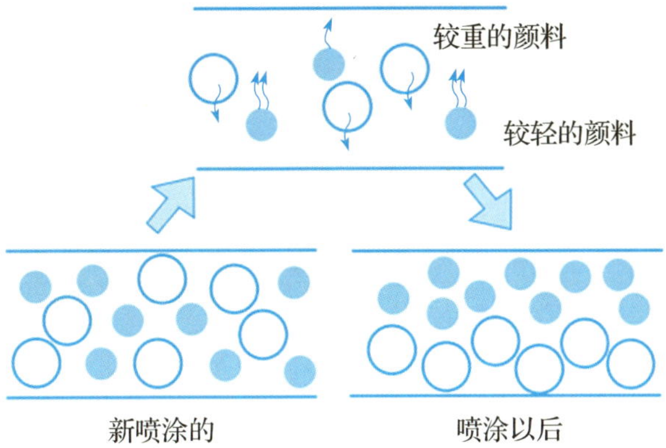

图 6-28　漆膜干燥过程中颜色的变化

（20）注意制造厂和其他的因素，如不同的涂料供应商、涂装设备、涂料种类、涂装施工条件，制造厂内的因素，颜色调配过程中出现的人为因素，长时间后车身涂层老化的因素等。

技能考核

一、准备工作

在技能学习工位准备好拟喷漆的车身或板件，喷漆相关劳动保护用品，调色设备、工具及配套材料，压缩空气喷涂系统。

二、考核流程

1. 学员工作

（1）在各自工位分组学习。

（2）在充分学习本任务相关知识的基础上，进行银粉漆调色的实操训练，同时完成相应的工单。

（3）5S 工作。

（4）自我评价。

2. 指导教师工作

学员在进行上述操作过程中，指导教师进行下列工作：

（1）向学员讲解安全注意事项，并要求学员在工单中做记录。

（2）观察、指导学员进行相关操作，及时制止可能发生危险的操作。

（3）实操结束后审阅学员完成的工单（见表6-10），并结合其操作情况做出评价。

表6-10 银粉漆的人工调色

班级学号		姓名	

1. 准备

（1）记录你对试板所做的准备工作：____。

（2）你准备调色的车型是__________，查到的车身颜色代码是__________，查找的方法是__________________________。

2. 获得颜色配方

（1）记录你获得颜色配方的途径：__________________________。

（2）记录你获得的原始配方：

颜色代号：		
车型：		
色母名称	1L单量	1L累计

3. 湿比色

在进行了湿比色后，你确定需调整的色母是__________________________。

4. 喷涂试板

记录你喷涂试板的喷涂工艺参数：____。

采用上述喷涂参数的依据是：__________________________。

5. 微调

（1）在进行了干比色后，你确定需要调整的色母和调整量是：____。

（2）进行了颜色微调后，再次进行干比色时，颜色□是 □否满意。如果不满意，你确定要调整的色母和调整量是：__________________________。

（3）你一共进行了__次微调，才达到你认为的满意程度。

（4）将微调后的配方恢复为标准配方，并记录在下面：

颜色代号：					
车型：					
色母名称	1L单量	1L累计	0.5L单量	0.5L累计	0.5L单量（微调后）

续表

6. 你认为对于银粉漆的调色，难点在哪里？你是如何解决的？ ____。 7. 个人技能掌握程度：非常熟练□　比较熟练□　一般熟练□　不熟练□
教师评语： 成绩____（10 分制）　　教师签字__________　　______年____月____日

任务 6－3　珍珠漆人工调色与计算机调色

任务引入

珍珠漆漆膜有三工序结构，也有两工序结构。三工序珍珠漆漆膜结构如图 6－29 所示，其涂装过程为：先涂底色漆，再涂珍珠色漆，最后喷涂清漆。要完成这三层涂装，在制造厂流水线上就显得费时。而且珍珠色层厚度的差异，会引起偏光程度不同，由此产生色差。

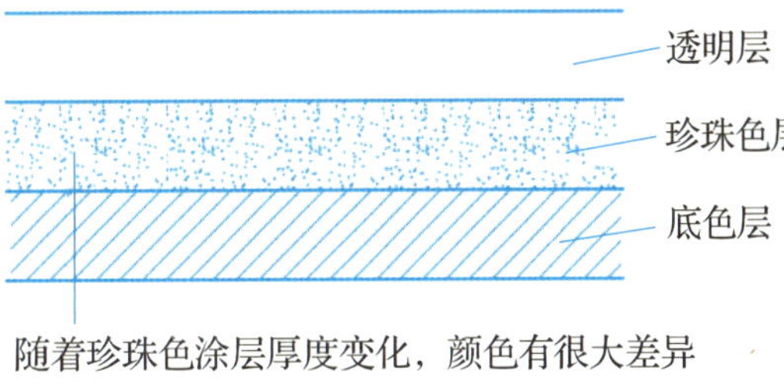

图 6－29　三工序珍珠漆漆膜结构

珍珠漆漆膜随其底层（底色漆层）的颜色、珍珠色的种类和珍珠色层厚度的不同，色彩会发生变化。在进行局部修补时，若这三个条件不是和制造厂完全一致，色彩和格调就不可能相同。而这三个条件变化范围都很大，要真正完全吻合，是极其困难的。

本任务主要学习三工序珍珠漆的调色方法。

学习目标

1. 能够正确进行三工序珍珠漆的调色。
2. 培养良好的安全卫生习惯、环保意识和团队协作的职业素养。
3. 能够检查、评价、记录工作结果。

技能学习

一、珍珠漆的调色

以下仅以三工序珍珠漆为例，说明珍珠漆的调色工艺。

1. 准备工作

珍珠漆的调色准备工作与银粉漆（素色漆）的调色准备工作相同。

2. 操作流程

假如一辆白色丰田凯美瑞轿车需要修补涂装，使用“鹦鹉”汽车修补漆系统进行调色，其步骤如下：

（1）找到颜色代码。如在车身上找到的颜色代码为 070。

（2）查阅 070 颜色配方。

1）按所查得的颜色代码 070 找到相应的色卡（或色卡组）。

2）在要修补区域附近且颜色一致处用抛光蜡抛光。

3）将所选的色卡与车身颜色相对比，找到最接近的色卡（从色卡组中）。

4）从色卡的背面读取配方。根据具体施工需要，重新计算配方中各色母的用量。因为三工序涂装系统基本上都是白珍珠色，底色漆（工序 1）和珍珠漆（工序 2）通常不需要微调颜色，所以调漆量只需要按实际需要的量再多加约 100g 即可，例如实际需要用漆量为 0.4L 的底色漆和 0.4L 的珍珠漆，则调 0.5L 的底色漆和 0.5L 珍珠漆即可。计算后的配方见表 6－11。

表 6－11　丰田凯美瑞颜色代码 070 珍珠白（标准）计算后的配方

颜色代码：070/珍珠白（标准）				
车型：丰田凯美瑞				
色母	1L 单量	1L 累积	0.5L 单量	0.5L 累积
工序 1				
352-91	174.0	174.0	87	87
55-M25	644.1	818.1	322	409
55-A137	119.8	937.9	59.9	468.9
55-A927	89.4	1 027.3	44.7	513.6
55-A553	11.6	1 038.9	5.8	519.4
工序 2				
352-91	174.0	174.0	87	87
55-M919	135.2	309.2	67.6	154.6
11-E440	8.2	317.4	4.1	158.7
55-M0	550.2	867.6	275.1	433.8
55-M1	45.6	913.2	22.8	456.6

(3) 准备色母和工具。参阅素色漆调色此步骤的相关操作。

(4) 喷涂底色漆试板。

1) 计量添加色母。按 0.5L 配方中工序 1 所列色母的顺序和质量添加色母，352-91→55-M25→55-A137→55-A927→55-A553，得到 519.4g 色浆。

2) 喷涂试板。取 100g 色浆，按涂料技术说明书添加稀释剂（因为是三工序漆，所以配方中的色母均为 1K 型，无须添加固化剂），混合均匀后按施工标准要求喷涂试板并烘干。

此时，如果在前舱盖、行李箱盖背面能够看到底色漆（这些地方是不喷涂珍珠漆和清漆的），则可以按素色漆的比色与微调操作方法进行底色漆的微调。

(5) 喷涂珍珠漆试板。

1) 制作分色试板。为了使珍珠漆的比色更加准确，在喷涂试板时，通常采用阶梯式喷涂（渐变喷涂）。将喷涂了底色漆的试板沿纵向均分成 6 个部分，并分别进行横向遮盖，如图 6-30 所示。

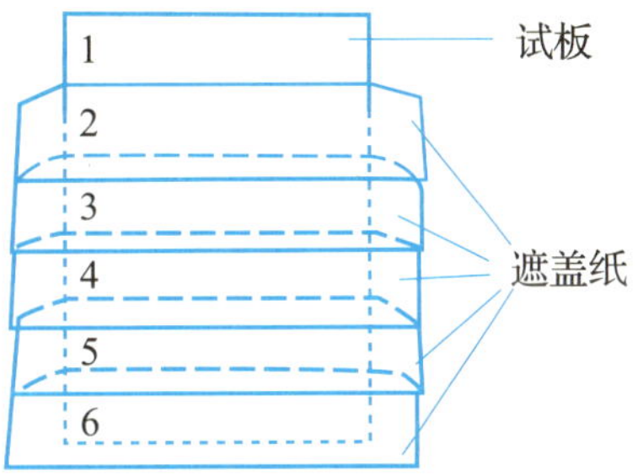

图 6-30 遮盖试板

2) 调配珍珠漆。按 0.5L 配方中工序 2 所列色母的顺序和质量添加色母，352-91→55-M919→11-E440→55-M0→55-M1，得到 456.6g 色浆。

3) 喷涂试板。取 100g 色浆，按涂料技术说明书添加稀释剂，混合均匀后按施工标准要求喷涂试板。

a. 喷涂第一层珍珠漆，如图 6-31 (a) 所示。

b. 按规定时间闪干后，撕去一层遮盖纸（或胶带），喷涂第二层珍珠漆，如图 6-31 (b) 所示。

c. 按规定时间闪干后，再撕去一层遮盖纸（或胶带），喷涂第三层珍珠漆，如图 6-31 (c) 所示。

d. 按规定时间闪干后，再撕去一层遮盖纸（或胶带），喷涂第四层珍珠漆，如图 6-31 (d) 所示。

e. 按规定时间闪干后，再撕去一层遮盖纸（或胶带），喷涂第五层珍珠漆，如图 6-31 (e) 所示。

f. 按规定时间闪干后，撕去最后一层遮盖纸（或胶带），将样板烘干。

g. 将试板纵向遮盖一半，喷涂清漆，如图 6-32 (a) 所示。

h. 揭去遮盖纸，并使样板干燥。完成后的试样如图 6-32 (b) 所示。

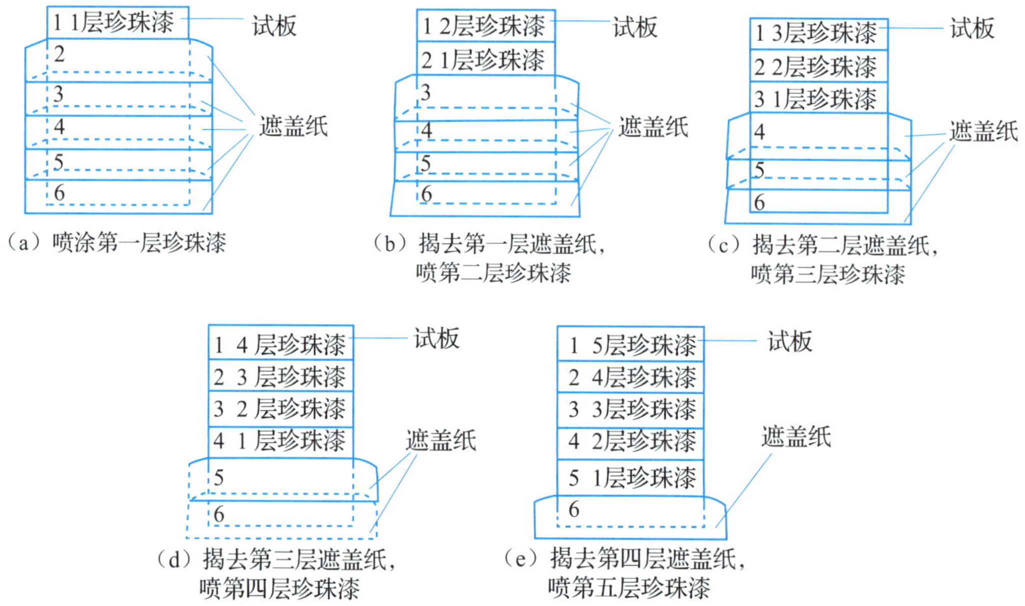

图 6-31　依次喷涂珍珠漆

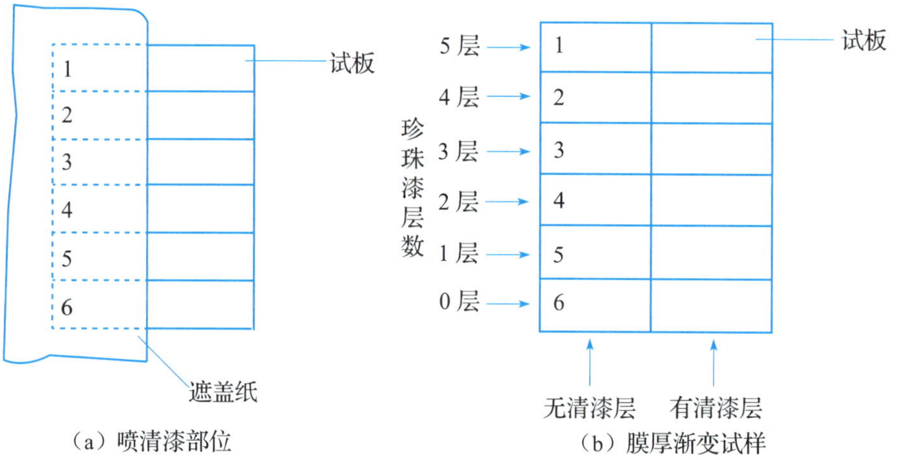

图 6-32　喷清漆部位和试样

（6）比色。等喷涂的试板干燥后，从不同的方向观察对比，需从15°、25°、45°、75°、110°等多个角度对比观察。通过观察各个角度的颜色，确定色相、明度和彩度三个要素的差异，找出颜色最接近的区域，确定需要喷涂几层珍珠漆才能得到所需要的颜色。

二、利用计算机调色

1. 基本步骤

（1）查阅汽车车身上的颜色代码（或利用色卡获得代码）。

（2）启动计算机中的调色软件。各涂料生产商均有自己的品牌漆调色程序，但基本是不开放的，即在普通的电脑终端通过网络是查不到的，需要涂料生产商的授权方可操作。有的涂料生产商（如 BASF）会将调色软件的部分功能通过互联网向公众开放。

（3）根据显示屏幕界面提示输入颜色代码。

（4）根据屏幕界面提示的配方进行调色。

如果将电子秤与计算机连接，则在计量添加色母时，如果某一色母添加过量，则计算机会自动重新计算配方中各色母比例，即重新生成新的配方，因而可避免由于添加过量使调色失败而造成的涂料浪费。

如果无法获得颜色代码，可利用配套的测色仪，将探头插入待修补车身漆膜内，计算机会自动生成配方。

2. 典型实例

下面以“施必快”CR Plus 系统为例，介绍利用计算机查阅配方的操作程序。

（1）从汽车或随车手册中找出制造商的颜色代码（如 LY7W）。

（2）鼠标左键双击桌面 CR Plus 快捷方式，进入主页面（见图 6－33），左键单击“
”或按“F2”键进入颜色配方界面。

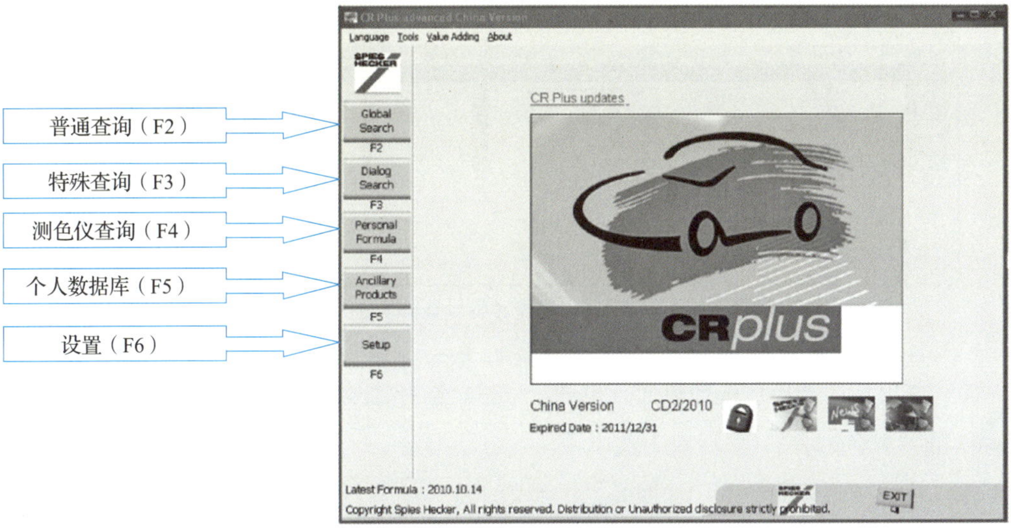

图 6－33 CR Plus 主页面窗口

（3）在颜色配方界面（见图 6－34），按色号查询：“原厂色号”（Paint Code）处，输入色号“LY7W”，然后点击“搜索”（Search）按钮。

（4）在出现的汽车生产商选择界面（见图 6－35）选择汽车生产商［例如选中奥迪（AUDI）］，然后双击选中项。

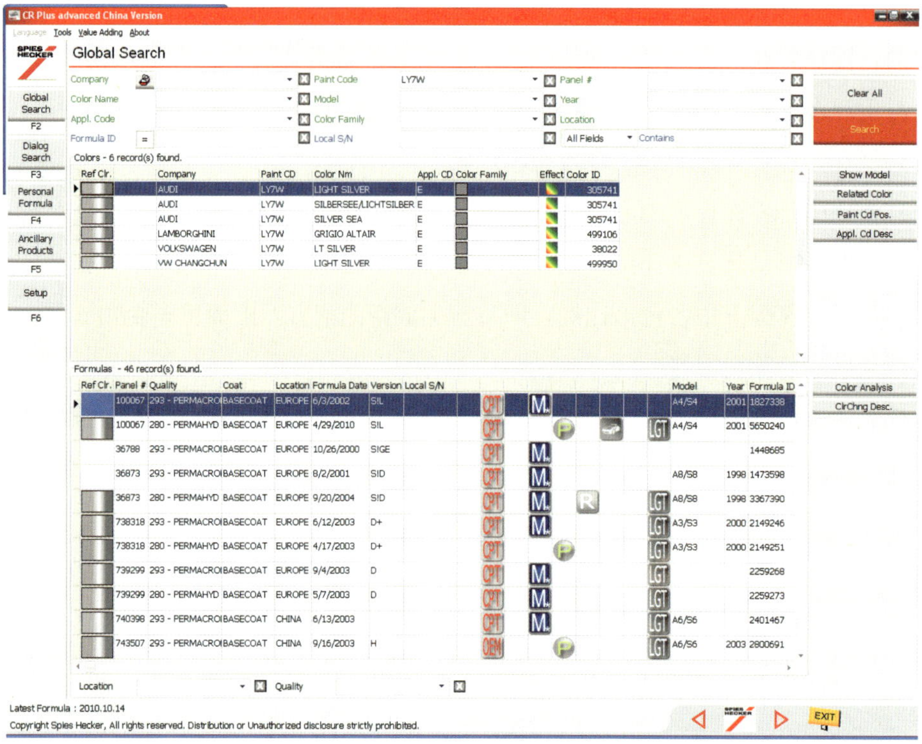

图 6-34　颜色配方界面

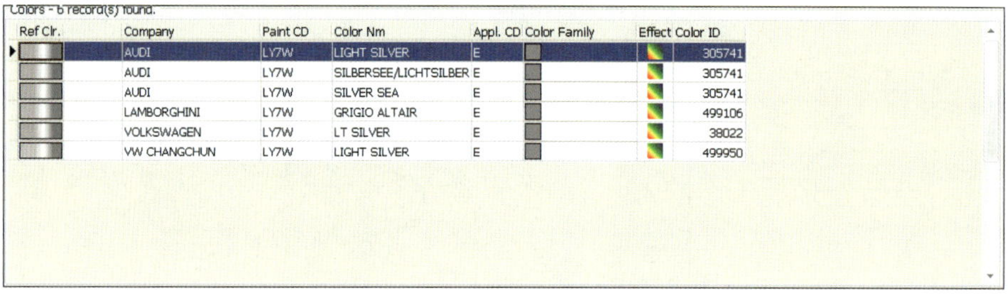

图 6-35　汽车生产商选择界面

（5）在出现的差异色选择界面（见图 6-36）选择需要的差异色配方（如选择代码为 100067 的差异色配方），然后双击选中项。

（6）获得所需要的配方，如图 6-37 所示。

（7）如果点击“调漆”，即出现模拟称量界面，相当于使用电子秤。如果某个色母不慎加入过多，可通过模拟称量界面重新计算。按“F3”，根据系统提示输入每个色母的实际称量，如果某个色母加过量了，系统会提示你如何操作。点击“重新计算混合”，系统将逐个显示配方各色母的新称量值，写下来第一个称量值，按回车键后就会显示下一个色母的称量值，这样就可按重新计算的配方进行调色。

Formulas - 46 record(s) found.

Ref Clr.	Panel #	Quality	Coat	Location	Formula Date	Version	Local S/N						Model	Year	Formula ID
	100067	293 - PERMACROI	BASECOAT	EUROPE	6/3/2002	SIL		CPT	M				A4/S4	2001	1827338
	100067	280 - PERMAHYD	BASECOAT	EUROPE	4/29/2010	SIL		CPT		P		LGT	A4/S4	2001	5650240
	36788	293 - PERMACROI	BASECOAT	EUROPE	10/26/2000	SIGE		CPT	M						1448685
	36873	293 - PERMACROI	BASECOAT	EUROPE	8/2/2001	SID		CPT	M				A8/S8	1998	1473598
	36873	280 - PERMAHYD	BASECOAT	EUROPE	9/20/2004	SID		CPT	M		R	LGT	A8/S8	1998	3367390
	738318	293 - PERMACROI	BASECOAT	EUROPE	6/12/2003	D+		CPT	M			LGT	A3/S3	2000	2149246
	738318	280 - PERMAHYD	BASECOAT	EUROPE	4/17/2003	D+		CPT		P		LGT	A3/S3	2000	2149251
	739299	293 - PERMACROI	BASECOAT	EUROPE	9/4/2003	D		CPT	M			LGT			2259268
	739299	280 - PERMAHYD	BASECOAT	EUROPE	5/7/2003	D		CPT	M			LGT			2259273
	740398	293 - PERMACROI	BASECOAT	CHINA	6/13/2003			CPT	M			LGT	A6/S6		2401467
	743507	293 - PERMACROI	BASECOAT	CHINA	9/16/2003	H		OEM		P		LGT	A6/S6	2003	2800691

图 6 - 36 差异色选择界面

Tint Code	Tint Name	gram (abs.)	gram (cum.)
WB858	BRILLANTSILBER EXTRA	359.2	359.2
WB818	FEINSILBER	616.4	975.6
WB892	PERLGOLD	31.2	1006.8
WB803	SPEZIALSCHWARZ	9.4	1016.2
WB859	BRILLANTBLAU	2.1	1018.3
WB881	MARON	1.1	1019.4

图 6 - 37 显示配方

注：第一栏为色母代号；第二栏为色母名称；第三栏为称量质量；第四栏为累计质量

另外，也可通过相关的网站查阅配方（需要涂料生产商的授权）。如在网页浏览页面输入“施必快”颜色网站地址 http://www.asiacolornet.com，即可进入其颜色网站，显示如图 6 - 38 所示的界面。

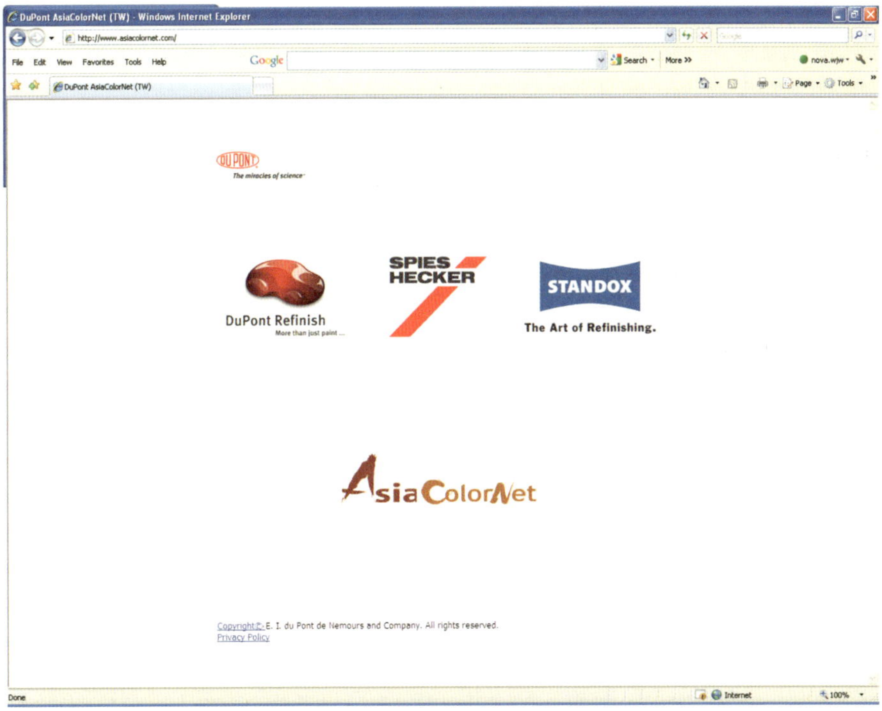

图 6 - 38 “施必快”颜色网页

点击“SPIES HECKER”图标则进入如图 6－39 所示的颜色页面。

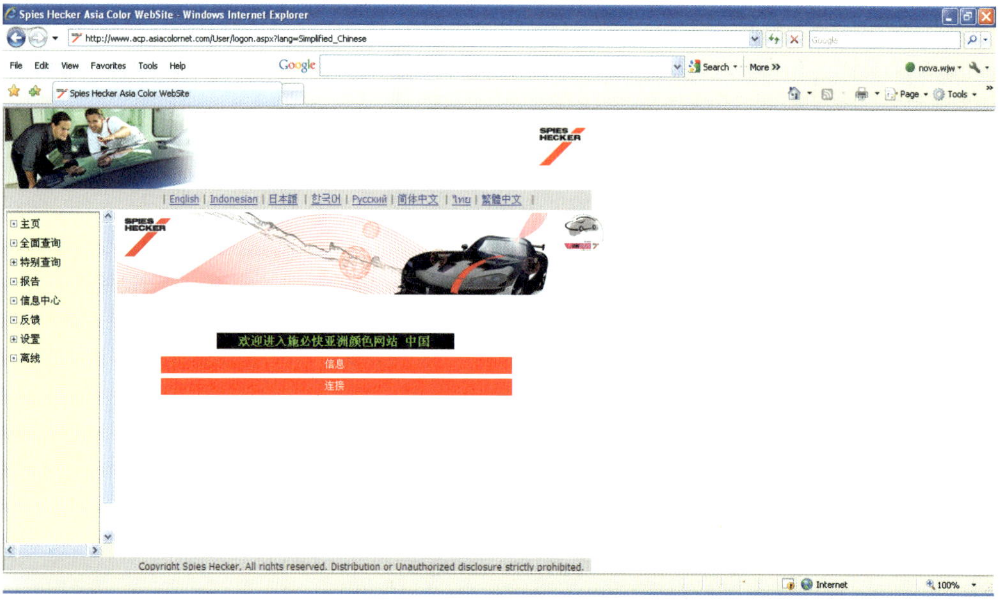

图 6－39　颜色查询主界面

如在颜色查询主界面上点击“全面查询”，出现相应的颜色配方查询界面，如图 6－40 所示。在“原厂色号”栏内输入色号（如 LY7W），点击“查询”按钮，即可获得配方。

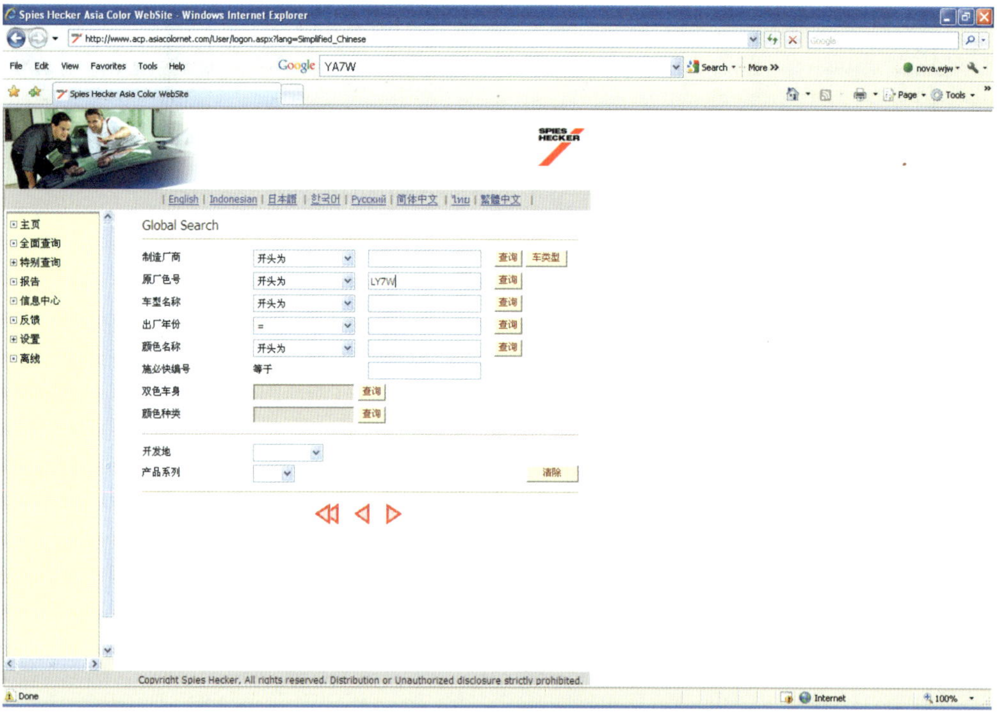

图 6－40　配方查询界面

技能考核

一、准备工作

在技能学习工位准备好拟喷漆的车身或板件，喷漆相关劳动保护用品，调色设备、工具及配套材料，压缩空气喷涂系统。

二、考核流程

1. 学员工作

（1）在各自工位分组学习。

（2）在充分学习本任务相关知识的基础上，进行珍珠漆调色的实操训练，同时完成相应的工单。

（3）5S 工作。

（4）自我评价。

2. 指导教师工作

学员在进行上述操作过程中，指导教师进行下列工作：

（1）向学员讲解安全注意事项，并要求学员在工单中做记录。

（2）观察、指导学员进行相关操作，及时制止可能发生危险的操作。

（3）实操结束后审阅学员完成的工单（见表 6－12）及实训考核记录单（见表 6－13），并结合其操作情况做出评价。

表 6－12　珍珠漆的人工调色

班级学号		姓名	
1. 准备 （1）记录你对试板所做的准备工作： ____ ____。 （2）你准备调色的车型是__________，查到的车身颜色代码是__________，查找的方法是____。 2. 获得颜色配方 （1）记录你获得颜色配方的途径：______________________________。 （2）记录你获得的原始配方：			

续表

颜色代号：		
车型：		
色母名称	1L 单量	1L 累计

3. 湿比色

在进行了湿比色后，你确定需调整的色母是________________________________。

4. 喷涂试板

将你喷涂试板的喷涂工艺参数记录在下面：

____

____。

采用上述喷涂参数的依据是：________________________________。

5. 微调

（1）在进行了干比色后，你确定需要调整的色母和调整量是：

____

____。

（2）进行了颜色微调后，再次进行干比色时，颜色□是 □否满意。如果不满意，你确定要调整的色母和调整量是：________________________________。

（3）你一共进行了__次微调，才达到你认为的满意程度。

（4）将微调后的配方恢复为标准配方，并记录在下面：

颜色代号：					
车型：					
色母名称	1L 单量	1L 累计	0.5L 单量	0.5L 累计	0.5L 单量（微调后）

6. 你认为对于珍珠漆的调色，最困难部分在哪里？你是如何解决这一难题？

____

____

____。

7. 个人技能掌握程度：非常熟练□ 比较熟练□ 一般熟练□ 不熟练□

教师评语：

成绩____（10 分制） 教师签字__________ ______年____月____日

表 6-13　实训考核记录单

时间：100min　　　　**班级学号：________**　　　　**考生姓名：________**

课程：汽车涂装修复技术		实训项目：银粉漆的调色			
序号	考核内容	配分	考核记录	扣分	得分
1	安全与卫生习惯	5			
2	准备工作	5			
3	操作流程	60	（1）查找车身颜色代码　5分		
			（2）查找车身颜色配方　10分		
			（3）计量添加色母　10分		
			（4）湿比色　10分		
			（5）湿比色后的微调　5分		
			（6）喷涂试板　10分		
			（7）干比色　10分		
4	效果评价	20			
5	学生实训记录单	10			
6	完成时限		每超时 5min，扣 1 分		
	得分合计				

注：只要发生一次有可能涉及人身安全及重大事故的行为，本考核记为不合格。

考核教师：__________　______年____月____日

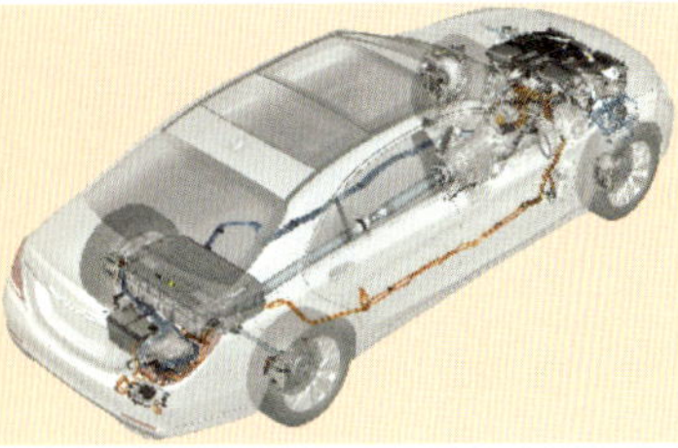

项目七

面漆的涂装

任务7－1　面漆的整车（整板）喷涂

任务引入

当中涂底漆打磨完成，进行必要的除油清洁及遮盖后，即可以进行面漆的喷涂，如图7－1所示。在此之前确认面漆的调色已经完成。

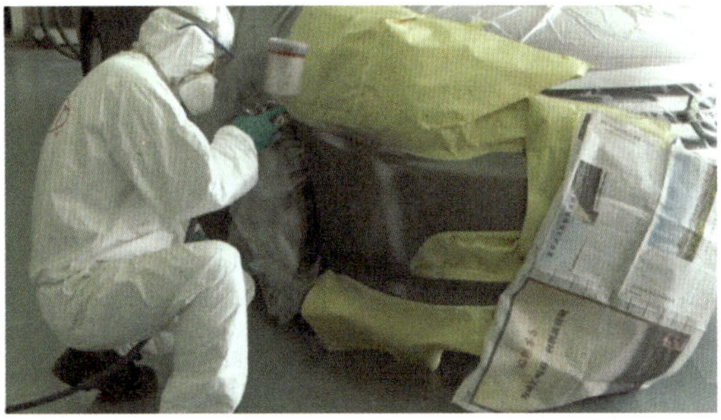

图7－1　喷涂面漆

因面漆是整个涂层的最表层，因而对其喷涂质量要求最高，须达到要求的涂层厚度、光泽和色彩。喷涂面漆是一项技术性很强的工作，需要喷漆人员有良好的喷涂技术和丰富的喷涂经验。

本任务主要学习整板喷涂素色漆、银粉漆和珍珠漆的方法。

素色面漆的整板喷涂

金属色面漆的整板喷涂

学习目标

1. 能够正确进行素色漆的整车（整板）喷涂。
2. 能够正确进行银粉漆的整车（整板）喷涂。
3. 能够正确进行珍珠漆的整车（整板）喷涂。
4. 培养良好的安全卫生习惯、环保意识和团队协作的职业素养。
5. 能够检查、评价、记录工作结果。

技能学习

一、准备工作

1. 劳动安全与卫生

面漆喷涂施工的劳动保护与安全注意事项同底漆喷涂。

2. 准备板件

对于已经打磨完中涂底漆的板件，通常要进行下列准备工作：

（1）用吸尘器或压缩空气对需喷涂表面进行除尘处理。

（2）整板喷涂时，根据所喷涂的板件特点及需喷涂的面积确定遮盖的位置，取合适的遮盖纸进行遮盖。

（3）用粘尘布对待喷涂表面进行除尘处理。

（4）用无纺布浸除油剂对表面进行除油处理。

3. 喷涂前的检查

在开始喷涂作业之前，下列工作一定要做：一是检查全身车身外表有无遮盖遗漏之处；二是检查打磨作业和清洁作业是否完备；三是检查喷枪和干燥设备有无异常。

4. 个人卫生

检查完毕之后，用肥皂清洗手上的油污，穿上喷漆工作服，再用压缩空气清除黏附在衣服上的灰尘。

二、整板喷涂素色漆

不同种类的素色漆，需要的喷涂方法也不一样。现以“鹦鹉”汽车修补漆为例，涂料黏度用 4 号福特杯测量。

1. 准备面漆

（1）解读涂料技术说明。喷涂汽车修补面漆前，应详细解读其使用说明，以便充分了解其喷涂的技术要求。“鹦鹉”22系列素色汽车修补面漆技术说明见表7－1。

表7－1　“鹦鹉”22系列素色汽车修补面漆技术说明

技术图标	工艺参数	技术要求
	修补涂装工艺系统	锐丽-高浓系统
	VOC（RFU）	＞420g/L
	可喷涂面积	390m²/L（膜厚1μm）
	混合比例 固化剂 稀释剂	按颜色配方称量 2∶1＋10％使用调漆比例尺 100％体积比22系列 50％体积比929-93/91/94 10％体积比352-91/50/216
	喷涂黏度 DIN4在20℃	20～22s　　活化时间在20℃
	重力式喷枪 喷涂气压	HVLP喷枪：1.3mm　　兼容喷枪：1.3～1.4mm 2.0～3.0bar/0.7bar风帽气压　　2bar
	喷涂层数	2　膜厚：50～70μm
	刷涂	4∶1与929-13混合＋5％522-78
	固化剂： 干燥　在20℃ 　　　在60℃ 红外线　（短波） 　　　（中波）	标准　快干　慢干 8h　6h　10h 30min　20min　35min 7min 10min

（2）调制面漆。

1）调制高光泽面漆（主要应用于车外板件）。将色浆（调好颜色的混合体）按所需要的量取出，加入固化剂和稀释剂调整好黏度。通常的做法是将色浆和固化剂调配好之后，再加入稀释剂调整黏度。也可以先用稀释剂稀释色浆，过滤好，注入喷枪的涂料杯中，再加入适量的固化剂搅拌均匀。这种情况下，只要记住色浆的用量，然后按色浆：固化剂为2∶1的比例加入固化剂即可，这样做的好处是，可以真正做到用多少调多少，避免浪费。

涂料黏度并非常量，它会随温度而发生变化。即同一种涂料，冬季比夏季显得稠。黏度越高的涂料，随温度变化的特征越明显，因此，即使加入相同量的稀释剂，夏季的黏度为 13～14s，冬季黏度就为 20s 左右。

从表 7－1 中可以查到，调制“鹦鹉”22 系列素色汽车修补面漆时，将色浆与固化剂（929 系列）和稀释剂（352 系列）按 2∶1＋10％的比例（体积比）配比。如果喷涂普通塑料件，首先将色浆与柔软添加剂（522-111）按 4∶1 的比例混合后，再与固化剂（929 系列）和稀释剂（352 系列）按 2∶1＋10％的比例（体积比）配比。

2）调制亚光效果面漆。对于车内装饰件（例如涂装仪表台），通常需要将面漆喷涂为亚光效果，即使漆膜的光泽度降低后的效果。在涂装素色面漆时，为获得亚光效果，主要方法是在面漆中加入亚光添加剂。亚光效果有全亚光、亚光、绸缎光和半光等不同的类型，主要区别是加入的亚光添加剂的种类和比例不同。“鹦鹉”HS 亚光添加剂（522-322）的技术说明见表 7－2。

表 7－2 “鹦鹉”HS 亚光添加剂（522-322）的技术说明

技术图标	工艺参数	技术要求	
		“鹦鹉”22 系列面漆	“鹦鹉”923 系列清漆
	步骤 1 混合比例	半光 100％重量比 22 系列 25％重量比 522-322 绸缎光 100％重量比 22 系列 35％重量比 522-322 丝光 100％重量比 22 系列 45％重量比 522-322	半光 100％重量比 923 系列 25％重量比 522-322 绸缎光 100％重量比 923 系列 50％重量比 522-322 丝光 100％重量比 923 系列 70％重量比 522-322
	步骤 2 混合比例 固化剂 稀释剂	2∶1＋10％，搅拌均匀 100％体积比 22 系列面漆与 522-322 的混合物 50％体积比 929-93/91/94 10％体积比 352-91/50/216	2∶1＋10％，搅拌均匀 100％体积比 923 系列清漆与 522-322 的混合物 50％体积比 929-93/91/94 10％体积比 352-91/50/216
	喷涂黏度 DIN 在 20℃	20～24s	活化时间（在 20℃） 1～2h
	重力式喷枪 喷漆气压	HVLP 喷枪：1.3mm 2.0～3.0bar/0.7bar 风帽气压	适合的喷枪：1.3～1.4mm 2bar
	喷涂层数	2 膜厚：50～70mm	
	干燥 20℃ 60℃	8h 30min	6h 20min

续表

技术图标	工艺参数	技术要求	
		“鹦鹉”22 系列面漆	“鹦鹉”923 系列清漆
	红外线（短波） （中波）	8min 10～15min	
应用：用于 22 系列，22 系列 VOC 面漆和 923 系列清漆的亚光剂。 特性：混合方法简单。 注意：● 用于塑料件时，无须添加 522-11 柔软添加剂。 ● 只调配当天的用量，因为经存储的混合物在喷涂后，光泽可能会有变化。 ● 加入 522-322 亚光剂后立即搅拌均匀。			

从表 7－2 中可知，使用亚光添加剂获得亚光效果主要体现在涂料调制配比方面。其喷涂方法与干燥方法与普通漆相同。但需要注意一点，如果要在塑料件表面制作亚光效果而使用亚光添加剂，则无须再使用柔软添加剂。

3）调制纹理效果面漆。一般汽车的内表面上有许多不同的纹理结构，在修复的塑料件上做出纹理时，新纹理不一定要与原来的一模一样，但纹理的粗细程度必须与原来的一样。

获得纹理效果主要的方法是在素色面漆中加入纹理添加剂。“鹦鹉”纹理添加剂（522-345）的技术说明见表 7－3。

表 7－3　“鹦鹉”纹理添加剂（522-345）的技术说明

技术图标	工艺参数	技术要求	
	修补涂装工艺系统	22 系列 VOC 面漆/923 系列清漆	
	步骤 1 混合比例	按颜色配方称量或 100%体积比 22 系列，22 系列 VOC 100%体积比 522-345	 100%体积比 923 系列 50%体积比 522-345
	步骤 2 混合比例	2∶1+10% 100%体积比 22 系列/923 系列：522-345	
	固化剂	50%体积比 929-91/93/31/33	
	稀释剂	10%体积比 352-50/91	
	喷涂黏度 DIN（20℃）	16～18s 活化时间（20℃） 6h（使用 929-93） 4h（使用 929-91）	
	重力式喷枪 喷涂气压	HVLP 喷枪：1.2～1.3mm 2.0～3.0bar/0.7 风帽气压	兼容喷枪：1.2～1.4mm 2bar

续表

技术图标	工艺参数	技术要求
	喷涂层数	2 膜厚：50～70μm
	固化剂 干燥（20℃） （60℃）	929-93/33　929-91/31 10h　6h 30min　20min
	红外线（短波） （中波）	8min 10～15min
应用：使表面有纹理、弹性和亚光的效果，比如，当修补汽车保险杠时，针对硬质塑料，可以 1∶1 的比例与 22 系列 VOC 纯色面漆混合，或以 2∶1 的比例添加 923 系列清漆。 注意：不要过滤该材料。		

由表 7－3 可知，使用纹理添加剂制作纹理效果主要体现在涂料调制配比方面。其喷涂方法与干燥方法与普通漆相同。

2. 选择喷枪

从表 7－1 中可以查到，喷涂“鹦鹉”22 系列汽车修补面漆时，若选用兼容喷枪，其口径应为 1.3～1.4mm；若选用重力式 HVLP 喷枪，其口径应为 1.3mm。

3. 添加涂料

调制好的涂料，用不低于 180 目的滤网（过滤漏斗等）过滤后装入喷枪的涂料杯内。涂料杯不要装得太满，底色漆和清漆应各用一把喷枪。

需要注意一点，在调制好的纹理效果涂料装枪时，无须过滤。

4. 喷枪的调整

（1）根据涂料的说明调整喷涂气压。从表 7－1 可知，喷涂“鹦鹉”22 系列汽车修补面漆时，如选用 HVLP 喷枪，则喷涂气压为 2.0～3.0bar；若选用兼容喷枪，则喷涂气压为 2bar。

（2）根据喷涂面积大小调整喷涂喷幅大小。通常做整板（整车）喷涂时，用全开喷幅。

（3）用喷幅测试的方式调整供漆量和/或喷涂气压。

5. 喷涂施工

（1）第一次喷涂（预喷涂）。

涂料黏度：标准。

喷涂气压：标准。

喷幅调节阀：全开。

漆流量调节阀：1/2～2/3 开度。

喷枪距离：稍远。

喷枪运行速度：快。

车身整体薄薄地预喷一层。喷这一层的目的，一是提高涂料与旧漆膜的亲和力；二是确认有无排斥涂料的部位，如果有就在该部位稍加大气压喷涂，覆盖住涂料排斥部位。闪干时间不少于 5min。

（2）第二次喷涂（形成漆膜层）。

涂料黏度：标准。

喷涂气压：标准。

喷幅调节阀：全开。

漆流量调节阀：2/3～3/4 开度。

喷枪距离：标准。

喷枪运行速度：适当。

在该工序基本形成漆膜层，要达到一定的膜厚。该工序要注意尽可能喷厚一些，这是最终获得良好表面质量的基础，但同时要注意不能产生流挂，以此作为标准。闪干时间不少于 5min。

（3）第三次喷涂（表面色调和平整度的调整）。

涂料黏度：标准（可稍微调小）。

喷涂气压：标准（可稍微调小）。

喷幅调节阀：全开。

漆流量调节阀：全开。

喷枪距离：标准。

喷枪运行速度：适当。

第二次喷涂已形成了一定膜厚，第三次喷涂主要是调整漆膜色调，同时形成光泽。可适当加入清漆，有时为调整色调要加入干燥速度慢的稀释剂。

素色漆一般喷涂三次，就能形成所需膜厚、光泽和色调。如果色调还不满意的话，可将涂料黏度调小，再修正喷涂一次。

以上喷涂层次为通常的喷涂要求，各涂料生产商生产的涂料不同，喷涂遍数要求也不尽相同。如鹦鹉 22 系列双组分高浓面漆要求在水平面喷涂时厚喷 2 层即可；而在垂直面喷涂时需喷 1/2+1 层，即先薄喷一层（1/2 层），然后再厚喷一层即可。

喷涂作业的先后顺序往往随操作者的习惯而定，但要注意漆雾的影响。通常在下排风的喷漆间整车喷涂时，通常先喷涂车顶，然后喷车后部，围绕车身一圈后在车后部完成接缝的方法喷涂。如果由两名喷漆工共同操作，完成整车喷涂，效果会更好。但在喷涂金属面漆或珍珠面漆时，最好由一个人来操作，因为不同的操作手法可能会引起颜色的差异。图 7－2 为合理的整车喷涂顺序示意图。

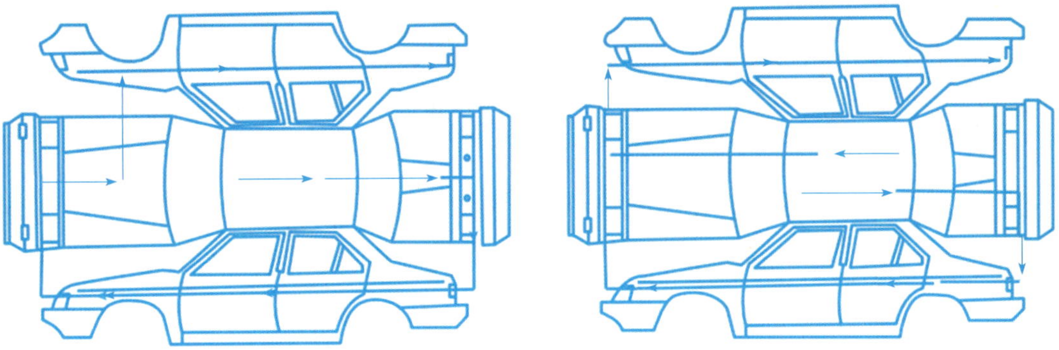

（a）一名喷涂人员的施工顺序　　（b）两名喷涂人员的施工顺序

图 7－2　合理的整车喷涂顺序

应用较多的另外一种喷涂顺序，如图 7－3 所示。首先从车顶开始，依次是右前门、右前翼子板、前舱盖、左前翼子板、左前门、左后门、左后翼子板、行李箱盖、右后翼子板、右后门。在喷涂右后门时可将右前门打开，防止漆雾粒子飞扬到已经略干的右前门漆面上，避免产生粗粒现象，但要提前做好车室内的防护工作。当然，整车喷涂顺序并不是固定不变的，重点是最大限度地避免边缘干燥过快或者在已经表干的区域喷涂。所以，以下的喷涂顺序也经常被采用：左车顶→右车顶→右后门→右前门→右前翼子板→前舱盖→前保险杠→左前翼子板→左前门→左后门→左后翼子板→行李舱盖→后保险杠→右后翼子板。

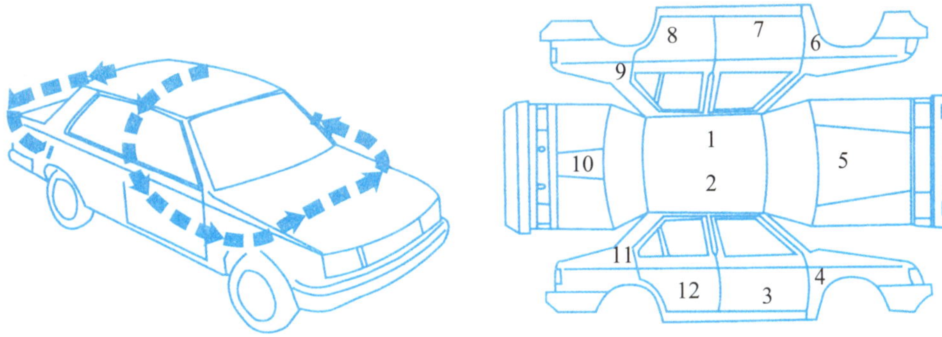

图 7－3　应用较多的整车喷涂施工顺序

（4）闪干。面漆喷涂结束后，若采用烘干干燥，必须使漆膜有充分的闪干时间，以使漆膜中溶剂充分挥发，避免喷涂完毕后直接加温烘烤所造成的漆膜起热痱等缺陷。

涂料的种类不同，闪干时间要求也不同。通常闪干时间在 10～20min 左右。具体数据以涂料技术说明书为准。

（5）清除遮盖。喷涂工作完毕之后，遮盖用的胶带和遮盖纸的作用就已经完成，可以清除掉了。

清除遮盖的工作不要等到加温烘干以后进行，因为加温后胶带上的胶质会溶解，与被粘贴表面结合得非常牢固，很难清除，而且会在被粘贴物上留下黏性的黏结剂。如果被遮盖表面是良好的旧漆层，由于黏结剂中溶剂的作用还会留下永久性的痕迹，除非进行抛光处理否则将去除不掉；漆膜完全干燥后清除胶带还会引起胶带周围漆膜的剥落，造成不必要的修饰工作等。

遮盖的清除工作应在喷涂完毕之后，静置 20min 左右的时间（涂料生产商建议的烘干前闪干时间），待漆膜稍稍干燥后即可。

清除工作应从涂层的边缘部位开始，决不能从胶带中部穿过涂层揭开胶带。拆除动作应仔细缓慢，并且使胶带呈锐角均匀地离开表面，如图 7－4 所示。清除时不要碰到刚刚喷涂过的地方，还应防止宽松的衣服蹭伤喷涂表面，因为这些表面尚未干透，碰到后会引起损伤。

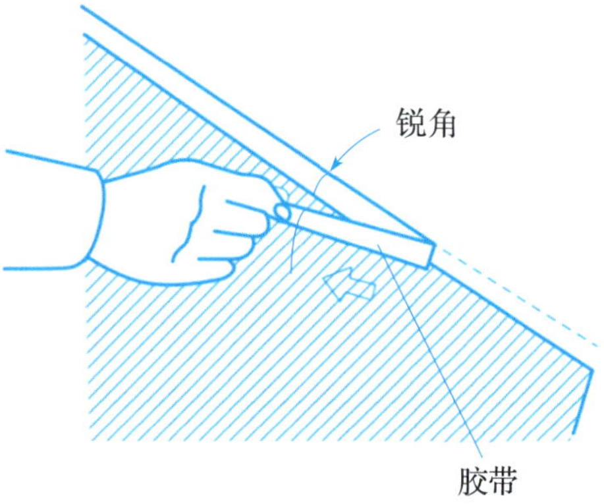

图 7－4　正确揭掉胶带的方法

6. 干燥

整板（整车）喷涂的干燥通常在喷烤房内进行。干燥设备有多种类型，如红外线、远红外线、热风等。不同设备的干燥方式也有所不同，因此干燥作业时的关键就是根据干燥设备的特点，在不致产生气孔的前提下提高干燥速度。

从表 7－1 可知，“鹦鹉”22 系列素色面漆的干燥时间因使用的固化剂和采用的干燥方式不同而不同。

若使用快干型固化剂（如 929-71），常温干燥（20℃）需 6h；热空气升温干燥（60℃）需 20min；用短波红外线干燥需 7min；用中波红外线干燥需 10min。

若使用标准型固化剂（如 929-73），常温干燥（20℃）需 8h；热空气升温干燥（60℃）需 30min；用短波红外线干燥需 7min；用中波红外线干燥需 10min。

若使用慢干型固化剂（如 929-74），常温干燥（20℃）需 10h；热空气升温干燥（60℃）需 35min；用短波红外线干燥需 7min；用中波红外线干燥需 10min。

三、整板喷涂银粉漆

1. 准备面漆

（1）解读涂料技术说明。“鹦鹉”55 系列底色漆技术说明见表 7－4。“鹦鹉”923 系列汽车修补清漆技术说明见表 7－5。

表 7-4　"鹦鹉" 55 系列底色漆技术说明

技术图标	工艺参数	技术要求
	修补涂装工艺系统	锐丽-经典系统
	VOC（RFU）	>420g/L
	可喷涂面积	$115m^2$/L（膜厚 1μm）
	混合比例 稀释剂	2∶1 100%体积比 55 系列金属色/纯色 50%体积比 352-50/91/216
	喷涂黏度 DIN4 在（20℃）	18～22s 活化时间（20℃）可施工油漆为 48h
	重力式喷枪 喷涂气压	HVLP 喷枪：1.3mm　兼容喷枪：1.3～1.4mm 2.0～3.0bar/0.7bar 风帽气压　2bar
	喷涂层数	2（喷涂到遮盖）+1/2 效果层　膜厚：15～20μm
	闪干时间　在 20℃	大约 10min 至亚光
应用：金属色和纯色底色漆/清漆修补系统。 湿碰湿喷涂鹦鹉 923-清漆。 特性：非常好的遮盖力，较短的闪干时间，效率高。 注意：仅使用推荐用于 55 系列色漆上的清漆。		

表 7-5　"鹦鹉" 923 系列汽车修补清漆技术说明

原料	工艺数据			
高浓度清漆 923-255 中浓度清漆 923-155 柔软亚光清漆 923-57 固化剂 929-71　快速 929-73　标准 929-74　慢速 稀释剂 352-50　快速 352-91　标准 352-216　慢速 清漆用于双工序喷漆作业，湿对湿工艺 923-57 适用于保险杠等喷涂，不能加柔软添加剂	混合比例：2∶1+10%			
	涂料	100 份 923 系列清漆		
	固化剂	50 份 929-71/73/74		
	稀释剂	10 份 352-91/50/216		
	活化寿命（20℃）	3～4h		
	喷涂黏度（DIN4.20℃）	16～20s		
	喷枪口径（重力式）	HVLP：1.3mm		兼容：1.3～1.4mm
	喷枪口径（虹吸式）	HVLP：1.8mm		兼容：1.7mm
	喷涂气压	HVLP：2.0～3.0bar		兼容：2bar
	喷涂道数	2		
	间隔时间（20℃）	层间闪干 3～5min		
	膜厚	50～70μm		
	不同固化剂干燥	929-71	929-73	929-74
	干燥（20℃）	1h	2h	3h
	干燥（60℃）	20min	30min	35min
	红外线（短波）	7min	7min	7min
	红外线（中波）	10min	10min	10min

（2）调制底色漆。从表 7-4 可以查到，调制"鹦鹉" 55 系列底色漆时，需将色浆与稀释剂（352 系列）按 2∶1 的比例（体积比）配比。

（3）调制清漆。

1）调制高光泽清漆（主要应用于车外板件）。从表 7－5 可知，调制“鹦鹉”923 系列汽车修补清漆时，将清漆与固化剂（929-71/73/74）和稀释剂（352 系列）按 2∶1＋10％的比例（体积比）配比。

由“鹦鹉”车用塑料件涂装系统技术说明书可知，如果涂装的是塑料件，则应在清漆中加入柔软添加剂 522-111。其调制方法为：将清漆和柔软添加剂（522-111）以 4∶1 的比例先混合（对于 PU 泡沫塑料，比例为 2∶1），然后将混合物与固化剂和稀释剂以 2∶1＋10％的比例混合即可。

2）调制亚光效果清漆。针对“鹦鹉”漆，用于底色漆＋清漆的双工序涂装系统的亚光清漆有 923-55 和 923-57，两种亚光清漆的技术要求基本相同，主要差别在于对光泽的消减程度。923-55 的消光程度大（称为特亚光），而 923-57 的消光程度小（称为亚光，通常用于水性漆亚光涂装系统），将这两种清漆以不同比例混合可得到不同的亚光效果。具体混合比例要根据喷涂的试板与待喷涂板件对比确定。“鹦鹉”MS 亚光清漆 923-55 和 923-57 的技术说明见表 7－6 和表 7－7。

表 7－6　“鹦鹉”MS 亚光清漆 923-55 技术说明

技术图标	修补涂装工艺系统	技术要求	
	可喷涂面积	$240m^2/L$（膜厚 1μm）	
	混合比例 固化剂 稀释剂	2∶1＋10％ 100％体积比 929-55 50％体积比 929-93/91 10％体积比 352-91	用 VOC 固化剂（重量）： 100g923-55 33g923-31/33/34 17g352-91
	喷涂黏度　DIN4 20℃	16s　活化时间：4h	
	重力式喷枪 喷涂气压	HVLP 喷枪：1.3mm 2.0～3.0bar/0.7barf 风帽气压	兼容喷枪：1.3～1.4mm 2bar
	喷涂层	2	膜厚：40～50μm
	闪干时间　　20℃	每层喷涂后及烘烤前都要闪干至亚光 喷涂第一层之后闪干 10～15min，第二层闪干 15～20min 闪干时间不要超过 25min	
	干燥　　20℃ 　　　　60℃	7h 30min	
	红外线　　（短波） 　　　　（中波）	8min 10～15min	

表 7－7 “鹦鹉”MS 亚光清漆 923-57 技术说明

技术图标	修补涂装工艺系统	技术要求	
	可喷涂面积	300m²/L（膜厚 1μm）	
	混合比例 固化剂 稀释剂	2∶1＋10％ 100％体积比 923-57 50％体积比 929-93/91 10％体积比 352-91	用 VOC 固化剂（重量）： 100g923-57 33g929-31/33/34 17g352-91
	喷涂黏度 DIN4 在 20℃	18～20s	活化时间（20℃）：4h
	重力式喷枪 喷涂气压	HVLP 喷枪：1.3mm 2.0～3.0bar/0.7bar 风帽气压	兼容喷枪：1.3～1.4mm 2bar
	喷涂层	2	膜厚：40～50μm
	闪干时间 在 20℃	每层喷涂后及烘烤前都要闪干至亚光 喷涂第一层之后闪干 10～15min，第二层闪干 15～20min 闪干时间不要超过 25min	
	干燥 20℃ 60℃	8h 30min	
	红外线 （短波） （中波）	8min 10～15min	

2. 选择喷枪

从表 7－4 和表 7－5 中可以查到，喷涂“鹦鹉”底色漆和清漆时，若选用兼容喷枪，其口径应为 1.3～1.4mm；若选用重力式 HVLP 喷枪，其口径应为 1.3mm。

3. 添加涂料

调制好的涂料，用不低于 180 目的滤网（过滤漏斗等）过滤后装入喷枪的涂料杯内。涂料杯不要装得太满，底色漆和清漆应各用一把喷枪。

4. 按标准工艺喷涂银粉漆

（1）喷枪的调整。

1）根据涂料的说明调整喷涂气压，如喷涂“鹦鹉”55 系列汽车修补面漆及清漆时，如选用 HVLP 喷枪，则喷涂气压为 2.0～3.0bar；若选用兼容喷枪，则喷涂气压为 2bar。

2）根据喷涂面积大小调整喷涂喷幅大小。通常做整板（整车）喷涂时，用全开喷幅。

3）用喷幅测试的方式确认喷枪的调整情况是否合适。

（2）喷涂流程。

1）第一次喷涂（预喷涂）。

涂料黏度：标准。

喷涂气压：标准。

喷幅控制阀：全开。

漆流量调节阀：1/2～2/3 开度。

喷枪距离：稍远。

喷枪运行速度：快。

喷枪以喷雾感沿车身表面整体薄薄喷洒，以提高涂料与底层或旧漆膜的亲和力，同时确认有无排斥涂料现象。如果出现了排斥现象，就在有排斥现象的部位提高喷涂气压。闪干时间至少 5min。

2）第二次喷涂（决定色调）。

涂料黏度：标准。

喷涂气压：标准。

喷幅控制阀：全开。

漆流量调节阀：2/3～3/4 开度。

喷枪距离：标准。

喷枪运行速度：稍快。

第二次喷涂决定漆膜颜色，喷涂时不必在意出现的喷涂斑纹和金属斑纹，单层喷涂，喷枪移动速度稍快一点为好。丙烯酸聚氨酯涂料遮盖力较强，一般喷两次即可，但有的色调需按第二次喷涂方法再喷涂一次。闪干时间至少 5min。

3）第三次喷涂（消除斑纹喷涂）。

将喷枪内的涂料按 1∶1 的比例加入清漆混合。

喷涂气压：稍小。

喷幅控制阀：全开。

漆流量调节阀：1/2～2/3 开度。

喷枪距离：稍远。

喷枪运行速度：快。

第三次喷涂是修正第二次喷涂形成的喷涂斑纹和金属斑纹，起到防止喷涂清漆层时引起金属斑纹的作用，以形成满意的金属感。

原则上清漆和金属漆各占 50％，但随颜色不同会有些变化。例如浅色彩时，清漆多一些，金属漆占 20％～30％，清漆占 70％～80％；银灰色和中等浓度色调，两种各占 50％，或者清漆稍多一些，占 60％。黏度为 12s 左右。

喷涂时，喷枪运行速度要快，与涂装表面保持稍远的距离，薄薄地喷涂一层，以完全消除金属斑纹。

在底色漆喷涂过程中，如果出现了过多的金属颗粒（轻度流挂），可用吸纸吸掉。

4）闪干。在消除斑纹喷涂结束之后，要设置 10～15min 的中间间隔时间（以涂料生产商的建议为准），使漆膜中的溶剂挥发。若用指尖轻轻触摸漆膜面，粘不上颜色，就可以进入清漆层喷涂。设置中间间隔时间，是为了使金属漆中的溶剂尽可能挥发。“鹦鹉”漆建议闪干时间约 10min，至漆面呈亚光效果即可。

5）第四次喷涂（清漆的预喷涂）。

涂料黏度：标准。

喷涂气压：标准。

喷幅控制阀：全开。

漆流量调节阀：2/3 开度。

喷枪距离：稍远。

喷枪运行速度：稍快。

第一次清漆层的喷涂不能太厚，一次喷涂太厚会打乱金属颗粒排列，所以要喷得薄一些。闪干时间至少 5min。

6）第五次喷涂（精加工清漆喷涂）。

涂料黏度：标准。

喷涂气压：标准。

喷幅控制阀：全开。

漆流量调节阀：全开或 3/4 开度。

喷枪距离：标准。

喷枪运行速度：普通或稍慢。

以第二次清漆层的喷涂结束面漆喷涂工作，要边观察漆膜平整度边仔细喷涂。如果采用快速移动喷枪，往返两次覆盖能得到理想的表面色泽。尤其是在车顶、行李箱盖、前舱盖等，覆盖两次为好。

当表面平整度不好时，可以加入干燥速度慢的稀释剂进行修正，能获得好的喷涂质量。

7）闪干。约 20min。

8）清除遮盖。

9）干燥。银粉漆的干燥参数与素色漆相同。

5. 按经济型工艺喷涂银粉漆

（1）第一次喷涂（底色漆预喷涂）。

涂料黏度：比标准稍大。

喷涂气压：标准。

喷幅控制阀：全开。

漆流量调节阀：1/2～2/3 开度。

喷枪距离：稍远。

喷枪运行速度：快。

整体平均薄薄地喷涂，以提高涂料与旧漆膜的亲和力。同时检查有无排斥涂料现象，如果有排斥涂料现象，则在该部位提高气压喷涂。闪干 5min。

（2）第二次喷涂（决定漆膜色彩）。

涂料黏度：比标准稍大。

喷涂气压：标准。

喷幅控制阀：全开。

漆流量调节阀：3/4～全开。

喷枪距离：标准。

喷枪运行速度：稍快。

第二次喷涂决定漆膜色彩，注意不要出现喷涂斑纹和金属斑纹。如果出现金属斑纹，应将喷枪距离加大，以喷雾的方法喷射对其进行修正。

丙烯酸聚氨酯覆盖力强，喷涂两次就能确定好色彩。如果色彩不好，可间隔 10～15min，再按第二次喷涂的方法，喷第三次甚至第四次。

（3）闪干。闪干约 10min 至表面呈亚光状态。

（4）第三次喷涂（清漆层涂料预喷涂）。

涂料黏度：标准。

喷涂气压：标准。

喷幅控制阀：全开。

漆流量调节阀：2/3～3/4 开度。

喷枪距离：稍远。

喷枪运行速度：稍快。

闪干约 5min。

（5）第四次喷涂（清漆精加工喷涂）。

涂料黏度：标准。

喷涂气压：标准。

喷幅控制阀：全开。

漆流量调节阀：3/4～全开。

喷枪距离：标准。

喷枪运行速度：普通或稍慢。

第二次清漆层喷涂是精加工喷涂，要边观察漆膜的平整度边仔细喷涂，习惯了快速移动喷枪的，可以往返覆盖两层，以获得高质量的表面层。如果漆膜起皱，要加入干燥速度慢的稀释剂进行修正。

(6) 闪干。约 20min，清除遮盖。

(7) 干燥。

以上喷涂层次为通常的金属漆喷涂要求，各涂料生产商生产的涂料不同，喷涂遍数要求也不尽相同。如“鹦鹉”55 系列底色漆要求喷 2+1/2 层，即先厚喷 2 层，再薄喷一层（1/2 层）。

四、整板喷涂珍珠漆

1. 准备面漆

喷涂三工序珍珠漆时面漆的准备工作与喷涂银粉漆相似，即需要准备好底色漆和清漆，不同之处是需要准备好已调好色的珍珠漆。

2. 选择喷枪

喷涂珍珠漆时，喷枪的选用方法也与喷涂银粉漆相同。

3. 添加涂料

调制好的涂料，用不低于 180 目的滤网（过滤漏斗等）过滤后装入喷枪的涂料杯内。注意：涂料杯不要装得太满，底色漆、珍珠漆和清漆应各用一把喷枪。

4. 喷枪的调整

(1) 根据涂料的说明调整喷涂气压。如喷涂“鹦鹉”55 系列汽车修补面漆及清漆时，若选用 HVLP 喷枪，则喷涂气压为 2.0～3.0bar；若选用兼容喷枪，则喷涂气压为 2bar。

(2) 根据喷涂面积大小调整喷涂喷幅大小。通常做整板（整车）喷涂时，用全开喷幅。

(3) 用喷幅测试的方式调整各喷涂参数。

5. 喷涂工艺

(1) 喷涂底色漆。

1) 第一次喷涂（预喷涂）。

涂料黏度：标准。

空气压力：标准。

喷幅控制阀：全开。

漆流量控制阀：1/2～2/3 开度。

喷枪距离：稍远。

喷枪运行速度：快。

车身整体薄薄地预喷一层。喷这一层的目的，一是提高涂料与旧漆膜的附着力；二是确认有无排斥涂料的部位，如果有就在该部位稍加大气压喷涂，覆盖住涂料排斥部位。闪干时间不少于 5min。

2）第二次喷涂（形成漆膜层）。

涂料黏度：标准。

空气压力：标准。

喷幅控制阀：全开。

漆流量控制阀：2/3～3/4 开度。

喷枪距离：标准。

喷枪运行速度：适当。

在该工序基本形成漆膜层且要达到一定的膜厚。该工序应尽可能喷厚一些，这是最终获得良好表面质量的基础，但同时要注意不能产生垂挂和流动，以此作为标准。闪干时间不少于 5min。

3）第三次喷涂（表面色调和平整度的调整）。

涂料黏度：标准（可稍微调小）。

空气压力：标准（可稍微调小）。

喷幅控制阀：全开。

漆流量控制阀：全开。

喷枪距离：标准。

喷枪运行速度：适当。

第二次喷涂已形成了一定的膜厚，第三次喷涂的主要目的是调整漆膜色调，同时要形成光泽。此处可适当加入清漆，有时为调整色调，要加入干燥速度慢的稀释剂。

4）闪干至亚光。设置 10～15min 的中间间隔时间（以涂料生产商的建议为准），使漆膜中的溶剂挥发。若用指尖轻轻触摸漆膜面，粘不上颜色，就可以进入下一道工序。

（2）喷涂珍珠效果层。

1）第一次喷涂（预喷涂）。

涂料黏度：标准。

空气压力：标准。

喷幅控制阀：全开。

漆流量控制阀：1/2～2/3 开度。

喷枪距离：稍远。

喷枪运行速度：快。

车身整体薄薄地预喷一层。喷这一层的目的，一是提高涂料与底色漆层的附着力；二是确认有无排斥涂料的部位，如果有就在该部位稍加大气压喷涂，覆盖住涂料排斥部位。闪干时间不少于 5min 至漆膜表面呈现亚光效果。

2）第二次喷涂（形成决定色彩）。

涂料黏度：标准。

空气压力：标准。

喷幅控制阀：全开。

漆流量控制阀：2/3～3/4 开度。

喷枪距离：标准。

喷枪运行速度：适当。

在该工序基本形成漆膜层且要达到一定的膜厚。该工序应尽可能喷厚一些，这是最终获得良好表面质量的基础，但同时要注意不能产生垂挂和流动，以此作为标准。闪干时间不少于 5min 至漆膜表面呈现亚光效果。

3）第三次喷涂（1/2 效果层喷涂）。

涂料黏度：标准（可稍微调小）。

空气压力：标准（可稍微调小）。

喷幅控制阀：全开。

漆流量控制阀：全开。

喷枪距离：标准。

喷枪运行速度：快。

4）闪干至亚光。设置 10～15min 的中间间隔时间（以涂料生产商的建议为准），使漆膜中的溶剂挥发。若用指尖轻轻触摸漆膜面，粘不上颜色，就可以进入下一道工序。

（3）喷涂清漆。

1）第一次喷涂（预喷涂）。

涂料黏度：标准。

空气压力：标准。

喷幅控制阀：全开。

漆流量控制阀：2/3 开度。

喷枪距离：稍远。

喷枪运行速度：稍快。

第一次透明层的喷涂不能太厚，一次喷涂太厚会打乱金属颗粒排列，所以要喷得薄一些。闪干至少 5min 至漆膜表面呈亚光效果。

2）第二次喷涂（精加喷涂）。

涂料黏度：标准。

气压力：标准。

喷幅控制阀：全开。

漆流量控制阀：全开或 3/4 开度。

喷枪距离：标准。

喷枪运行速度：普通或稍慢。

以第二次透明层的喷涂结束面漆喷涂工作，要边观察漆膜平整度边仔细喷涂。如果采用快速移动喷枪，往返两次覆盖，便能得到理想的表面色泽。尤其是在车顶、行李箱盖、发动机罩等部件喷涂，覆盖两次为好。

当表面平整度不好时，可以加入干燥速度慢的稀释剂进行修正，能获得好的加工质量。

3）闪干。约 20min。

（4）清除遮盖并干燥。因为清漆是最后一道喷涂工序，所以通常采用常温干燥，如“鹦鹉”漆规定在 60℃下干燥 30min 即可。

如果是整板喷涂塑料件，其涂装工艺与银粉漆的涂装工艺基本一致，但在喷涂面漆时，需要先喷涂 55 系列底色漆，再喷涂珍珠效果漆。

技能考核

一、准备工作

在技能学习工位准备好拟喷漆的车身或板件、喷漆相关劳动保护用品、已调好色的色浆、涂料调制工具及材料、遮盖材料及工具、压缩空气喷涂系统。

二、考核流程

1. 学员工作

（1）在各自工位分组学习。

（2）在充分学习本任务相关知识的基础上，进行素色漆和银粉漆的整板喷涂实操训练，同时完成相应的工单。

（3）5S 工作。

（4）自我评价。

2. 指导教师工作

学员在进行上述操作过程中，指导教师进行下列工作：

（1）向学员讲解安全注意事项，并要求学员在工单中做记录。

（2）观察、指导学员进行相关操作，及时制止可能发生危险的操作。

（3）实操结束后审阅学员完成的工单（见表 7－8、表 7－9），并结合其操作情况做出评价。

表 7－8　素色漆的整板喷涂

班级学号		姓名	

1. 喷涂面漆前，对板件做了哪些准备工作？
____
____。

2. 你选用的面漆品牌型号为______________，理由是______________________________。

3. 你选用的面漆调制比例为______________________________________，这一参数的依据是____。

4. 你选用的喷枪类型（包括口径）是______________________________，依据是____。

5. 调整喷枪时，你所确定的调整参数是______________________________，这些参数的确定依据是____
____。

6. 简要记录素色漆整板喷涂的流程：
____
____
____。

7. 你所选用的干燥方法是______________，理由是______________________________；确定的干燥工艺参数是______________________，理由是______________。

8. 操作过程中，你遇到了哪些困难？是如何解决的？
____
____
____。

9. 干燥后，对整个喷涂区域进行检查，将检测的结果记录在下面，并分析产生喷涂缺陷的原因：
____
____
____
____。

10. 个人技能掌握程度：非常熟练□　比较熟练□　一般熟练□　不熟练□

教师评语：

成绩____（10 分制）　　　教师签字__________　　　______年____月____日

表 7-9　银粉漆的整板喷涂

班级学号		姓名	

1. 喷涂底色漆前，对板件做了哪些准备工作？

____

____

____。

2. 你选用的底色漆品牌型号为______________，理由是______________________。

3. 你选用的底色漆调制比例为______________________________，这一参数的依据是______________________。

4. 你选用的清漆品牌型号为______________，理由是______________________。

5. 你选用的清漆调制比例为______________________________，这一参数的依据是______________________。

6. 喷底色漆时，你选用的喷枪类型（包括口径）是______________________，依据是______________。

7. 喷清漆时，你选用的喷枪类型（包括口径）是______________________，依据是______________。

8. 喷涂底色漆时，你确定的喷枪调整参数是______________________________

____。

这些参数的确定依据是______________________________________。

____。

9. 简要记录银粉漆整板喷涂的流程：

____

____

____

____。

10. 你选用的干燥方法是______________，理由是______________________；确定的干燥工艺参数是______________________，理由是______________。

11. 操作过程中，你遇到了哪些困难？是如何解决的？

____

____

____

____

____。

12. 干燥后，对整个喷涂区域进行检查，将检测的结果记录在下面，并分析产生喷涂缺陷的原因：

____

____。

____

____

____。

13. 个人技能掌握程度：非常熟练□　比较熟练□　一般熟练□　不熟练□

教师评语：

成绩____（10 分制）　　教师签字__________　　______年____月____日

任务 7－2　面漆的局部过渡喷涂

任务引入

局部修补喷涂也被称为点状上漆或局部修整，是指在修补涂装时，如果一块板件上出现了损伤，但是损伤的面积较小，同时位置靠近边缘，为了节省时间和材料而进行的修补涂装工艺。图 7－5 所示为车辆的左前叶子板做的局部修补。局部修补喷涂的前提是有足够的剩余面积，如图 7－6 所示。

图 7－5　局部修补

图 7－6　采用局部修补涂装的面积确定

A—原子灰施涂区域；B—底色漆喷涂区域；C—清漆喷涂区域

由于素色面漆大多是单工序涂装的，只将面漆进行局部喷涂，适当采用晕色处理即可。而金属漆由于有清漆层，其局部修补喷涂分为局部喷涂底色漆、整板罩清漆和局部喷涂底色漆、局部罩清漆两种情况。

金属漆的局部修补常采用过渡喷涂技术（业内常称作驳口喷涂技术）。过渡喷涂是指修补涂装时，为了弥补修补板件的某些缺陷（主要是新旧涂层颜色差异）的影响，而将修补区域向相邻的区域（板件）扩展的方法，如图 7－7 所示。

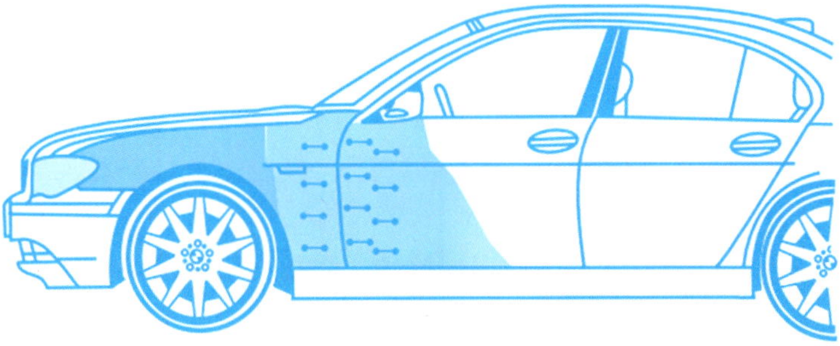

图 7－7　过渡喷涂示意

金属漆的过渡喷涂要求底色漆必须局部过渡喷涂，清漆整板喷涂，甚至向相邻板件进行过渡喷涂。

过渡喷涂工艺的难点在于，如何使修补的部位与板件的原有部位之间的差异减小到肉眼无法分辨的程度。

本任务主要学习素色面漆和银粉漆局部修补过渡喷涂方法。

素色面漆的局部修补过渡喷涂

金属面漆的局部修补过渡喷涂

学习目标

1. 能够正确选择局部修补过渡喷涂的工艺。
2. 能够正确选定局部修补过渡喷涂的边界。
3. 能够正确进行素色面漆的局部过渡喷涂。
4. 能够正确进行银粉漆的局部过渡喷涂。
5. 培养良好的安全卫生习惯、环保意识和团队协作的职业素养。
6. 能够检查、评价、记录工作结果。

技能学习

一、准备工作

按面漆的整车（整板）喷涂相同的要求进行各项准备。

二、驳口喷涂素色漆

1. 板块内驳口喷涂单工序素色面漆

板块内驳口喷涂单工序素色面漆的基本工艺如图 7－8 所示。

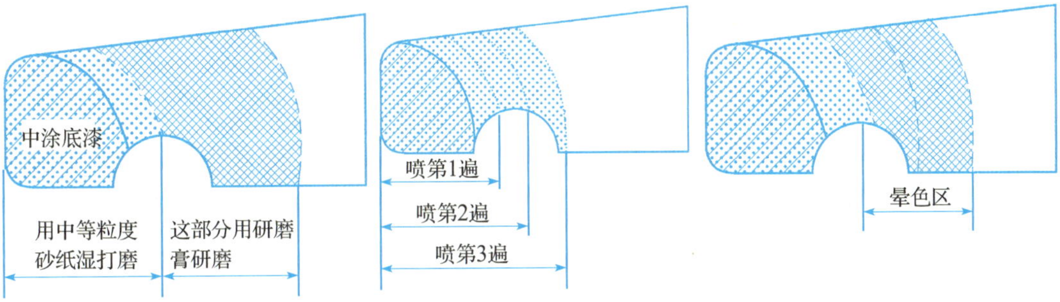

图 7－8 单工序素色漆局部涂装

如果喷涂普通塑料件，首先将色浆与柔软添加剂（522-111）按 4∶1 的比例混合后，再与固化剂（929 系列）和稀释剂（352 系列）按 2∶1＋10％的比例（体积比）配比。

如果要喷涂亚光效果，应按“鹦鹉”HS 亚光添加剂（522-322）的技术说明（见表 7－2）调制亚光效果面漆。

如果要喷涂纹理效果，应按“鹦鹉”纹理添加剂（522-345）的技术说明（见表 7－3）调制纹理效果面漆。

（1）第一次喷涂薄薄的一层，以提高底层和旧漆膜与涂料的亲和力。

（2）第二次喷涂比第一次喷涂要稍宽一些，并在湿的状态下定出色彩。

（3）第三次喷涂比第二次要喷得更宽些。稍加一些稀释剂，以获得高质量的表层，注意色调应与旧漆膜相吻合。

（4）晕色。用 30％色漆，加入 70％稀释剂，薄薄地喷涂一层，如果喷得过多就会出现垂挂。另外，也可喷涂点修补用驳口水，只是驳口水只喷涂在新旧漆膜的交界处。表 7－10 为“鹦鹉”点修补用驳口水（352-450）的技术说明，从该表中可以了解到，该种驳口水无须添加稀释剂（即开即用）。选用 HVLP 喷枪的口径为 1.3mm；选用兼容喷枪的口径为 1.3～1.4mm。喷涂气压为 2bar，喷涂 2～3 层。

表 7－10 “鹦鹉”点修补用驳口水（352-450）的技术说明

技术图标	技术参数	技术要求
	修补涂装工艺系统	S7、S7a、S8、S9
	喷涂黏度 DIN4	开罐即用
	重力式喷枪 喷涂气压	HVLP 喷枪：1.3mm　兼容喷枪：1.3～1.4mm 2.0bar/0.7bar 风帽气压　2bar
	喷涂层	2 或 3 层（清漆/面漆过渡区）
	干燥	参照鹦鹉清漆的使用
应用：● 用于 923 清漆或 22 系列/22VOC 系列面漆驳口稀释剂。 ● 用于面漆/清漆过渡区域的驳口稀释剂。		

（5）闪干约 20min，清除遮盖。

（6）干燥。局部修补喷涂的干燥通常利用可移动的红外线烤灯进行，具体的使用方法参阅本书项目四任务 4-1 中的“干燥原子灰”部分内容，只是在程序选择上要选“烘烤面漆”。

2. 板块内驳口喷涂双工序素色面漆

板块内驳口喷涂双工序素色面漆与喷涂单工序素色漆基本相同，只不过要求喷涂清漆后，在清漆与旧漆膜过渡区域喷涂驳口水。

如果涂装的是塑料件，则应在清漆中加入柔软添加剂 522-111。其调制方法为：将清漆和柔软添加剂（522-111）以 4∶1 的比例先混合（对于 PU 泡沫塑料，比例为 2∶1），然后再将混合物与固化剂和稀释剂以 2∶1＋10％的比例混合即可。

如果要喷涂亚光效果，则应按“鹦鹉”MS 亚光清漆 923-55 和 923-57 的技术说明（见表 7－6 和表 7－7）调制亚光效果清漆。

“鹦鹉”22 系列高浓度 2K 素色面漆板块内驳口修补系统如图 7－9 所示。其具体操作方法不再详细说明。

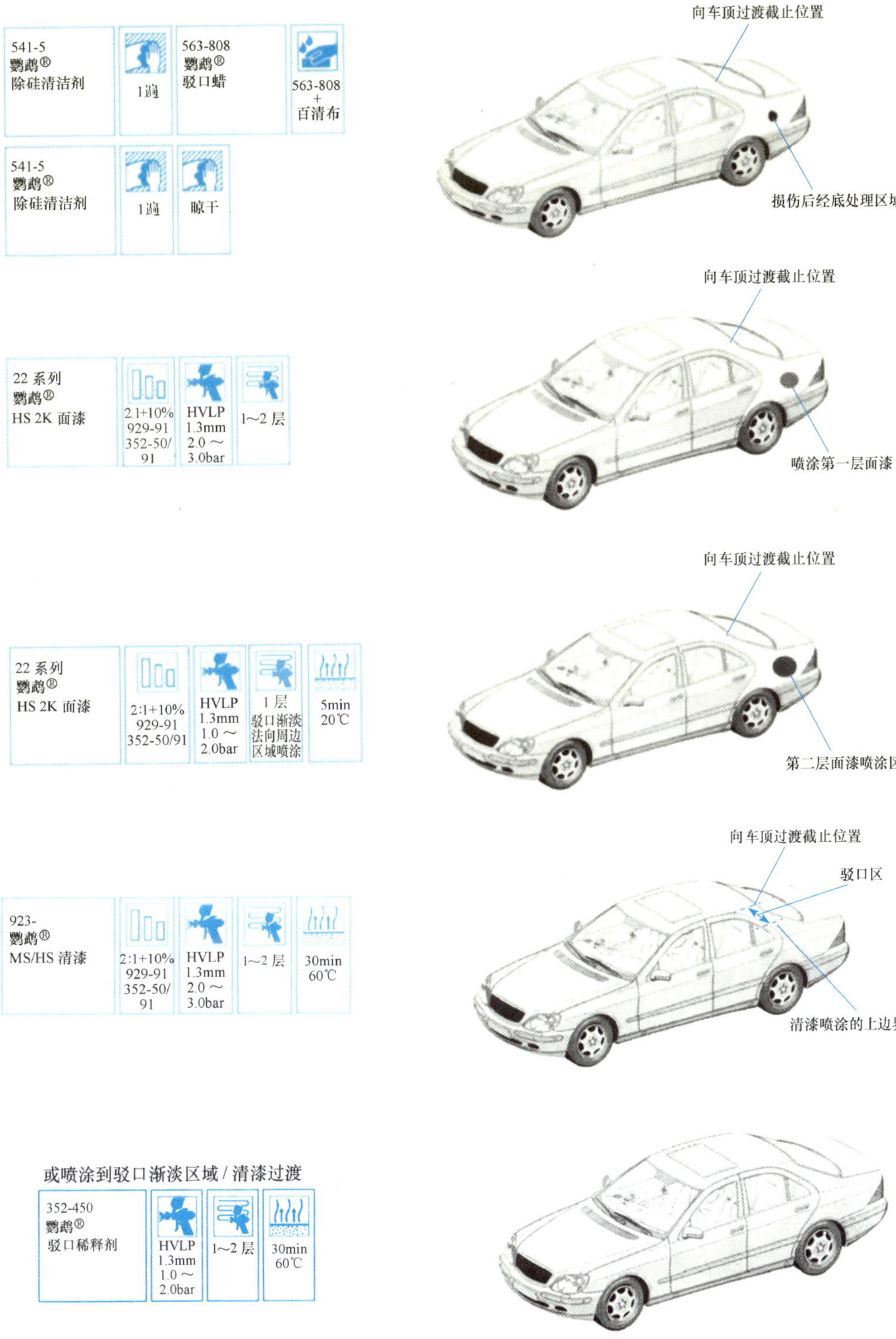

图 7－9 “鹦鹉”22 系列高浓度 2K 素色面漆板块内驳口修补系统

三、驳口喷涂银粉漆

1. 板块内驳口喷涂银粉面漆

（1）按标准工艺驳口喷涂银粉面漆。

板块内驳口喷涂银粉面漆的标准工艺如图 7－10 所示。

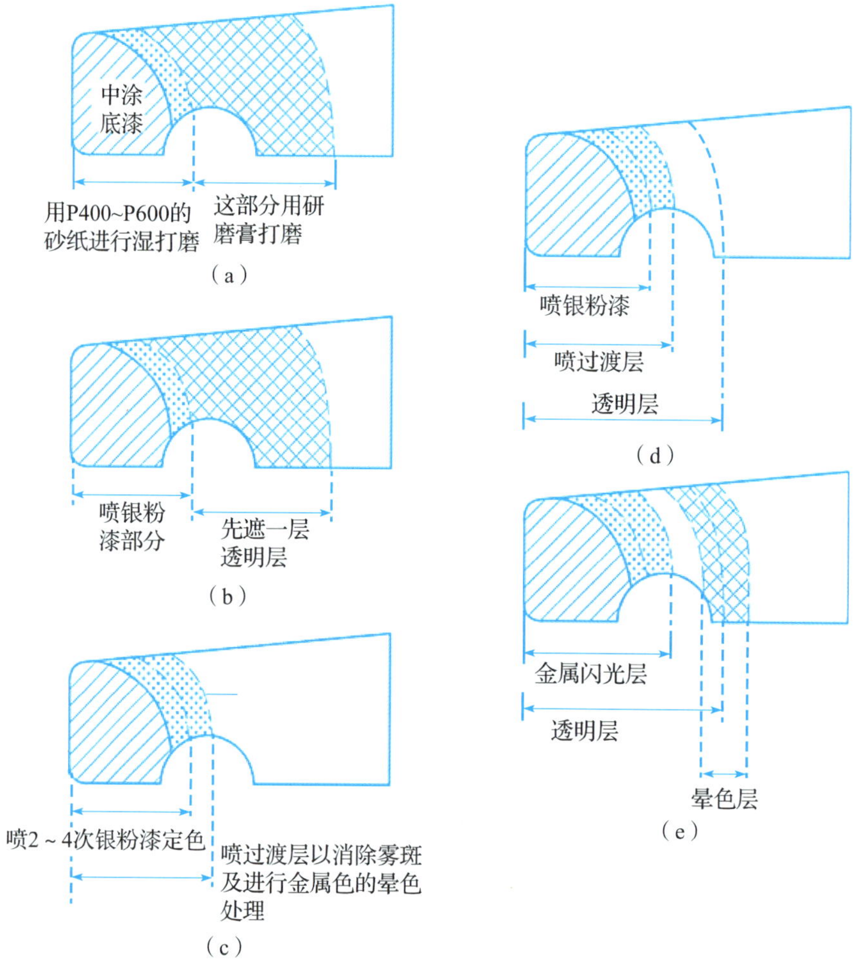

图 7－10　板块内驳口喷涂银粉面漆的标准工艺

1）先在中涂底漆层四周喷一层清漆，以使所喷的银粉漆更光滑。

此次喷涂也可使用专用的驳口水（驳口清漆）。表 7－11 所示为“鹦鹉”驳口水（55-B500）的技术说明，从该表中可以查得，该种驳口水适用于 55 系列底色漆的过渡喷涂，也适用于点修补；无须添加稀释剂（即开即用）；选用 HVLP 喷枪时的口径为 1.2～1.3mm，喷涂气压为 2.0～3.0；选用兼容喷枪的口径为 1.2～1.4mm，喷涂气压为 2bar；与底色漆湿碰湿喷一层；无须闪干即可进行下一道工序（喷底色漆）。

表 7－11　“鹦鹉”驳口水（55-B500）的技术说明

技术图标	工艺参数	技术要求
	修补涂装工艺系统	S8、S8、1
	混合比例	开罐即用
		使用前充分摇动
	喷涂黏度 DIN4（20℃）	17～19s
	重力式喷枪 喷涂气压	HVLP 喷枪：1.2～1.3mm　兼容喷枪：1.2～1.4mm 2.0～3.0bar/0.7bar　2bar （风帽气压）
	喷涂层	1 层湿喷
	闪干　（20℃）	无须闪干

应用：鹦鹉 55-B500 驳口水适用于“鹦鹉”银粉 55 系列底色漆的过渡喷涂。另外，55-B500 也可用于点修补。

特性：它可帮助过渡区域的色漆层变得平滑均匀，防止修补区域周围颜色深暗。
55B500 也可代替 55 系列配方中 20％的稀释剂（高银粉含量颜色）用于点修补，以获得最佳的颜色效果。

注意：用同一把喷枪喷涂 55B500 驳口清漆和 55 系列色漆时，之间的转换过程，喷枪不需要清洗。

驳口清漆工艺的作用是防止出现“黑圈”现象。所谓的“黑圈”现象是指在用银粉漆进行修补时，色漆过渡的边缘部分容易形成干喷，导致铝粉排列不均匀，直接观察时颜色发黑，如图 7－11 所示。

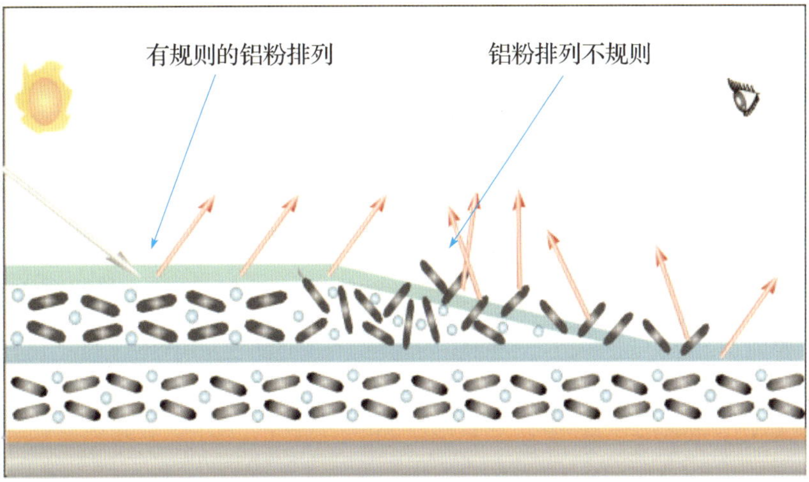

图 7－11　“黑圈”现象的产生

如图 7－12 所示，先湿喷一层驳口清漆于色漆需要过渡的区域，然后按施工要求喷涂底色漆。这种方法是让底色漆层变得湿润，使铝粉喷涂时排列更加均匀，不易产生“干喷”现象。

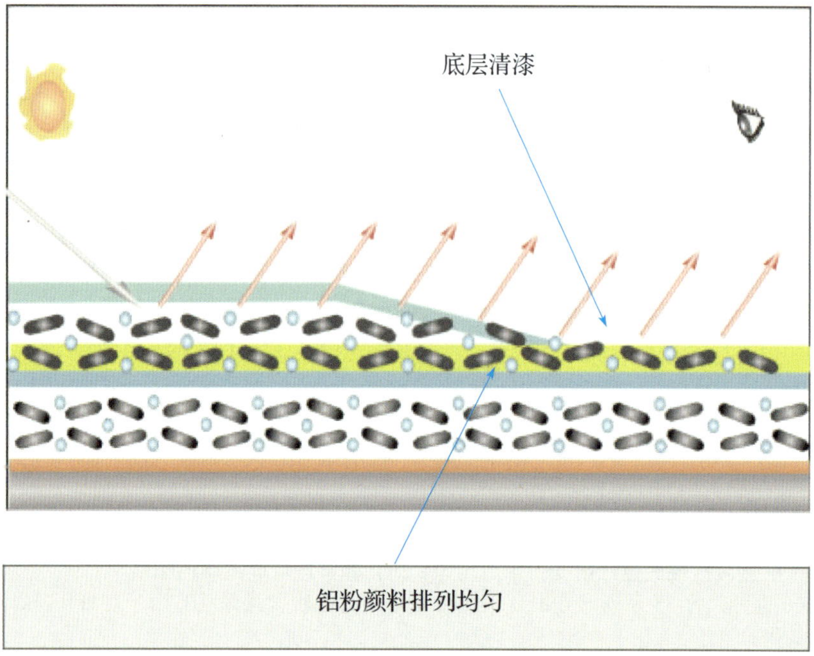

图 7－12　驳口清漆工艺的作用

2）第一次先薄薄地喷一层底色漆，以提高其与中涂底漆和旧漆膜的亲和力。

3）第二次喷涂底色漆确定涂层的颜色，一般喷 2～3 遍。如果着色不好，则需要喷 3～4 遍。第二次不要喷得过厚，要均匀地薄薄地喷。

4）将 50％的底色漆与 50％的清漆相混合，黏度调至 11～12s，使涂料呈雾状薄薄地喷涂，以消除金属斑纹，调整金属感，同时兼有晕色处理作用。闪干约 10min（20 ℃）至漆膜呈亚光状态。

5）喷涂清漆。清漆喷涂面积可扩大一些。第一次薄薄地喷一层，间隔大约 5min 再喷第二次。喷涂时要边观察色调边喷，以形成光泽。

如果涂装的是塑料件，则应在清漆中加入柔软添加剂 522-111。其调制方法为：将清漆和柔软添加剂（522-111）以 4∶1 的比例先混合（对于 PU 泡沫塑料，比例为 2∶1），然后再将混合物与固化剂和稀释剂以 2∶1＋10％的比例混合即可。

如果要喷涂亚光效果，则应按“鹦鹉”MS 亚光清漆 923-55 和 923-57 的技术说明（见表 7－6 和表 7－7）调制亚光效果清漆。

6）晕色处理。将 20％的清漆和 80％的稀释剂混合，喷在清漆层区域周围，以掩盖由于喷涂雾滴带来的影响。

此次喷涂也可使用专用的点修补驳口水（如“鹦鹉”325-400）进行。

7）闪干，清除遮盖。

8）干燥。

（2）按经济工艺喷涂银粉面漆。

板块内喷涂银粉面漆的经济工艺如图 7－13 所示。

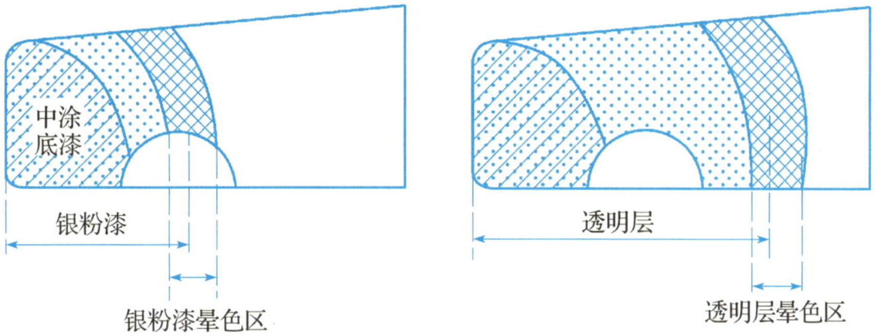

图 7－13　板块内喷涂银粉面漆的经济工艺

1）底色漆的喷涂。第一次喷涂以能遮盖住中涂底漆为准，在较宽的范围内薄薄地喷涂一层；第二次喷得稍厚一些，以决定漆膜色调；第三次薄薄地喷涂，以消除金属斑纹，调整金属感，同时进行与旧涂层的晕色处理。

2）清漆喷涂。第一次喷涂以有光泽为准，要喷得薄，第二次稍厚一些，以形成光泽。透明层也应进行晕色处理，方法与标准工艺喷涂金属漆相同。

3）清除遮盖。

4）干燥。

使用“鹦鹉”55 系列底色漆的双工序板块内驳口工艺如图 7－14 所示，其具体操作不再详细说明。

2. 板块间驳口喷涂银粉漆

以“鹦鹉”55 系列底色漆为例。“鹦鹉”55 系列底色漆板块间驳口修补系统如图 7－15 所示（以左前翼子板局部漆膜损伤为例），具体操作流程如下所述。

（1）遮盖与清洁。

1）用胶带和遮盖纸配合对喷涂周围进行必要的遮盖。

2）用除硅清洁剂（541-5）清洁翼子板（需修补的板块）。

3）对前车门用百洁布蘸研磨膏（536-808）整体研磨。

4）用除硅清洁剂（541-5）清洁，包括翼子板（需修补的板块）和前车门（需过渡的相邻板块）。

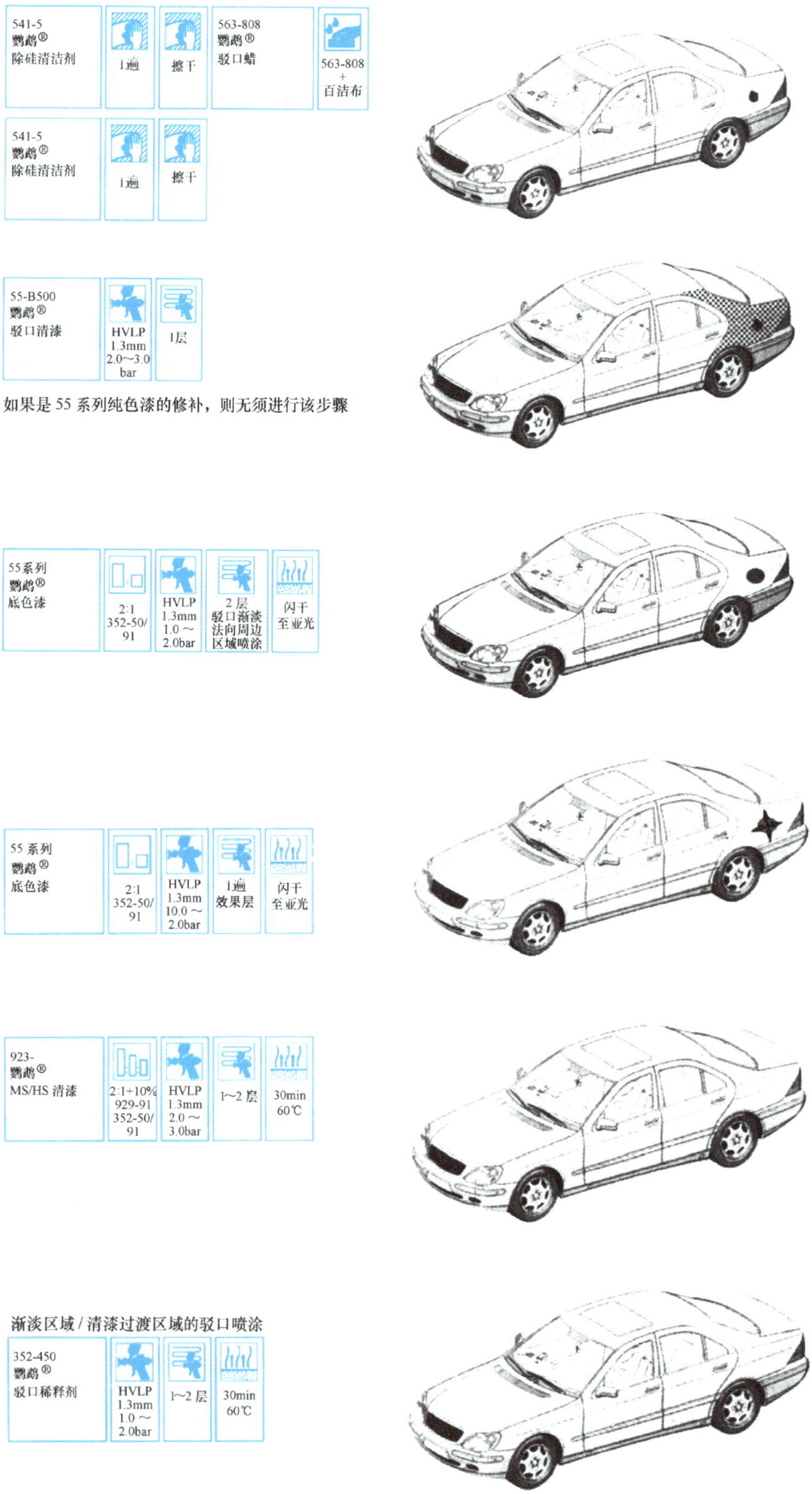

图 7－14　“鹦鹉”55系列底色漆的双工序板块内驳口修补系统

相邻的板块驳口喷涂

541-5 鹦鹉® 除硅清洁剂	1遍	擦干	563-808 鹦鹉® 驳口蜡	563-808 + 百洁布

541-5 鹦鹉® 除硅清洁剂	1遍	擦干

55系列 鹦鹉® 底色漆	2:1 352-50/91	HVLP 1.3mm 2.0～3.0 bar	1层	闪干 至亚光

55-B500 鹦鹉® 驳口清漆	HVLP 1.3mm 2.0～3.0 bar	1层

如果是55系列纯色漆的修补，则无须进行该步骤

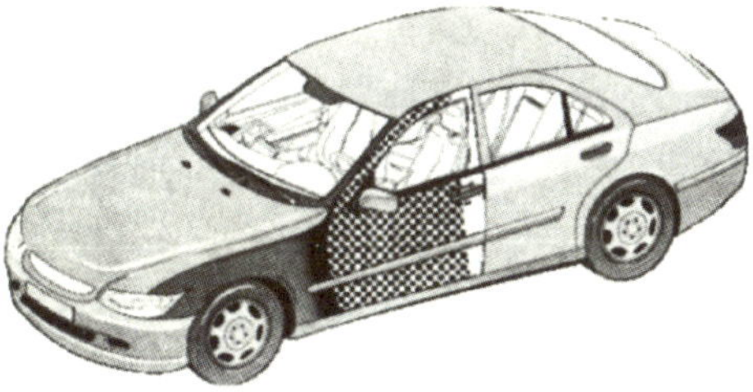

55系列 鹦鹉® 底色漆	2:1 352-50/91	HVLP 1.3mm 1.0～2.0bar	1层 驳口渐淡 法向相邻 区域喷涂

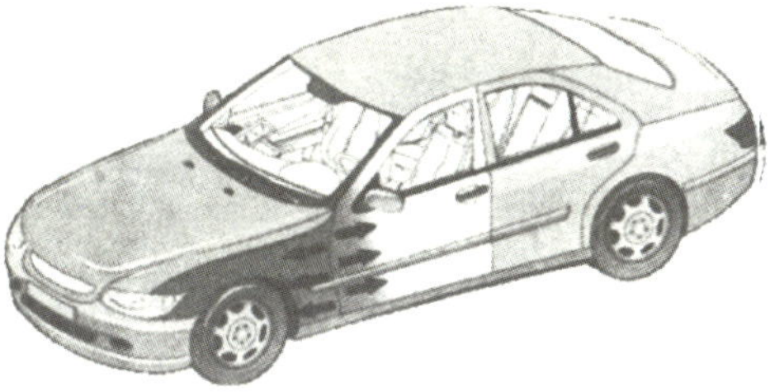

55系列 鹦鹉® 底色漆	2:1 352-50/91	HVLP 1.3mm 2.0～3.0bar	1层 驳口渐淡 法向相邻 区域喷涂	闪干 至亚光

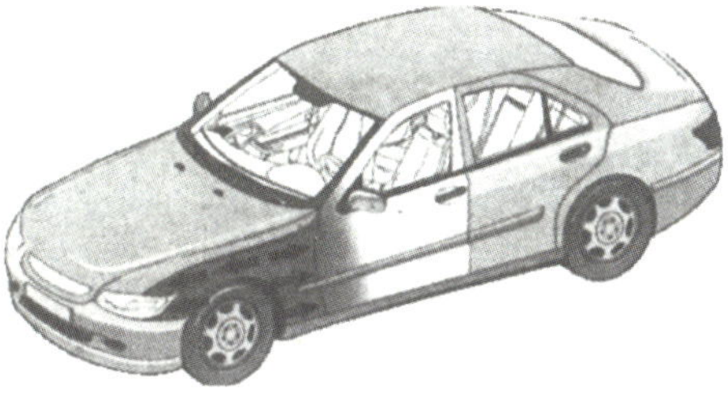

55系列 鹦鹉® 底色漆	2:1 352-50/91	HVLP 1.3mm 0.8~1.5bar	1/2层 驳口在两 板块之间 渐淡

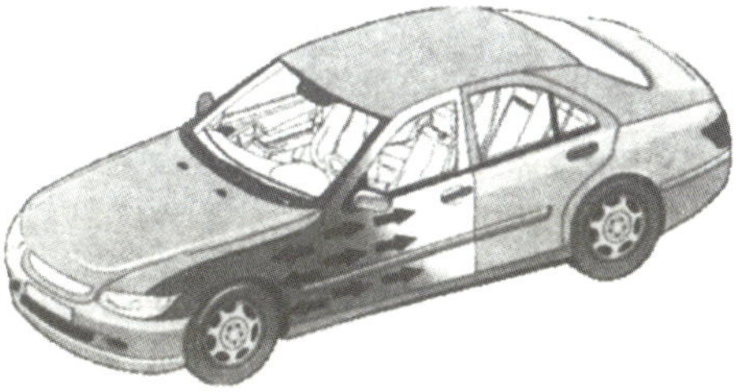

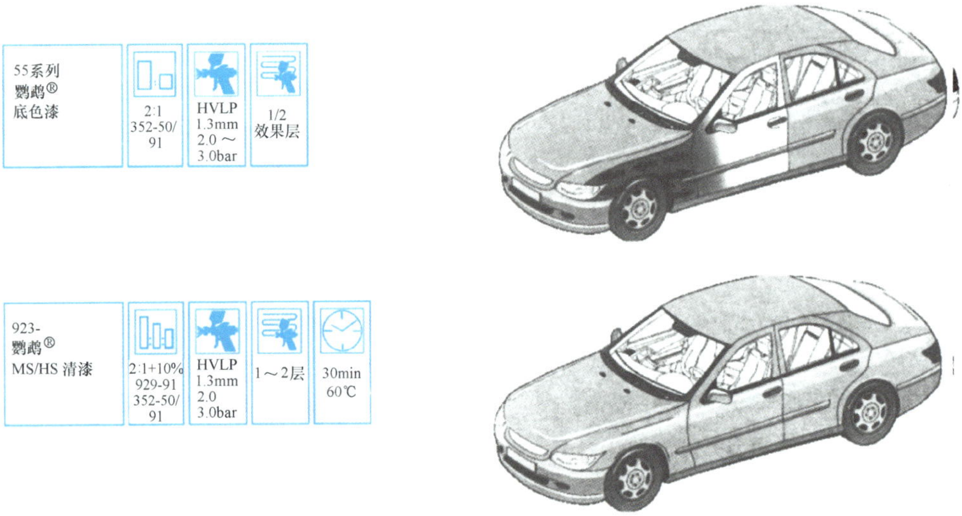

图 7－15　“鹦鹉”55 系列底色漆板块间驳口修补系统

（2）在翼子板上喷涂底色漆。按 55 系列底色漆喷工艺，在翼板上喷涂一层底色漆，闪干至亚光。

（3）喷驳口清漆。按驳口清漆（55-B550）喷涂工艺，在前车门上喷涂一层驳口清漆。

（4）喷涂驳口底色漆。

1）按 55 系列底色漆喷工艺，采用驳口渐淡法在驳口区域（翼子板与前车门交界区域）喷涂第一层底色漆。

2）按 55 系列底色漆喷工艺，采用驳口渐淡法在驳口区域喷涂第二层底色漆，此区域应比第二层喷涂区域大。闪干至亚光。

3）按 55 系列底色漆喷工艺，采用驳口渐淡法在驳口区域喷涂第三层底色漆，此区域应比第三层喷涂区域大。

4）按 55 系列底色漆喷工艺，在驳口区域喷涂第四层底色漆，此区域应比第三层喷涂区域大，且采用薄喷技术喷涂（即喷涂 1/2 效果层）。

（5）喷涂清漆。如果涂装的是塑料件，则应在清漆中加入柔软添加剂 522-111。其调制方法为：将清漆和柔软添加剂（522-111）以 4∶1 的比例先混合（对于 PU 泡沫塑料，比例为 2∶1），然后再将混合物与固化剂和稀释剂以 2∶1＋10％的比例混合即可。

如果要喷涂亚光效果，则应按“鹦鹉”MS 亚光清漆 923-55 和 923-57 的技术说明（见表 7－6 和表 7－7）调制亚光效果清漆。

按“鹦鹉”清漆喷涂工艺，在翼子板和前车门上整体喷涂 1～2 层清漆，常温干燥 30min 即可。

四、驳口喷涂三工序珍珠漆

珍珠效果漆必须采用板块间驳口修补工艺。以“鹦鹉”55 系列珍珠效果漆为例，“鹦鹉”55 系列珍珠效果漆板块间驳口修补系统如图 7－16 所示（以左前翼子板局部漆膜损伤为例），具体操作流程如下所述。

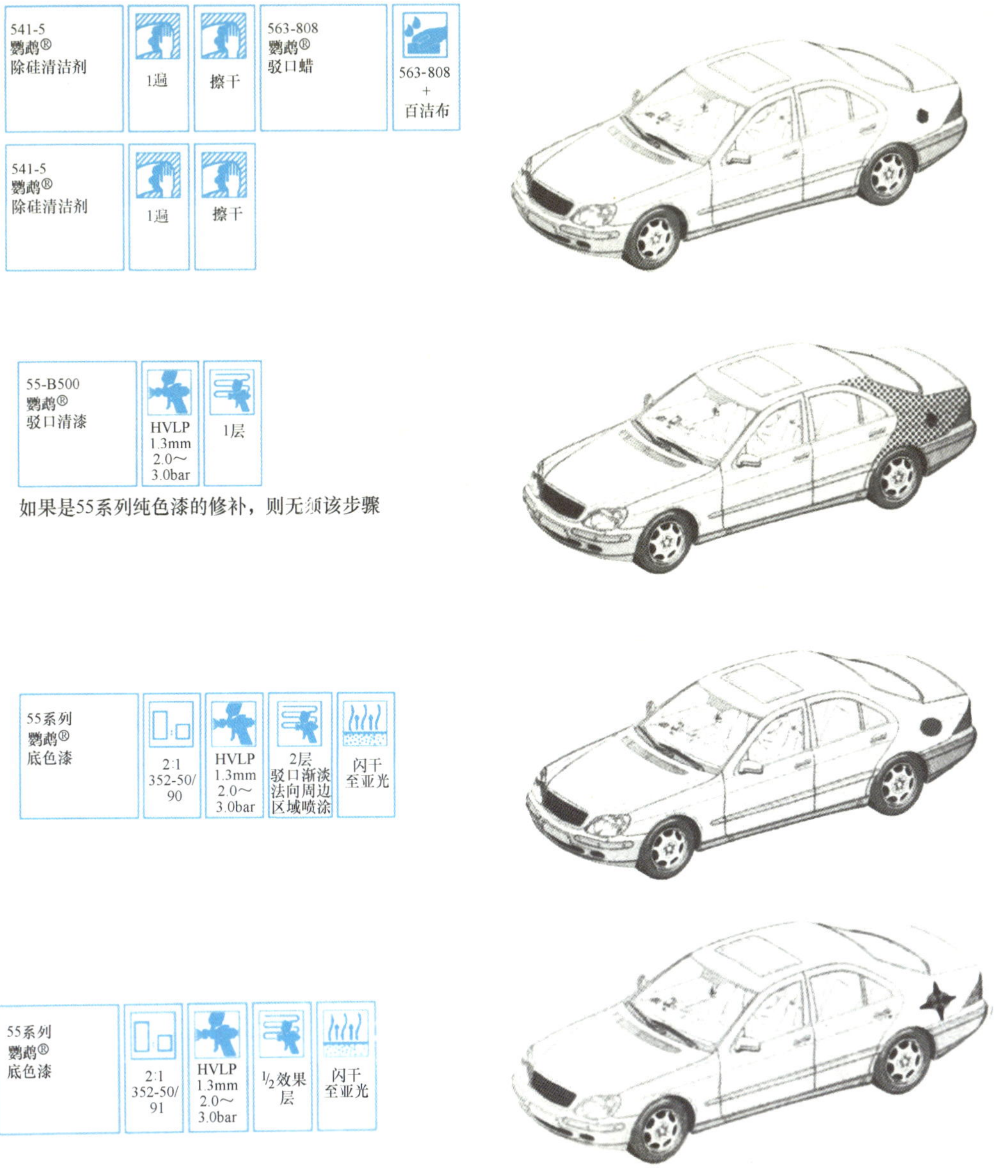

923- 鹦鹉® MS/HS清漆	2:1+10% 929-91 352-50/91	HVLP 1.3mm 2.0～ 3.0bar	1～2层	30min 60℃

渐淡区域/清漆过渡区域的驳口喷涂

352-450 鹦鹉® 驳口稀释剂	HVLP 1.3mm 1.0～ 2.0bar	1～2层	30min 60℃

图 7－16　“鹦鹉”55 系列珍珠效果漆板块间驳口修补系统

1. 遮盖与清洁

（1）用胶带和遮盖纸配合对喷涂周围进行必要的遮盖。

（2）用除硅清洁剂（541-5）清洁翼子板（需修补的板块）。

（3）对前车门用百洁布蘸研磨膏（536-808）整体研磨。

（4）用除硅清洁剂（541-5）清洁翼子板（需修补的板块）和前车门（需过渡的相邻板块）。

2. 喷涂底色漆

（1）按 55 系列底色漆喷工艺，在翼子板上喷涂两层底色漆。

（2）按 55 系列底色漆喷工艺，采用驳口渐淡法在驳口区域喷涂一层底色漆，闪干至亚光。

3. 喷涂珍珠漆

（1）按 55 系列珍珠漆喷工艺，在驳口区域喷涂第一层珍珠漆，此区域应比底色漆喷涂区域大，闪干至亚光。

（2）按 55 系列珍珠漆喷工艺，在驳口区域喷涂第二层珍珠漆，此区域应比第一层喷涂区域大，闪干至亚光。

（3）按 55 系列珍珠漆喷工艺，在驳口区域喷涂第三层珍珠漆，此区域应比第二层喷涂区域大，且采用薄喷技术喷涂（即喷涂 1/2 效果层），闪干至亚光。

4. 喷涂清漆

如果涂装的是塑料件，则应在清漆中加入柔软添加剂 522-111。其调制方法为：将清漆和柔软添加剂（522-111）以 4∶1 的比例先混合（对于 PU 泡沫塑料，比例为 2∶1），然后再将混合物与固化剂和稀释剂以 2∶1+10%的比例混合即可。

如果要喷涂亚光效果，则应按“鹦鹉”MS 亚光清漆 923-55 和 923-57 的技术说明（见表 7－6 和表 7－7）调制亚光效果清漆。

按“鹦鹉”清漆喷涂工艺，在翼子板和前车门上整体喷涂 1～2 层清漆，常温干燥 30min 即可。

技能考核

一、准备工作

在技能学习工位准备好拟喷漆的车身或板件、喷漆相关劳动保护用品、已调好色的色浆、涂料调制工具及材料、遮盖材料及工具、压缩空气喷涂系统。

二、考核流程

1. 学员工作

（1）在各自工位分组学习。

（2）在充分学习本任务相关知识的基础上，进行素色漆和银粉漆的局部过渡喷涂实操训练，同时完成相应的工单。

（3）5S 工作。

（4）自我评价。

2. 指导教师工作

学员在进行上述操作过程中，指导教师进行下列工作：

（1）向学员讲解安全注意事项，并要求学员在工单中做记录。

（2）观察、指导学员进行相关操作，及时制止可能发生危险的操作。

（3）实操结束后审阅学员完成的工单（见表 7－12）和实训考核记录单（见表 7－13），并结合其操作情况做出评价。

表 7－12　银粉漆的局部过渡喷涂

班级学号		姓名	

1. 你喷涂的部位是：________________。

2. 你为什么要选择局部过渡喷涂？

____

____

________________。

3. 你确定的过渡边界是：________________

________________。

4. 喷涂底色漆前，对板件做了哪些准备工作？

____

____

________________。

5. 你选用的底色漆品牌型号为________，理由是________。

6. 你选用的底色漆调制比例为________________，这一参数的依据是________________。

7. 你选用的清漆品牌型号为________，理由是________。

8. 你选用的清漆调制比例为________________，这一参数的依据是________________。

9. 喷底色漆时，你选用的喷枪类型（包括口径）是________________，依据是________。

10. 喷清漆时，你选用的喷枪类型（包括口径）是________________，依据是________。

11. 喷涂底色漆时，你确定的喷枪调整参数是________________

________________，这些参数的确定依据是________________。

________________。

12. 简要记录银粉面漆局部过渡喷涂的流程：

____

____

____

________________。

13. 你选用的干燥方法是________，理由是________________；所确定的干燥工艺参数是________________，理由是________________。

14. 操作过程中，你遇到了哪些困难？是如何解决的？

____

____

____

________________。

15. 干燥后，对整个喷涂区域进行检查，将检测的结果记录在下面，并分析产生喷涂缺陷的原因：

____

____

____

________________。

16. 个人技能掌握程度：非常熟练□　比较熟练□　一般熟练□　不熟练□

教师评语：

成绩____（10 分制）　　教师签字________　　　____年____月____日

表 7-13　实训考核记录单

时间：100min　　　　班级学号：________　　　　考生姓名：________

课程：汽车涂装修复技术			实训项目：银粉漆的局部过渡喷涂		
序号	考核内容	配分	考核记录	扣分	得分
1	安全与卫生习惯	5			
2	准备工作	10	（1）板件准备　5 分		
			（2）面漆准备　5 分		
3	操作流程	55	（1）过渡边界的选择　10 分		
			（2）底色漆的喷涂　20 分		
			（3）清漆的喷涂　20 分		
			（4）面漆的干燥　5 分		
4	效果评价	20			
5	学生实训记录单	10			
6	完成时限		每超时 5min，扣 1 分		
	得分合计				

注：只要发生一次有可能涉及人身安全及重大事故的行为，本考核记为不合格。

考核教师：________　______年______月______日

任务 7-3　面漆涂装后的修整

任务引入

面漆的喷涂结束以后，涂装的工作已经大部分完成了，还剩最后的修整工作。漆膜的修整主要包括修理小范围内的缺陷和表面抛光等。

喷涂过程中常常会由于种种原因在面漆表面形成一些微小的缺陷，例如流挂、颗粒（脏点，如图 7-17 所示）、微小划擦痕迹和凹坑等。这些涂装缺陷会影响漆膜的装饰性，因此必须进行修理。

在涂装最末道面漆后，由施工人员和质量检验人员，按该车型的质量标准对该车进行一次全面的检查，并将发现的各种缺陷填写在工艺质量卡上。由操作技术好的施工人员按质量卡上所列缺陷项目依次将缺陷修饰合格。

收尾操作人员要有熟练的操作技术，对各层涂料的涂装操作工艺和用料都非常了解。

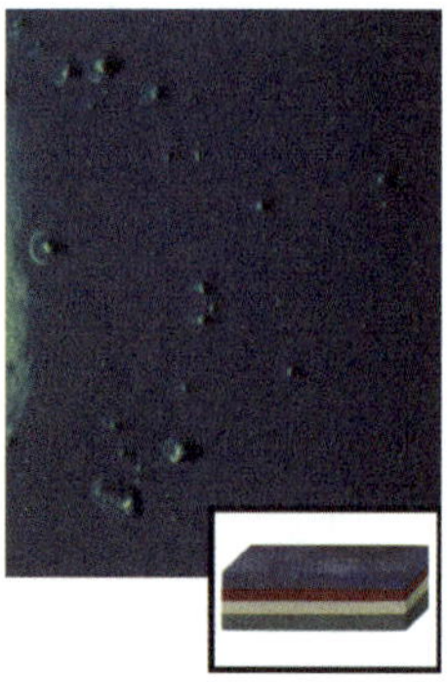

图 7－17　面漆表面的颗粒

常见缺陷有漏喷、露底、毛边、颗粒、针孔、流挂、麻眼、咬底、粗糙等。

本任务主要学习常见涂装缺陷的修整方法及漆面的抛光与打蜡方法。

学习目标

面漆涂装后的抛光与打蜡

1. 能够进行面漆喷涂常见缺陷的修整。
2. 能够正确进行整车（整板）抛光。
3. 能够正确进行整车打蜡。
4. 培养良好的安全卫生习惯、环保意识和团队协作的职业素养。
5. 能够检查、评价、记录工作结果。

技能学习

一、劳动安全

按打磨、喷涂施工进行劳动保护准备。

小修补

二、修整常见的面漆喷涂缺陷

1. 漏喷、露底的修整

（1）先用 P500～P600 水砂纸将该部位（见图 7－18）轻磨（干磨）光滑并擦净杂质。

（2）调制原色漆将打磨部位细致地补喷均匀。

注意： 一定要遮盖好。

图 7-18 漏喷和露底

2. 毛边的修整

（1）先用刀片将毛边清理干净，如图 7-19 所示。

图 7-19 用刀片清理毛边

（2）用毛笔蘸少许色漆轻涂一次，如图 7-20 所示。

图 7-20 用毛笔补涂毛边

（3）干燥后补涂一次，至平滑均匀。

3. 颗粒的修整

（1）立面垂滴的修整（见图 7－21）。

1）颗粒小时，使用油石打磨平整；颗粒较大时，应用刀片削平。

2）用抛光机抛光。此项操作可在全部缺陷修整完成后，借助整板或整车抛光来完成。

a. 倒少量抛光剂于软布上。

b. 在补涂部位四周接口处，按补涂部位向旧漆面部位同一方向抛光，抛光力度不宜过大，抛光程度不宜过深，防止产生补涂边缘线形痕迹，使漆面达到光泽柔和程度即可。

（2）平面上的突起颗粒或污点的修整。

1）用刀片将其基本削平。

2）用油石打磨，如图 7－22 所示。

3）最后用抛光机抛光。此项操作可在全部缺陷修整完成后，借助整板或整车抛光来完成。

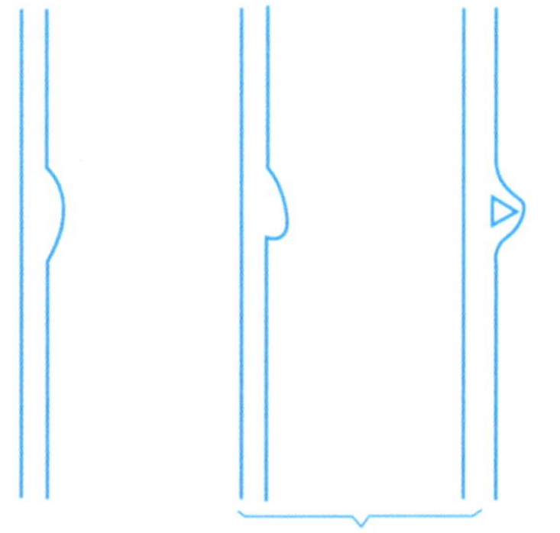

（a）使用油石修整　（b）使用刀片修整

图 7－21　立面垂滴的修整

图 7－22　用油石打磨

4. 流挂的修整

（1）边缘流挂（流坠）的修整（见图 7－23）。

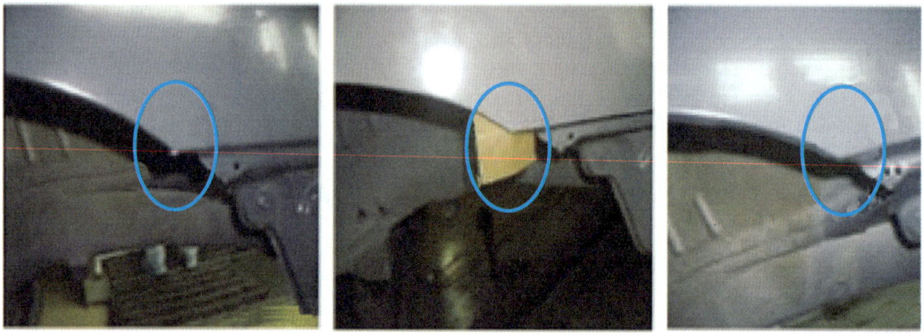

流坠　贴胶带　流坠消除

图 7－23　边缘流坠的修整

1）用小刀将流坠部分削平整。

2）用 P600 砂纸打磨平滑。

3）视需要补喷一次清漆（对于素色漆，补喷素色面漆）。

（2）板件中间面漆流挂（片状流淌，见图 7－24）。

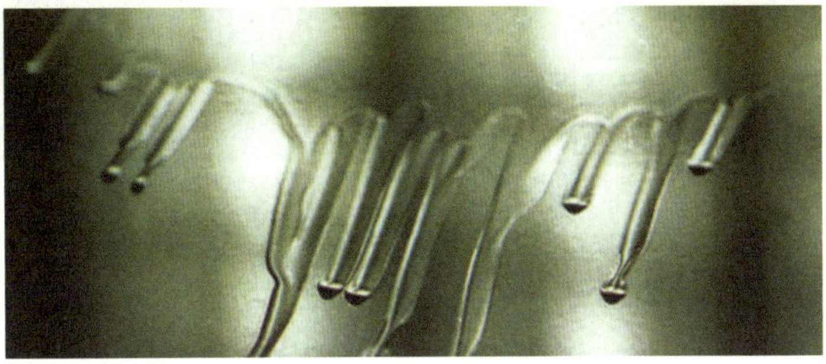

图 7－24 片状流淌

1）用 P500～P600 水砂纸将流痕水磨至平整。

2）用 P800～P1000 水砂纸将流淌部位水磨平滑，洗净擦干。

注意：打磨时为防止磨到周围不需要打磨的部位，可以用遮盖胶带对不需要打磨的区域进行遮盖。打磨时应使打磨垫块尽量平行于面漆漆面，手法要轻一些，用水先将水砂纸润湿，然后在打磨区域上洒一些肥皂水，这样可以充分润滑打磨表面，且不至于产生太大的砂纸痕迹。打磨时要非常仔细，用胶质刮水片刮除打磨区域的水渍来观察打磨的程度，只要流挂部位消除并与周围漆膜齐平即可。千万不要磨穿或使漆膜过薄，要给抛光留出余量，并保证抛光后仍有足够的膜厚。对于边角等漆膜比较薄且极易磨穿的地方尤其要小心。

3）用抛光机抛光滑。此项操作可在全部缺陷修整完成后，借助整板或整车抛光来完成。

5. 针孔的修整

（1）局部小面积针孔（见图 7－25）。

1）用 P1000～P1200 水砂纸磨平滑。

2）用砂蜡和光蜡抛光。此项操作可在全部缺陷修整完成后，借助整板或整车抛光来完成。

（2）较大面积针孔（见图 7－26）。

1）用 P500～P600 水砂纸水磨平滑，彻底消除针孔，洗净吹干。

2）按面漆末道漆喷涂方法精心补喷均匀。

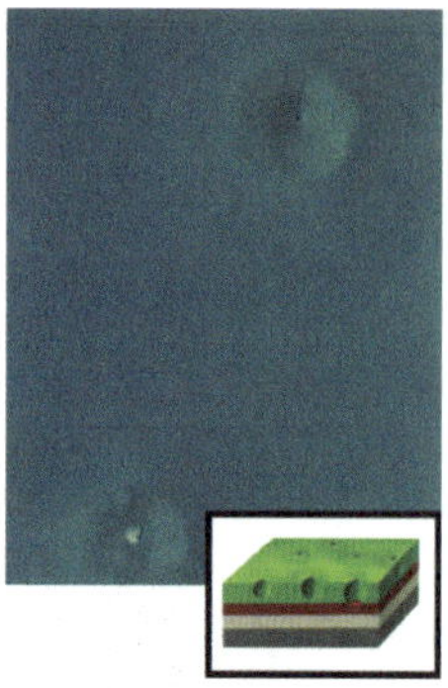

图 7－25　局部小面积针孔

图 7－26　较大面积针孔

3）在新喷面漆的过渡区域喷驳口水。

4）抛光。此项操作可在全部缺陷修整完成后，借助整板或整车抛光来完成。

6. 麻眼的修整

麻眼的外观与较大面积针孔相似，只是孔径大些。

（1）用 P600 水砂纸进行磨光。

（2）用麻眼灰（填眼灰）反复找平（目前的工艺建议补涂原子灰）。

（3）干后磨光擦净。

（4）用原色浆补喷均匀。

（5）用驳口水消除补漆雾痕。

（6）抛光。此项操作可在全部缺陷修整完成后，借助整板或整车抛光来完成。

7. 咬底的修整

（1）轻度咬底。

1）用 P800 砂纸水磨平整。

2）换用 P1000 砂纸打磨整个表面。

3）整板抛光。

（2）重度咬底（见图 7－27）。

1）将起皱的漆膜清除。

2）待该部位干燥后，用 P240 水砂纸打磨光滑。

3）细刮原子灰至平整。

4）干燥后磨光原子灰，清洁除油。

5）用原色浆补喷均匀。

6）喷驳口水以消除漆雾痕。

7）抛光。此项操作可在全部缺陷修整完成后，借助整板或整车抛光来完成。

8. 漆膜凹陷的修整

（1）若面漆漆膜已经基本干燥，要用清洁剂对需要填补的区域进行清洁。如有必要可用 P800 以上的细砂纸进行简单打磨，但打磨区域不可过大，只起提高附着能力的作用即可，然后用清洁剂清洁干净。

（2）用牙签或小毛笔蘸上少许面漆（为保证没有色差，最好用剩余的面漆。若为双组分涂料，则必须添加固化剂），并迅速地滴到故障部位（鱼眼）或描绘在需要填补的部位（剥落漏白），如图 7－28 所示。

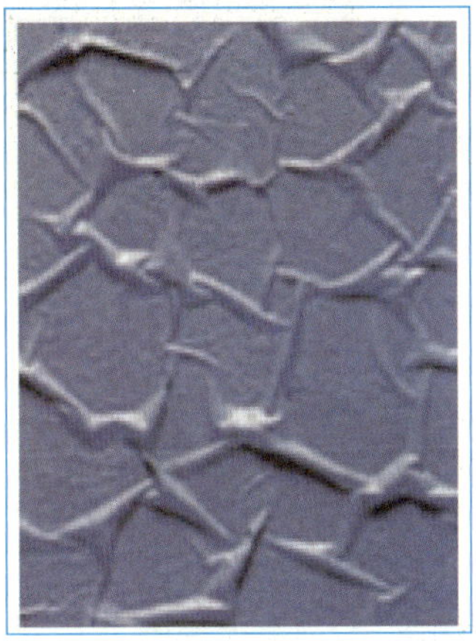

图 7－27　咬底

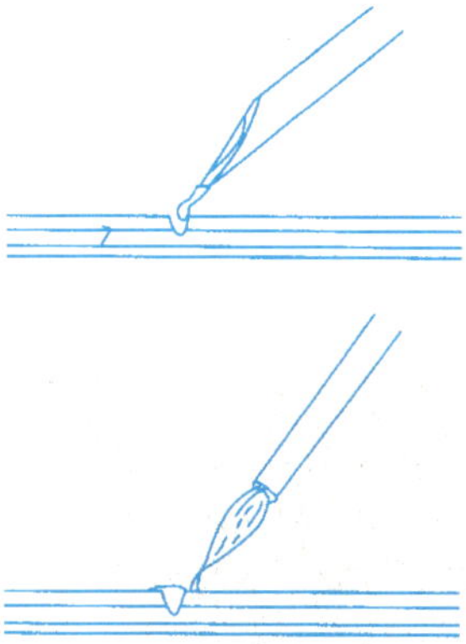

图 7－28　用牙签或小毛笔进行表面修理

（3）用另一支小毛笔蘸取少许面漆稀释剂涂抹在修饰部位，以使修饰部位变得较为平整，并利用稀释剂的溶解作用使修补部位与其周围相融合。

（4）待完全干燥后可以稍稍进行打磨并进行抛光处理，方法同流挂及颗粒的修理。

注意： 如果缺陷部位非常明显或所处位置是车辆极需要漆膜完美的地方，如小轿车的前舱盖或翼子板等，一般需要采用点修补的方法（使用小修补喷枪进行局部喷涂）来修整。

9. 粗糙面修饰法

（1）轻度粗糙面。

1）用 P1000 水砂纸配合橡胶磨垫手工水磨平滑，擦净晾干。

2）用砂蜡和光蜡进行抛光修饰。

（2）严重粗糙面。

1）用打磨机配合 P320 砂纸充分磨平，擦净。

2）用砂蜡和光蜡进行抛光修饰。

双工序素色漆的小修补

三、整车（整板）抛光

刚喷漆面应在漆膜实干后进行抛光，自干型涂料在喷涂后 8～16h，双组分涂料应在喷涂后，经过烘烤 35min（车身金属温度为 65℃）或风干 36h（但不建议风干），手指压表面而没有产生手指印后进行抛光。一般采用二次抛光处理法效果较好。在抛光前若是旧车漆面，则应用水将车身表面的泥沙冲洗干净，以防在抛光时损坏漆面。

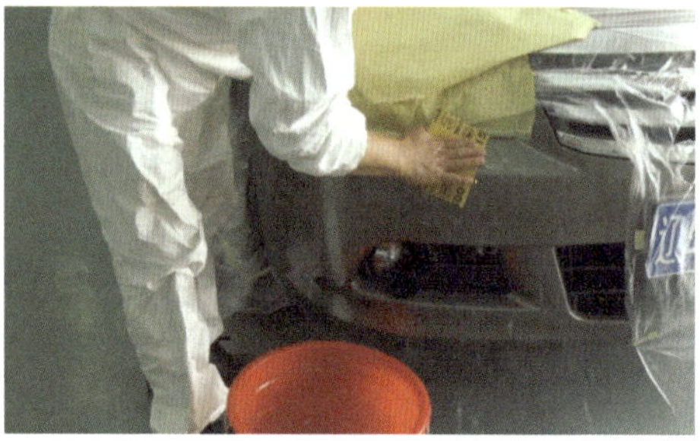

图 7-29　对整车进行水磨

1. 第一次抛光

（1）用半弹性垫块配合 P1500 水砂纸将整车打磨一遍，如图 7-29 所示。对于个别小缺陷，可选用精磨砂碟进行，如图 7-30 所示。

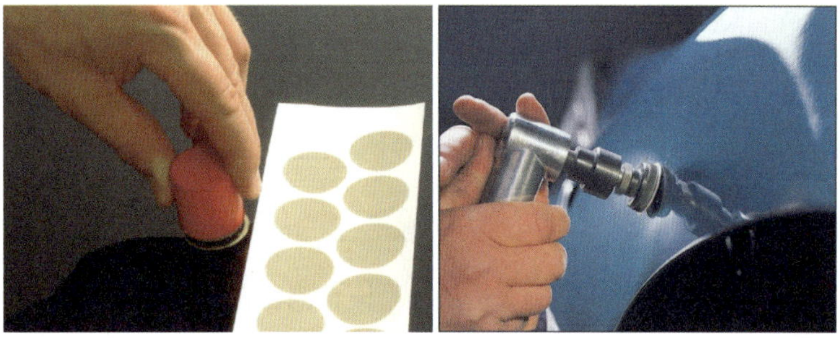

图 7-30　精磨砂碟的使用

（2）用 P2000 海绵砂纸，轻轻地把流痕、凸点、粗粒、轻微划痕打磨平整。

（3）用 P4000 海绵砂纸按顺序将整车打磨一遍，使漆面均匀无光。注意不要磨穿漆膜层。

（4）用水清洗漆面并擦净，如图 7-31 所示。

（5）待漆膜表面干燥后，用海绵块将全能抛光剂均匀地涂于漆面，如图 7-32 所示。

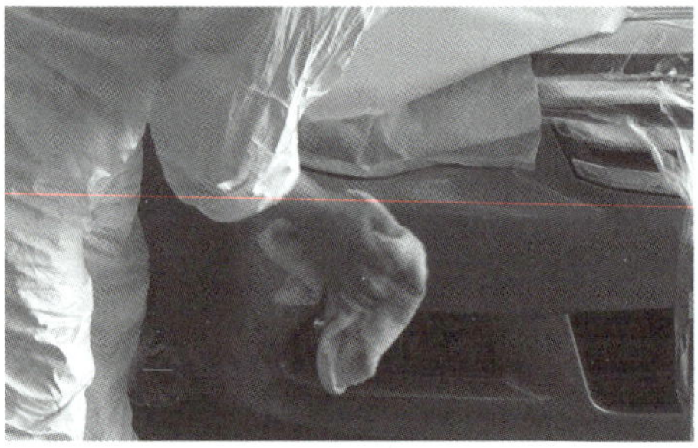

图 7-31　用水冲洗并擦净表面

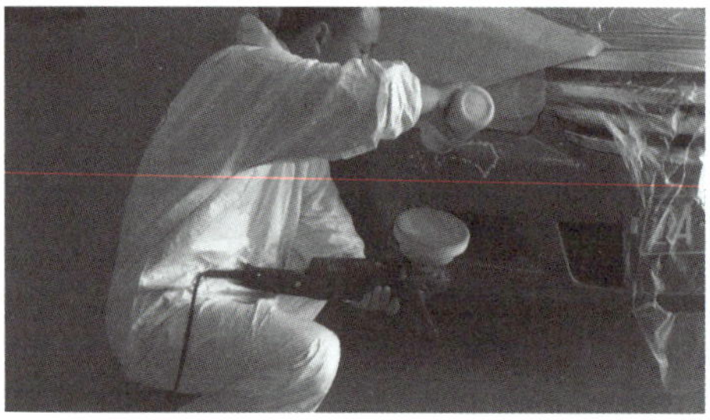

图 7-32　将抛光剂涂于漆膜表面

（6）机械抛光应将抛光机的转速调至 1 000～1 500r/min 为宜，将抛光机的羊毛抛光盘平贴在漆面上，然后均衡地向下施加压力进行抛光，如图 7－33 所示。整车抛光应从车顶开始，在漆面上有规律地沿水平方向来回研磨，研磨面积不宜过大，要一个块面一个块面地进行，每一块面长 60～80cm、宽 40～50cm，漆面逐渐呈现平滑与光泽。

图 7－33　用抛光机抛光

（7）用干净的抹布把漆面上的多余抛光剂擦净。若发现某部位漆面还不能达到质量要求时，可重复研磨直至达到质量要求。研磨时要特别注意折边、棱角及高出底材的造型漆面，这些部位的漆膜相对较薄，研磨时触及机会较多，要特别注意不要磨穿漆膜。平面部位较圆弧面不易起光泽，应适当增加研磨次数。

2. 第二次抛光

当整车漆面用全能抛光剂完成粗抛光后，漆面的流痕、粗粒、划痕、砂纸磨痕迹会全部消除，但有时会有一些极其细小的丝痕或光环。为了确保漆面更平滑、光亮，则需用釉质抛光剂进行第二次抛光。第二次抛光一般使用釉质抛光剂，经釉质抛光剂抛光后，漆面亮度高、丰满度好，保持时间可达 1 年。

（1）用干净的软布擦净前道抛光残留物。

（2）摇匀釉质抛光剂，用软布或海绵将其均匀涂于漆膜表面。

（3）停留 60s 以上，使抛光剂变干、发白。

（4）用手工或机械方法抛光，机械抛光应将海绵盘转速保持在 1 000～1 500r/min，抛光时应按一定方向有序进行，不要用羊毛盘进行第二次抛光。手工抛光时应水平直线运动进行抛光，直到漆面擦亮即可。

（5）用干净的软布擦净漆面。

四、打蜡

1. 机械打蜡

（1）将液体蜡摇匀后画圈似地倒在打蜡盘（海绵抛光盘）面上。

（2）每次以 0.5m^2 的面积顺序打匀，直至打完全车。

（3）待蜡凝固后，将干净、无杂质的全棉抛蜡盘套装在抛光机上，开机后调节转速并控制在 1 000r/min 以下，然后将抛光机抛光盘轻轻平放在漆面上，进行横向与竖向覆盖式抛光，直至漆面靓丽为止。抛光机和抛光路线走向如图 7 - 34 所示。

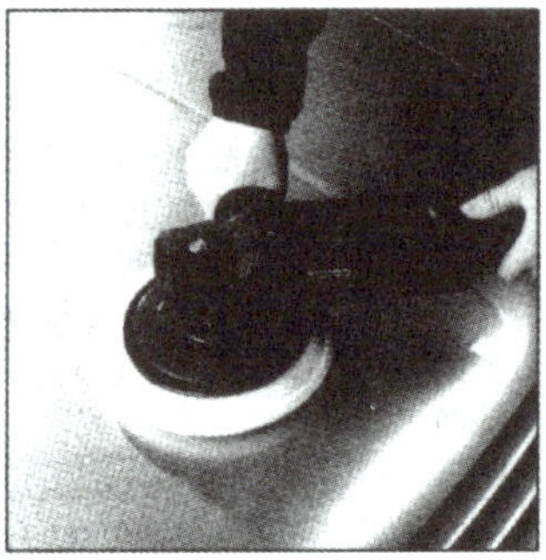
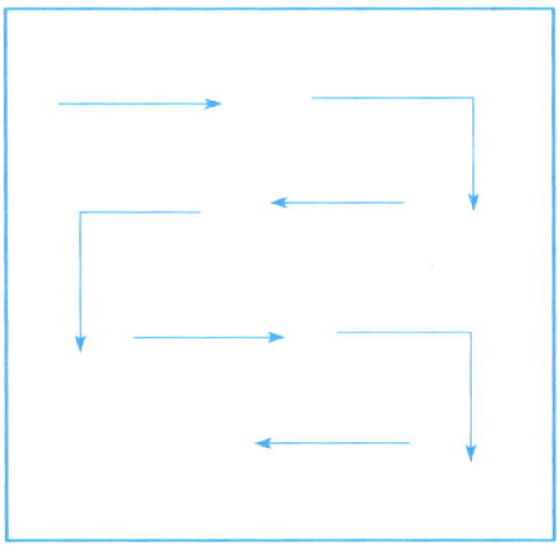

图 7 - 34　抛光机和抛光路线走向

2. 手工打蜡

(1) 若是乳状蜡应将其摇匀，然后倒少许于海绵或软布上，如图 7 - 35 所示。

(2) 涂蜡时以大拇指夹住海绵，以手掌和其他三个手指按住海绵，每次涂蜡以 $0.5m^2$ 的面积为宜，力度均匀地按螺旋式顺序擦拭，如图 7 - 36 所示。

(3) 从前到后、从左到右，蜡膜要涂得薄而均匀。根据每种车蜡的说明，稍候用干净的软布擦净即可。

图 7 - 35　取蜡

图 7 - 36　手工打蜡

3. 打上光蜡

(1) 清洁。在给车身打上光蜡（以下简称蜡）时，一定要先清洗表面，确保表面清洁。因为车身表面有灰尘的话，涂蜡后，在抛光时就会把灰尘挤进涂层去，或在车身表面起研磨作用，划伤或磨花表面漆膜。

(2) 打蜡。现在的车蜡多为液体蜡，使用前将其摇晃均匀，将少许倒入湿布或海绵上，在车身涂层表面小范围内擦拭，直到整个待打蜡表面全部涂上蜡。

(3) 擦干。稍干后，再用软布反复擦干即可。

(4) 抛光。用抛光机及海绵抛光盘对整个打蜡表面进行仔细的抛光。

(5) 擦净。用软布将表面的抛光粉末擦拭干净。

注意：上光蜡时应注意以下事项：

(1) 必须采用质量优良、与表面涂层相适宜的车蜡。

(2) 很多人给车身打蜡都习惯性地以画圆圈方式进行，这是不正确的方法。正确的打蜡方式是以直线方式，横竖线交替进行，再按雨水流动的方向上最后一道，这样才能达到减少车身涂层表面产生同心圆状光环的效果。

(3) 不要在阳光的直接照射下打蜡，操作时应在阴凉处。否则，车蜡会在阳光下发生变化，使车身出现斑点。

(4) 上蜡后，要等车蜡干燥一段时间后再进行抛光，不要刚打上蜡就抛光，要让车蜡能够在车身表面有一定的凝固时间，最少要在30min左右。但有人认为等蜡完全干燥后再擦净比较好，这也是错误的。上蜡后要在蜡半干不干、尚未干燥白化时擦净。因此，上蜡的操作必须顺着车身板块一片一片地进行，切不可先将车身全部上好后，再一次擦掉，这会使涂层表面的色泽深浅不一。

(5) 没有抛光前，不要开车上路，否则，空气中的灰尘就会依附在车蜡上，在抛光时将划伤或磨花表面漆层。

(6) 如果车身表面上的漆膜已经褪色或氧化，必须在清除掉旧的和氧化了的漆膜后，才能打蜡。

(7) 涂蜡时尽量采用软质的、不起毛的绒布或海绵进行均匀涂抹。

五、安装部件与清洁

打蜡作业结束后，安装好拆卸下的部件。若部件有脏污，应仔细擦拭干净后再安装。对车主平常在进行扫除时难以涉及的地方，也将其打扫干净，一定会受到客户的欢迎。事情虽小，但对维持与客户的关系会起很大作用。安装好拆卸下的部件之后，应全面检查电路是否正常、螺栓是否都已拧紧等。

交车之前应将车身整体彻底清洗干净。清洗过程中，若发现有细小伤痕，即使不是所修补部位，也要予以修整。

技能考核

一、准备工作

在技能学习工位准备好刚喷漆的车身或板件、喷漆相关劳动保护用品、调色工具及材料、涂料调制工具及材料、遮盖材料及工具、压缩空气喷涂系统、手工打磨工具及配套材料、漆膜缺陷修整工具、抛光及打蜡工具及配套材料。

二、考核流程

1. 学员工作

（1）在各自工位分组学习。

（2）在充分学习本任务相关知识的基础上，进行常见漆膜缺陷修整、抛光和打蜡实操训练，同时完成相应的工单。

（3）5S 工作。

（4）自我评价。

2. 指导教师工作

学员在进行上述操作过程中，指导教师进行下列工作：

（1）向学员讲解安全注意事项，并要求学员在工单中做记录。

（2）观察、指导学员进行相关操作，及时制止可能发生危险的操作。

（3）实操结束后审阅学员完成的工单（见表 7－14），并结合其操作情况做出评价。

表 7－14　面漆涂装后的修整

班级学号		姓名	

1. 将你所喷面漆的缺陷记录在下面：

2. 分析出现缺陷的原因及提出修整办法：

3. 缺陷修整过程中出现的问题及处理方法：

4. 将抛光后的效果检查记录在下面，并分析遗留缺陷的原因，提出解决办法：

5. 个人技能掌握程度：非常熟练□　比较熟练□　一般熟练□　不熟练□

教师评语：

成绩____（10 分制）　　教师签字________　　____年___月___日

任务 7－4　水性漆的涂装

任务引入

水性漆就是以水为稀释剂的汽车修补涂料。由于没有有机溶剂，所以水性漆的环保性明显提高。随着世界环保法规越来越严格，水性漆得到快速的发展，各大汽车涂料生产商均在加紧研制水性漆，如德国 BASF 公司生产的“鹦鹉”水性漆，目前主要有水性底漆（70 系列）和水性面漆（90 系列，见图 7－37）。

图 7－37　“鹦鹉”水性面漆

因水性漆有其独特的特点，在涂装时与溶剂型漆的工艺会有所差别。

本任务主要学习水性漆的涂装方法。

学习目标

1. 能够正确解读“鹦鹉”水性漆产品说明。
2. 能够正确进行“鹦鹉”水性漆的涂装。
3. 培养良好的安全卫生习惯、环保意识和团队协作的职业素养。
4. 能够检查、评价、记录工作结果。

水性漆的涂装

技能学习

一、劳动安全与卫生

尽管水性漆的溶剂含量很少，但仍然对人体有一定的危害，特别是在整个涂装系统中，并不是从底漆到面漆均为水性漆，所以，进行水性漆涂装作业时的劳动保护和涂装溶剂性漆一样。

二、整板喷涂水性面漆

因水性漆完全可以涂覆在溶剂型旧漆膜上，而底漆相对面漆而言，涂装操作相对简单，故以下仅以水性面漆涂装为例介绍水性漆的涂装方法。

1. 准备工作

（1）清除粉尘。用吸尘器或压缩空气除净待涂装表面的粉尘。

（2）覆盖。对不需要涂装的部位进行严格的遮盖。

（3）除油。用专用除油剂（700-10）对待涂装表面进行一次彻底的除油。

（4）清洁。用专用清洁剂（700-1）对待涂装表面进行一次全面的清洁。

（5）准备涂料。水性漆的调色方法与溶剂型漆的操作相同。将色浆按规定的比例加入专用水（水性漆调整剂 93-E3，“鹦鹉”漆建议的比例为 2∶1）。过滤后装入面漆喷枪。

（6）检查。对打磨、除尘、除油及遮盖情况进行一次全面的检查，确认可以喷涂面漆。

2. 喷涂

（1）水性底色漆喷涂。

1）第一次喷涂薄薄的一层。

2）调整吹风机将漆面吹干至亚光状态。

3）第二次厚喷涂。

4）调整吹风机将漆面吹干至亚光状态。

5）第三次薄喷涂（1/2 层）。

6）调整吹风机将漆面吹干至亚光状态。

7）打磨。如果表面有灰尘，此时可用美容砂纸将灰尘打磨掉，并再次薄喷一遍。

（2）清漆的喷涂。

在水性漆表面喷涂清漆时，可以用溶剂型清漆。第一次薄薄地喷一层，间隔大约 5min 再喷第二次。清漆喷涂面积可扩大一些。喷涂时要边观察色调边喷，以形成光泽。

如果为局部涂装，则应在清漆与旧漆膜过渡区域喷涂专用驳口水（90-M5）。

3. 干燥

按清漆规定的干燥参数要求进行干燥即可。

三、驳口喷涂水性面漆

水性面漆驳口喷涂工艺有板块内驳口、板块间驳口和珍珠效果漆驳口喷涂三种工艺。由于这三种工艺与银粉漆的驳口工艺非常相似，主要是使用材料上的差异，故不再详细说明操作步骤。

如果涂装的是塑料件，则应在清漆中加入柔软添加剂 522-111。其调制方法为：将清漆和柔软添加剂（522-111）以 4∶1 的比例先混合（对于 PU 泡沫塑料，比例为 2∶1），然后再将混合物与固化剂和稀释剂以 2∶1+10%的比例混合即可。

如果要喷涂亚光效果，则应按“鹦鹉”MS 亚光清漆 923-55 和 923-57 的技术说明（见表 7－6 和表 7－7）调制亚光效果清漆。

1. 板块内驳口工艺

“鹦鹉”90 系列水性底色漆板块内驳口修补系统如图 7－38 所示。

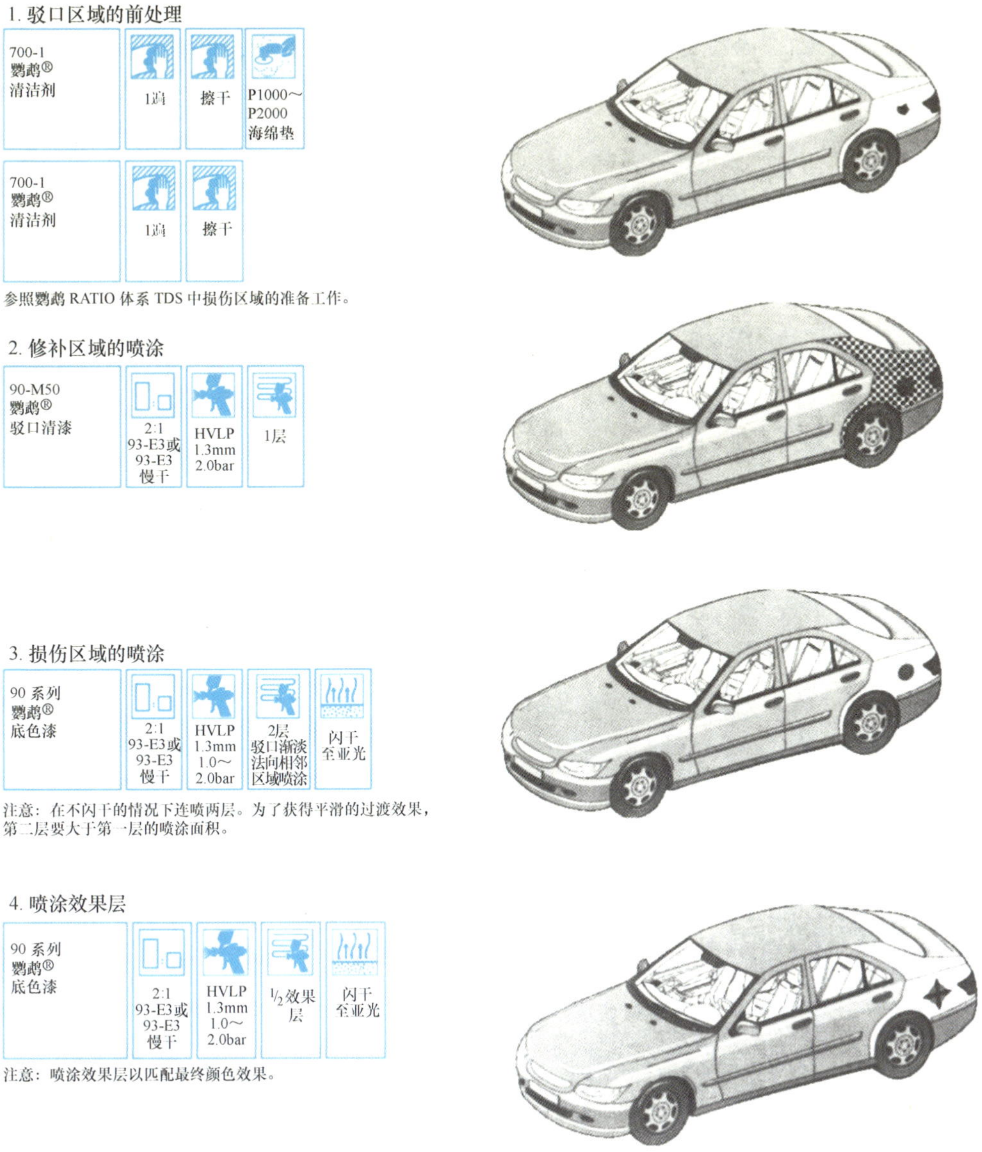

5. 清漆的喷涂

923- 鹦鹉® HS 清漆	2:1+10% 929- 352-	HVLP 1.3mm 1.0～ 2.0bar	$1\frac{1}{2}$～2 涂层	30min 60℃

注意：如果不受装饰条或边缘限制，喷清漆时应该在修补区域向相邻区域渐淡，用 352-450 或 352-500 将清漆驳口区域处理平滑后再进行烘烤干燥。

6. 清漆驳口或过渡区域平滑处理

352-450 鹦鹉® 驳口稀释剂或 352-500 鹦鹉® 点修补驳口溶剂	HVLP 1.3mm 1.0～ 2.0bar	1～2层	30min 60℃

图 7－38　“鹦鹉”90 系列水性底色漆板块内驳口修补系统

2. 板块间驳口工艺

“鹦鹉”90 系列水性底色漆板块间驳口修补系统如图 7－39 所示。

1. 驳口区域的前处理

700-1 鹦鹉® 清洁剂	1道	擦干	P1000～ P2000 海绵垫
700-1 鹦鹉® 清洁剂	1道	擦干	

参照鹦鹉 RATIO 体系 TDS 或修补系统 4a 中对于新工件或损伤区域的准备工作。

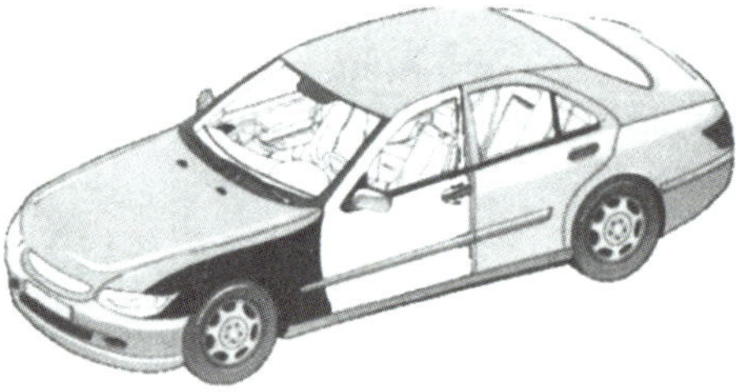

2. 新板件或待修部件的喷涂

90-系列 鹦鹉® 底色漆	2:1 93-E3或 93-E3 慢干	HVLP 1.3mm 2.0bar	1.薄层	闪干 至亚光

注意：喷涂新部件或待修补部件，在与相邻板块的过渡区域预留 10cm。

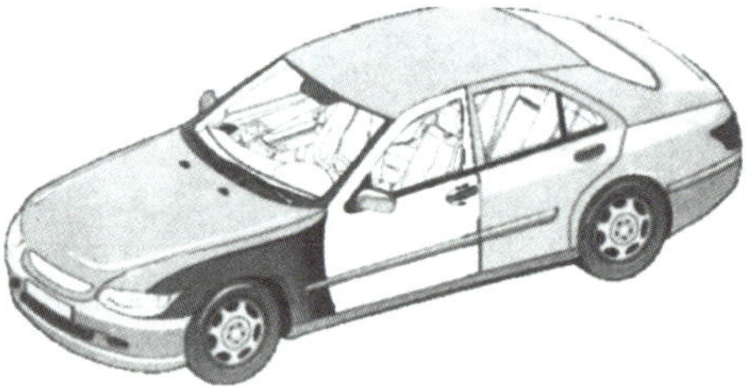

3. 过渡口区域及相邻区域的喷涂

90-M50 鹦鹉® 驳口清漆	2:1 93-E3或 93-E3 慢干	HVLP 1.3mm 2.0bar	2层

注意：喷涂两层，层间无须闪干，为了获得平滑的过渡，第二层需要大于第一层的喷涂面积。

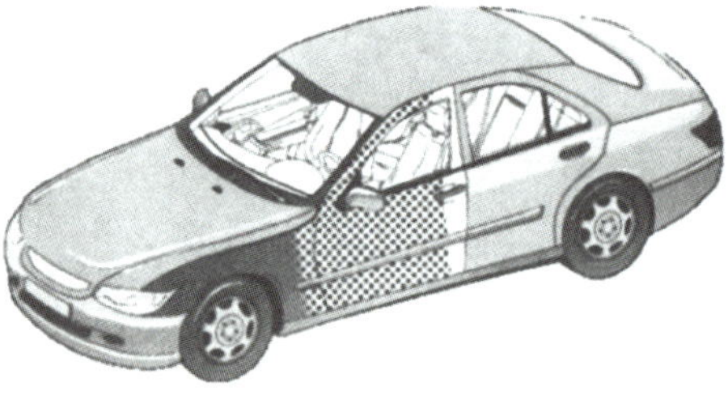

4. 两个板块之间过渡口区域的喷涂

90-系列 鹦鹉® 底色漆	2:1 93-E3 或 93-E3 慢干	HVLP 1.3mm 1.5bar	2 层 在两个相邻板块间渐变过渡

注意：降低气压，喷涂两层，层间无须闪干。

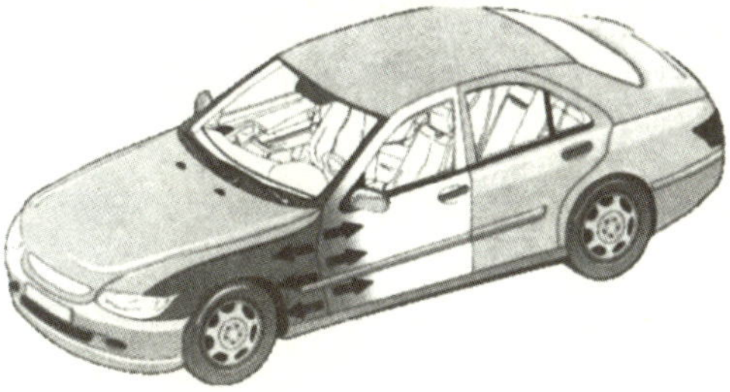

5. 新部件或待修补部件的喷涂

90-系列 鹦鹉® 底色漆	2:1 93-E3 或 93-E3 慢干	HVLP 1.3mm 2.0bar	1 层 向板块边缘渐淡	闪干 至亚光

注意：在板块边缘之内喷一层，以达到遮盖。

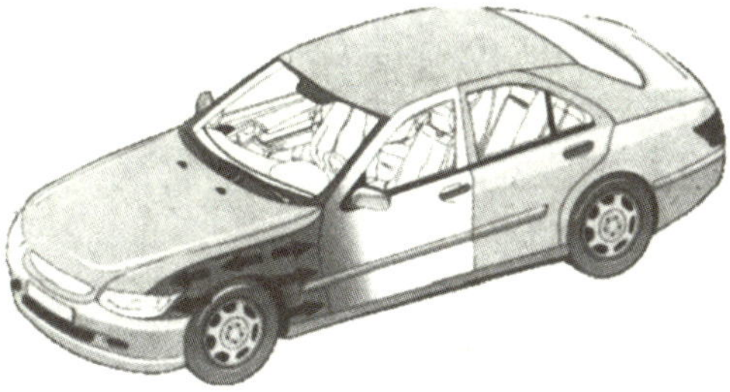

6. 过渡区域及相邻板块的效果层喷涂

90-系列 鹦鹉® 底色漆	2:1 93-E3 或 93-E3 慢干	HVLP 1.3mm 0.8～ 1.5bar	半层 两个板块之间渐淡

注意：降低气压，喷涂效果层以匹配最终颜色效果。

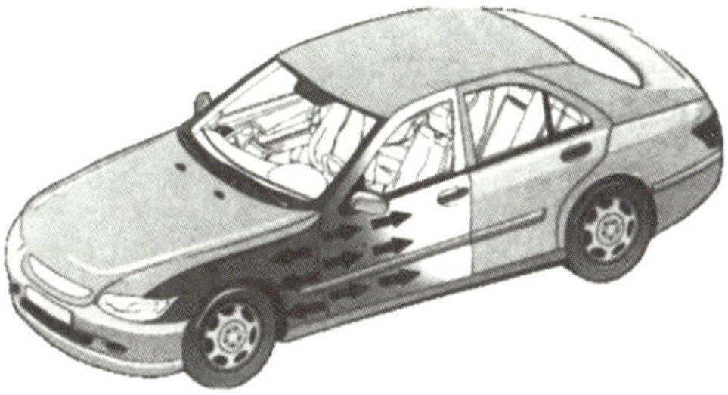

7. 新部件或修补部件的效果层喷涂

90-系列 鹦鹉® 底色漆	2:1* 93-E3 或 93-E3 慢干	HVLP 1.3mm 2.0bar	2 层向相邻区域渐变过渡

注意：在相邻区域渐淡法喷涂效果层以匹配颜色。

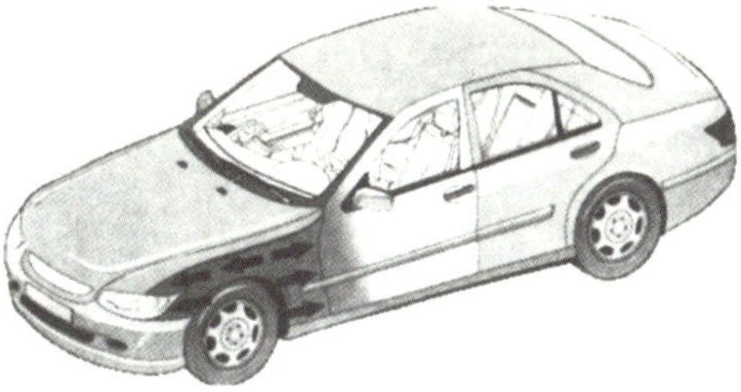

8. 清漆的喷涂

923- 鹦鹉® HS 清漆	2:1+10% 929- 352-	HVLP 1.3mm 2.0bar	$1\frac{1}{2}$～2 涂层	30min 60℃

注意：喷涂清漆。

* 如果是银色漆，需另加 10%～20% 的 93-E3（18-22s DIN 4）。

图 7－39 “鹦鹉”90 系列水性底色漆板块间驳口修补系统

3. 珍珠效果漆驳口工艺

“鹦鹉”90 系列珍珠效果漆驳口修补系统如图 7－40 所示。

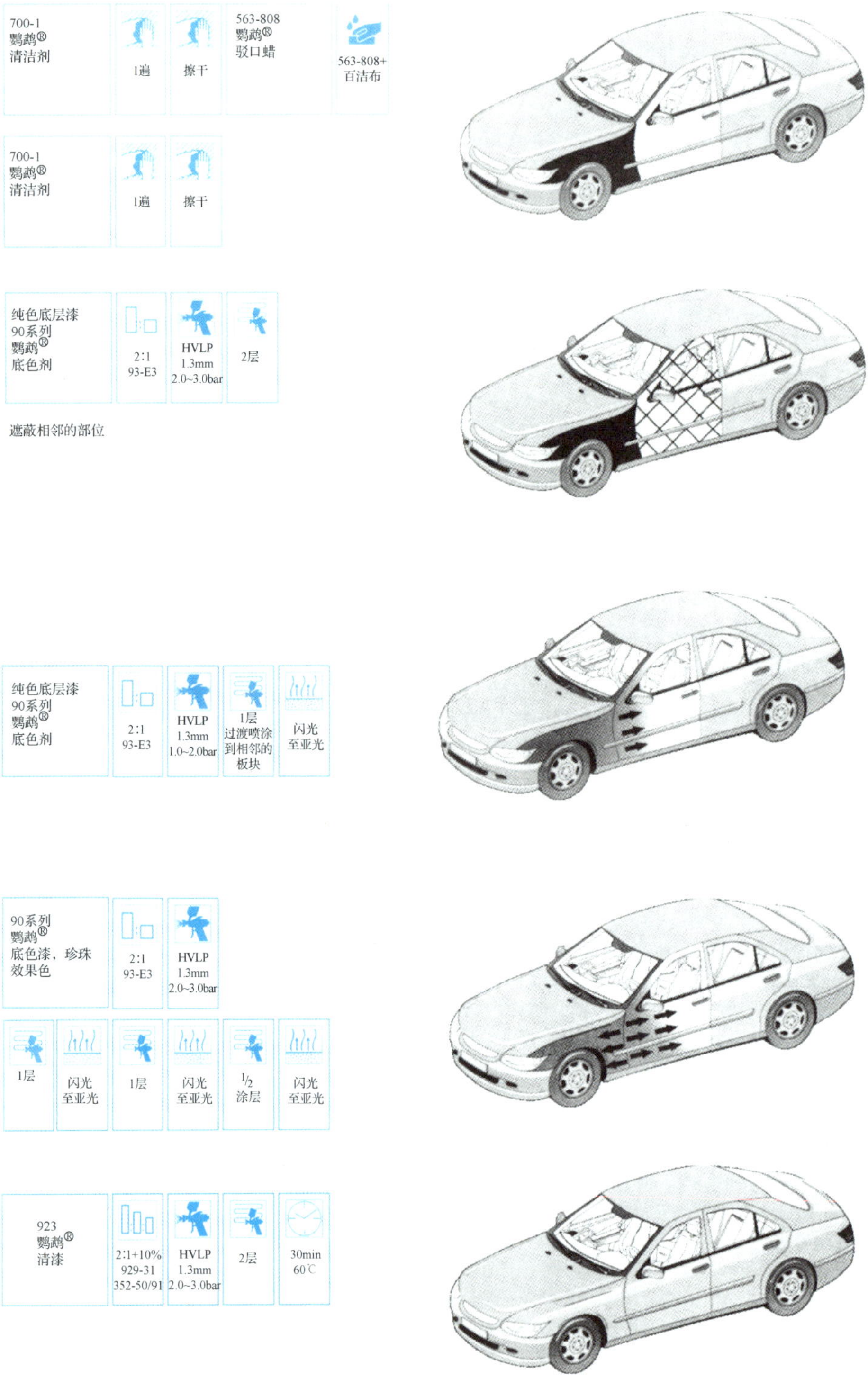

图 7－40 “鹦鹉”90 系列珍珠效果漆驳口修补系统

技能考核

一、准备工作

在技能学习工位准备好待喷漆的车身或板件、喷漆相关劳动保护用品、调色工具及材料、涂料调制工具及材料、遮盖材料及工具、压缩空气喷涂系统、水性漆及其配套材料。

二、考核流程

1. 学员工作

（1）在各自工位分组学习。

（2）在充分学习本任务相关知识的基础上，进行水性漆喷涂实操训练，同时完成相应的工单。

（3）5S 工作。

（4）自我评价。

2. 指导教师工作

学员在进行上述操作过程中，指导教师进行下列工作：

（1）向学员讲解安全注意事项，并要求学员在工单中做记录。

（2）观察、指导学员进行相关操作，及时制止可能发生危险的操作。

（3）实操结束后审阅学员完成的工单（见表 7－15），并结合其操作情况做出评价。

表 7－15　喷涂水性漆

班级学号		姓名	
1. 喷涂底色漆前，你对板件做了哪些准备工作？ ____ ____ ____ ____。 2. 你选用的水性底色漆品牌型号为__________，理由是__________。 3. 你选用的水性底色漆调制比例为__________，这一参数的依据是__________。 4. 你选用的清漆品牌型号为__________，理由是__________。 5. 你选用的清漆调制比例为__________，这一参数的依据是__________。			

续表

6. 喷水性底色漆时，你选用的喷枪类型（包括口径）是________________，依据是____________。 7. 喷清漆时，你选用的喷枪类型（包括口径）是________________，依据是____________。 8. 喷涂水性底色漆时，你确定的喷枪调整参数是________________ 这些参数的确定依据是________________。 ________________。 9. 简要记录水性面漆的整板喷涂的流程： ________________ ________________ ________________ ________________。 10. 你选用的干燥方法是____________，理由是____________；所确定的干燥工艺参数是____________，理由是____________。 11. 操作过程中，你遇到了哪些困难？是如何解决的？ ________________ ________________ ________________ ________________ ________________。 12. 干燥后，对整个喷涂区域进行检查，将检查的结果记录在下面，并分析产生喷涂缺陷的原因： ________________ ________________ ________________ ________________ ________________ ________________。 13. 个人技能掌握程度：非常熟练□　比较熟练□　一般熟练□　不熟练□
教师评语： 成绩____（10 分制）　　教师签字________　　____年____月____日

参考文献

[1] 唐明斌，朱宏．汽车维修工：车身涂装修复（四级）[M]．北京：中国劳动社会保障出版社，2019.

[2] 吴金生，边铁勇．汽车涂装基础 [M]．北京：高等教育出版社，2018.

[3] 唐明斌，徐冬．汽车维修工：车身涂装修复（五级）[M]．北京：中国劳动社会保障出版社，2018.

[4] 肖林，廖辉湘．汽车修补涂装调色与抛光技术 [M]．北京：人民交通出版社，2018.

[5] 徐峰．汽车车身修复与涂装技术 [M]．北京：机械工业出版社，2019.

[6] 易建红，向忠国．汽车涂装工艺 [M]．2 版．北京：人民交通出版社，2019.

[7] 王锋，李支道．汽车涂装工艺 [M]．北京：人民交通出版社，2018.

[8] 王建．汽车涂装技术 [M]．北京：机械工业出版社，2018.

[9] 王成贵，贺利涛．汽车修补涂装技术 [M]．北京：人民交通出版社，2018.

[10] 李海，左小勇，梁成泽．汽车涂装技术 [M]．镇江：江苏大学出版社，2018.

[11] 交通运输部职业资格中心（交通运输部职业技能鉴定指导中心）．汽车车身涂装修复工职业技能鉴定教材 [M]．北京：人民交通出版社，2017.

[12] 陈昭仁，黄建铭．汽车涂装基础 [M]．上海：华东师范大学出版社，2019.

[13] 陈豪．汽车钣金修复与涂装技术 [M]．北京：化学工业出版社，2020.

[14] 刘飞，吴天林，涂华．汽车涂装技术 [M]．天津：天津科学技术出版社，2020.